# GEWAND UND STAND

Schriftenreihe des Landespressebüros
Serie Sonderpublikationen, Nr. 44

Beratung: Salzburger Heimatpflege


Papier von Leykam-Mürztaler: Magnomatt 135 g
Printed in Austria by F. Sochor, Zell am See
ISBN 3-7017-0338-8

Friederike Prodinger Reinhard R. Heinisch

# Gewand und Stand

Kostüm- und Trachtenbilder der Kuenburg-Sammlung

Residenz Verlag

# Inhalt

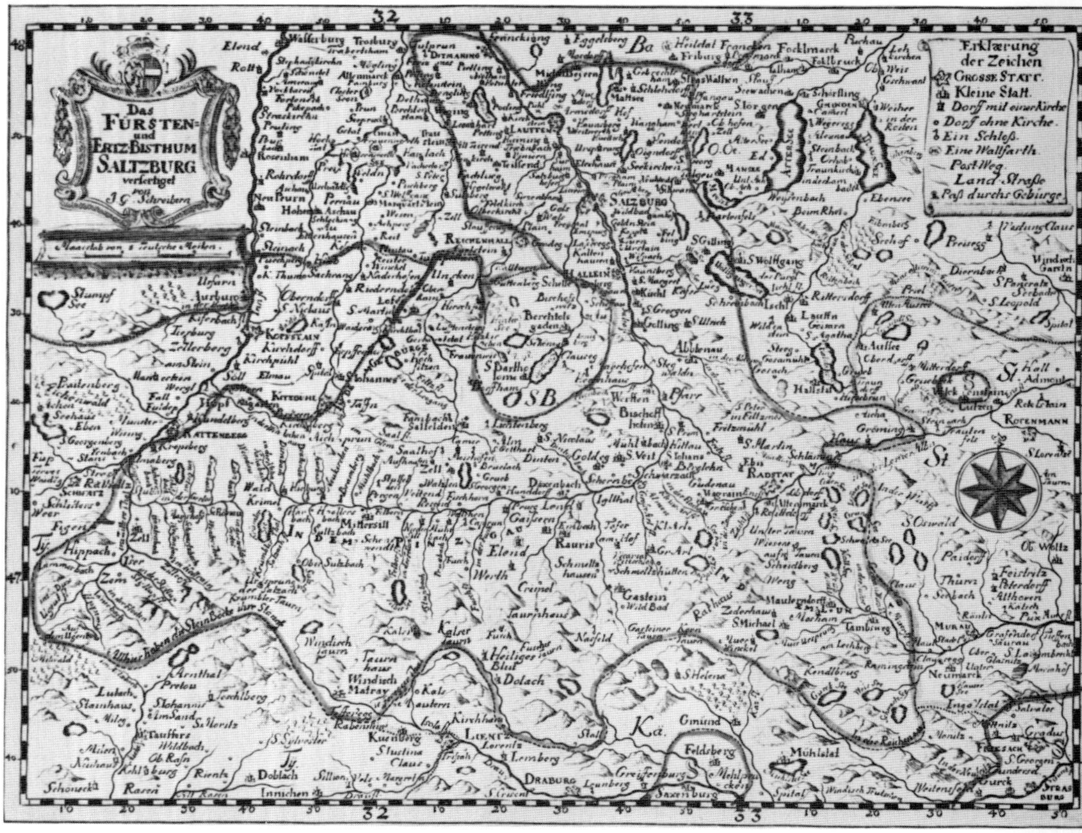


Das Erzstift Salzburg (J. G. Schreibern, 18. Jahrhundert)

REINHARD R. HEINISCH

# Politik und Gesellschaft in Salzburg zur Mozartzeit

Am Ende des 18. Jahrhunderts stellte das Erzstift und Reichsfürstentum Salzburg noch immer jenes eindrucksvolle Machtgebilde im Rahmen des Heiligen Römischen Reiches Deutscher Nation dar, wie es sich aus den frühmittelalterlichen Schenkungen der Bayernherzöge und aus der politischen Kraft der Erzbischöfe und Landesfürsten des Hochmittelalters und der Barockzeit entwickelt hatte.[1] Noch immer war der Ehrenvorrang vor den weltlichen Kurfürsten gewahrt, noch immer spielte Salzburg eine angesehene Rolle im Reichsfürstenrat zu Regensburg und im Bayerischen Reichskreis, noch immer schmückte man sich mit dem Titel eines Primas von Deutschland und eines päpstlichen Legaten[2]; noch immer – bevor durch die Säkularisation der geistlichen Fürstentümer im Jahre 1803 auch in Salzburg eine mehr als tausendjährige Selbständigkeit zu Ende ging.
Das Erzstift Salzburg zur Mozartzeit erfährt ein letztes Aufleuchten aller inneren und äußeren Pracht- und Machtentfaltung, sonnt sich im letzten Glanz einer jahrhundertealten politischen und geistigen Tradition. Ein politisches Gebilde, das im Rahmen des Reiches sicher nicht zu den territorialen Großmächten gerechnet werden konnte, dafür aber ein geschlossenes Territorium war, das seine Grenzen bis nach Tirol und nach Bayern hinein vorgeschoben hatte: das Zillertal, die Herrschaft Windisch-Matrei, der sogenannte Rupertiwinkel mit Laufen und Tittmoning und die Exklave Mühldorf sowie andere auswärtige Herrschaften in Kärnten und in der Steiermark wurden erst beim Verlust der Unabhängigkeit vom Erzstift abgetrennt.[3] Ein Gebiet, das vom flachen Alpenvorland bis zu den höchsten Erhebungen der Alpen reichte, wodurch sich eine verwaltungsmäßige Zweiteilung gewissermaßen von selbst ergab: das Land vor dem Gebirge und das Land »inner dem Gebirge«. Darüber hinaus war das Erzstift von einem Netz kleinerer Verwaltungseinheiten überzogen, den sogenannten Pfleg- und Landgerichten, an deren Spitze jeweils ein Pfleger stand, der oberste Beamte, der für Ruhe und Ordnung, für die Einhebung der Steuern und für die militärischen Aufgebote zu sorgen hatte und dafür den landesfürstlichen Zentralstellen mit ihrem Beamtenapparat in der Hauptstadt Salzburg verantwortlich war. Insgesamt gab es im Jahre 1784 37 derartige Pfleggerichte, 16 vor dem und 21 im Gebirge, die ihrerseits wieder in eine Reihe kleinerer Verwaltungsdistrikte – wie Schrannen, Ämter, Viertel, Zechen und Rotten – unterteilt waren.[4] In diesen Pfleggerichten dürften um 1790 noch etwa 200.000 Einwohner gelebt haben[5], nachdem die große Emigration von 1731/32 einen so beachtlichen Aderlaß verursacht hatte.
Alles in allem ein recht gut funktionierendes politisches System, dessen Stabilität in einem geistlichen Wahlstaat wie Salzburg naturgemäß durch die Person des Erzbischofs garantiert wurde, des geistlichen und weltlichen Regenten des Landes. Ein Zentralismus und Absolutismus, der besonders in der Person des am 14. März 1772 zum Nachfolger Siegmund Graf Schrattenbachs gewählten Hieronymus Grafen Colloredo (Kat. 1–4) kulminierte.[6] Dieser in Salzburg nicht sehr beliebte Landesherr war am 31. Mai 1732 in Wien als zweiter Sohn des nachmaligen kaiserlichen Reichsvizekanzlers Rudolf Josef von Colloredo und dessen Gattin Franziska Gräfin Starhemberg geboren worden und hatte die für seine Zeit typische Karriere eines zweitgeborenen Adeligen durchlaufen. Nach dem Studium am Theresianum hatte er bereits 1747 durch Papst Benedikt XIV. ein Salzburger Kanonikat erhalten und dann am berühmten Collegium Germanicum in Rom studiert. Ausgestattet mit einer Reihe von Pfründen, wie der Pfarre Statz in Niederösterreich, einem Kanonikat in Passau und der Propstei St. Moritz in Augsburg, wurde Colloredo 1759 vom Papst zum Auditor Rotae Romanae für die deutsche Nation und 1761 zum Fürstbischof von Gurk ernannt, wo seine Regierung vor allem in wirtschaftlichen Belangen äußerst erfolgreich wurde.
Auch im Erzstift Salzburg waren die Jahrzehnte seiner Regentschaft eine Zeit der Stabilisierung der

wirtschaftlichen Strukturen, bedingt durch eine tiefgreifende Reform der Finanzen, die der Vorgänger auf dem erzbischöflichen Stuhl allzusehr vernachlässigt hatte. Colloredo führte wichtige Neuerungen durch, so 1773 eine Kopfsteuer, 1778 bis 1790 eine Getränkeakzise und 1778 eine Grundsteuerreform[7], die allerdings von den Landständen, dem Domkapitel und weiten Teilen der Bevölkerung abgelehnt wurden; die Stände und Domherren haben dagegen sogar beim Reichshofrat prozessiert, wenn auch ohne Erfolg. Tatsache ist, daß diesen unpopulären Maßnahmen nicht nur die Beseitigung des Defizits zu verdanken ist, sondern daß dadurch bis weit in die Franzosenkriege hinein jährliche Überschüsse erzielt werden konnten. Diese Überschüsse, die auch der sozialen Reformtätigkeit zugute kommen sollten, wurden allerdings nicht im Lande, sondern im Wiener Stadtbanco angelegt, wo sie in den Wirren der Napoleonischen Kriege verlorengingen.[8]

Basierend auf dieser Finanzpolitik wurden für die vielfältigsten Bereiche des öffentlichen Lebens Fonds angelegt: Im Jahre 1781 wurden der Landschaft insgesamt 400.000 Gulden mit der Bestimmung übergeben, die anfallenden Zinsen für außergewöhnliche Situationen der Untertanen, wie Krieg, Inflation und Elementarereignisse, zu verwenden. Ein Milizkassenfonds von 1787 für kleinere Bedürfnisse des Militärs, wie Arzneikosten und dergleichen, ein Taxenfonds, ein Münzwesenverlagsfonds und ein Bergwerksfonds rundeten diese Bestrebungen ab, die 1784 im Ausschuß der Landschaft formuliert worden waren: laut Colloredo sollten die Sümpfe und Moore trockengelegt, eine Feuerassekuranz gegründet, Getreidemagazine in den Gebirgsgauen gebaut, eine Witwenkasse angelegt und tüchtige Hebammen herangebildet werden. Und noch 1787 klärte der Erzbischof die Landstände über Sinn und Zweck ihrer finanziellen Abgaben auf, die er sich als eigentliche Notkasse für den Bürger- und Bauernstand, zur »Beförderung« der Bevölkerung, des Ackerbaus, der Spitäler, Waisen- und Bruderhäuser, der Erziehungsanstalten sowie der Sanitäts- und Sicherheitseinrichtungen vorstellte.[9] Alles in allem recht positive Ansätze, die allerdings – bedingt durch die sprichwörtliche Sparsamkeit des Landesfürsten – vielfach auf dem Papier stehen geblieben sind.

Die Reformen Erzbischof Colloredos[10] haben vor allem den Bereich seiner Kirche betroffen, wobei die Parallele zu den habsburgischen Erbländern und zu Kaiser Joseph II. nicht zu übersehen ist. Alle diesbezüglichen Aktionen standen unter dem Vorzeichen des damaligen Zeitgeistes – und der hieß »Aufklärung«[11], also Verbesserung möglichst vieler Aspekte des menschlichen Zusammenlebens, ohne bei diesen Verbesserungen auch immer Rücksicht auf die Empfindungen und Bedürfnisse des Volkes zu nehmen. Das machte sich schon 1772 bei der Einführung der Feiertagsordnung bemerkbar, die die Festtage merklich reduzierte und daher bei breiteren Bevölkerungsschichten verständlicherweise wenig Anklang fand; Kritik an dieser Verordnung zog rigorose Strafen nach sich. Auch sonst galten die kirchenpolitischen Reformen Colloredos der Beseitigung der traditionellen barokken Volksfrömmigkeit, einem einfacheren Gottesdienst, einer Förderung der Pfarrseelsorge und des deutschen Kirchenliedes und einer Erneuerung des Religionsunterrichts, wozu vor allem auch die Priesterausbildung reformiert werden mußte.[12] In vielen Belangen also eine Vorwegnahme der Ideen des zweiten Vatikanums.

Höhepunkt der kirchlichen Reformideen des Erzbischofs, die eine protestantisierend-jansenistische Richtung – ähnlich wie bei anderen hohen Kirchenfürsten seiner Zeit – vertraten und die sich auch speziell gegen das Zölibat und die Ordensgeistlichkeit, etwa von Nonnberg[13], richteten, war unbestreitbar der berühmte Hirtenbrief vom 1. September 1782.[14] Durch diesen Hirtenbrief, der in Zusammenarbeit Colloredos mit seinem Geheimsekretär und Konsistorialrat Johann Michael Bönicke entstanden sein dürfte, wird eindringlich zur Vereinfachung und Verinnerlichung des Gottesdienstes aufgerufen, zur Vermeidung allen überflüssigen Prunks und der Zuwendung der so ersparten Gelder für die Armen des Landes; die Pflege des deutschen Kirchengesangs, wie er in Salzburg durch Michael Haydn praktiziert wurde, und die Belange der Seelsorge werden ebenso angesprochen wie die Warnungen vor einem Mißbrauch der Meßstiftungen, der übertriebenen Heiligenverehrung und der Ablässe.[15]

Es ist nur zu verständlich, daß durch derartige Formulierungen und Praktiken viele Leute vor den Kopf gestoßen wurden. Kritik machte sich in Spottversen wie »Unser Bischof Colloredo hat weder Gloria noch Credo« Luft, und vielfach wurde der Erzbischof direkt verdächtigt, insgeheim ein Lutheraner zu sein. Die Ergüsse der zahlreichen Gegner der kirchenpolitischen Maßnahmen Colloredos hat übrigens ein Mann aus ihren Reihen gesammelt, der Siezenheimer Pfarrvikar Felix Adauktus Haslberger[16], der damit wesentlich zur schlechten »Presse« seines Landesfürsten – bis in unsere Zeit herauf – beitrug; das subjektive Bild, das der junge Mozart von seinem ehemaligen Brotgeber gezeichnet hat, gehört gleicherweise in diese Richtung.
Dabei stand Erzbischof Hieronymus wie alle Reformer des ausgehenden 18. Jahrhunderts fest auf dem Boden der alten Kirche, wenn auch der praktizierte Indifferentismus für einen geistlichen Staat merkwürdig anmuten mag. Vor allem die Toleranz nach dem Vorbild Kaiser Josephs ist bemerkenswert: So etwa wurde im Salzburg Colloredos der Leibzoll der Juden aufgehoben und vom Rathaus ein mittelalterliches Spottbild entfernt.[17] Weniger tolerant zeigte sich der Erzbischof in all jenen Bereichen, in denen es um seine geistliche Herrschaft ging: In zähen Verhandlungen mit dem Kaiser hat er die Salzburger Metropolitanrechte für die Zukunft gerettet.[18] Eine bedeutende Rolle spielte Hieronymus Colloredo auch im Kampf der Erzbischöfe des Reiches gegen den Heiligen Stuhl, der mit seinen Nuntiaturen in Köln und München die Macht der deutschen Metropoliten einschränken wollte; an der sogenannten Emser Punktation war auch der Konsistorialrat Bönicke maßgeblich beteiligt.[19]
Entsprechend dem wichtigsten Anliegen der Aufklärung bemühte sich Erzbischof Colloredo ganz besonders um eine durchgreifende Reform des Unterrichtswesens. Schon im Jahre 1774 setzte er eine Schulkommission ein und begann mit der Reform des Priesterhauses, 1790 gab es diesbezüglich den Höhepunkt mit der Berufung Franz Michael Vierthalers zum Direktor der deutschen Schule und Leiter des Lehrerseminars. Dabei kamen vor allem Einflüsse der Maria-Theresianischen Reformen zum Tragen, die mit dem Namen des Abtes Ignaz Felbiger aus Sagan in Schlesien verbunden sind. Vierthalers Tätigkeit hat in Salzburg tiefe kulturelle Spuren hinterlassen, wenn auch seine Wirkung durch die unglückselige Sparsamkeit des Landesfürsten beeinträchtigt wurde.[20]
Auch für die Universität hat Hieronymus Colloredo trotz seines Mangels an finanzieller Großzügigkeit einiges getan, wie noch zu bemerken sein wird. Im Gegensatz zu Österreich war Salzburg in geistiger Hinsicht nicht vom Ausland abgeschlossen, der Erzbischof war vielmehr bemüht, seine Beamten im Ausland ausbilden zu lassen: Juristen studierten in Göttingen und absolvierten ihre Praxis am Wiener Reichshofrat, beim Reichskammergericht in Wetzlar oder beim Immerwährenden Reichstag in Regensburg. Salzburger studierten aber auch in Würzburg, Mainz, Gießen und sogar in Straßburg, wobei sich ganz deutlich die Vorliebe des Erzbischofs für die protestantischen Wissenschaften zeigte. Dies wurde im Erzstift vielfach mit unverhohlenem Unmut aufgenommen, wie die Äußerungen des schon erwähnten Haslberger zeigen, der die Salzburger Studenten an »akatholischen Universitäten« verdächtigte, »den Atheismus, Katholikenhaß, Theismus und Indifferentismus« in ihre Heimat einzuschleppen.[21]
Zur Bildung weiterer Kreise der Bevölkerung trug die Kulturpolitik Erzbischof Colloredos in ganz entscheidender Weise bei. So hat seine tolerante Grundeinstellung die bisher geübte Zensur in der Praxis weitgehend gelockert und auf diese Weise zu einer umfangreichen publizistischen Tätigkeit geführt. Auch hier war das Erzstift Salzburg den habsburgischen Erbländern gegenüber weitaus besser gestellt, und es ist symptomatisch, daß die österreichischen Jakobiner das offizielle Organ der französischen Republik, den »Moniteur«, noch lange nach dem 1793 erfolgten Verbot in Österreich aus Salzburg weiterbeziehen konnten. Erst 1796 und 1798 mußte die liberale Salzburger Zensur unter dem Eindruck der Französischen Revolution verschärft werden; bis dahin war es hierzulande sogar möglich gewesen, das revolutionäre französische Kirchensystem öffentlich zu verteidigen, was natürlich bei den Emigranten besonders böses Blut machte.[22]

Volksbildung durch umfassende und von keiner Zensur beschränkte Lektüre wurde im Salzburg der Aufklärungszeit besonders groß geschrieben. Dem Publikum wurde nicht nur die Hofbibliothek zu bestimmten Zeiten zugänglich gemacht, ein 1784 eingerichtetes Lektürekabinett im Ritzerbogen bot seinen Mitgliedern zusätzlich gegen ein nicht übermäßiges Entgelt nicht weniger als 140 Zeitungen und periodisch erscheinende Zeitschriften an, von denen eine ganze Reihe in Salzburg selbst publiziert wurde. Als Begründer des Salzburger Zeitungswesens kann der 1784 aus München[23] zugereiste Exjesuit und Publizist Lorenz Hübner[24] gelten, dessen »Oberdeutsche allgemeine Literaturzeitung« im ganzen Reichsgebiet verbreitet war und als Sprachrohr der intellektuellen Aufklärer bezeichnet werden kann.[25] Auch als Verfasser historisch-topographischer und naturwissenschaftlicher Schriften machte sich Hübner einen Namen. Zu erwähnen sind auch Vierthalers »Literaturzeitung« und das »Theaterwochenblatt«, Grasers »Archiv für Volkserziehung«, die »Annalen der Berg- und Hüttenkunde« des Freiherrn von Moll, die in ganz Deutschland einflußreiche »Justiz- und Polizeifama« des an der Universität wirkenden Juristen Theodor Konrad Hartleben und die »Medizinisch-chirurgische Zeitung« des erzbischöflichen Leibarztes Hartenkeil, überhaupt die erste in deutscher Sprache erschienene medizinische Fachzeitschrift.[26]

In fast allen Bereichen des wissenschaftlichen Lebens erwies sich die Colloredo-Zeit als äußerst fruchtbar, wobei die Aufklärung den Naturwissenschaften einen besonderen Rang zuwies. Niemals hat es in Salzburg gleichzeitig so viele bedeutende Männer gegeben wie damals. Neben Vierthaler und Hübner ist vor allem auf die historiographischen Leistungen hinzuweisen, auf die »Concilia Salisburgensia« des Hofbibliothekars Florian Dalham, auf Judas Thaddäus Zauners »Salzburger Chronik«, die später von Corbinian Gärtner fortgesetzt wurde. Besonders hervorzuheben ist schließlich der Hofratspräsident Franz Thaddäus von Kleimayrn, der mit seinem umfangreichen Werk »Nachrichten vom Zustande der Gegenden und Stadt Juvavia« eine Quellensammlung zur Salzburger Geschichte schuf, wie sie damals keinem anderen Reichsstift zur Verfügung stand.[27] Nicht vergessen werden dürfen in dieser Aufzählung auch die Philosophen Augustin Schelle und Bernhard Stöger sowie der Orientalist Pater Alois Sandbichler.[28]

Dieser Hochblüte im geistig-kulturellen Bereich entsprach die politische Entwicklung des Erzstiftes Salzburg unter der Regierung Colloredos nur bedingt. Sicher waren noch Reste jenes alten Souveränitätsdenkens vorhanden, das vor allem die geistlichen Reichsfürsten als wichtigste Stütze der kaiserlichen Macht im Reich empfinden ließ, einer Zentralgewalt, der man sich allein und ausschließlich verpflichtet fühlte. Aber gerade das ausgehende 18. Jahrhundert hat auch den Zeitgenossen immer deutlicher gezeigt, daß es mit dem alten Reich zu Ende ging, daß nicht nur eine Polarisierung zwischen Preußen und Österreich, sondern seit 1789 auch die Ereignisse der Französischen Revolution auf eine politische Umgestaltung der europäischen Mitte zusteuerten. Hatte die Politik des Erzstiftes schon seit dem 17. Jahrhundert immer stärker auf die habsburgisch-österreichische Karte gesetzt[29], so daß man Salzburg als »Außenstelle Wiens« bezeichnet hat, so wurde diese Tendenz naturgemäß unter Colloredo noch verstärkt, wobei nicht nur familiäre Rücksichten eine Rolle spielten. Dennoch hat Colloredo den alten Souveränitätsgedanken des Reichsfürstentums auch gegenüber Kaiser Joseph II. vertreten, als dieser, im Zusammenhang mit dem bayerisch-niederländischen Tauschprojekt, daran dachte, auch das Erzstift seiner Monarchie einzuverleiben und den Erzbischof dafür mit dem Bistum Lüttich zu entschädigen.[30]

Es mag als Tragik angesehen werden, daß es gerade der langjährigen und reformfreudigen Regierung Colloredos beschieden war, die letzte geistlich-weltliche in der Geschichte des Erzstiftes zu sein. Seit 1789 war Salzburg verstärkt zum Spielball der Mächtigen geworden, war der außenpolitische Hintergrund der Tätigkeit Colloredos bestimmt vom Kampf des Ancien régime in Europa gegen die radikalen politischen Ideen von Gleichheit, Freiheit und Brüderlichkeit bis hin zum offenen Krieg der konservativen Systeme gegen die Armeen des revolutionären Frankreich. Im Sommer 1796 schien erstmals für Salzburg die militärische Gefahr evident zu werden, als man allenthalben einen Einfall der Franzosen in Kärnten befürchtete, wo das Erzstift einige Herrschaften hatte. Nach dem Durchzug österreichischer Truppen kam es erst im Frühjahr 1797 zur Besetzung des Lungaues durch französische Truppen, die jedoch nach zwölf Tagen wieder abzogen. Gefährlich wurde die Salzburger Situation erst durch den Frieden von Campoformido (1797), dessen Geheimartikel die Säkularisation des Fürstentums vorsahen. Als die Franzosen dann im Dezember 1800 bei Hohenlinden standen, ergriff Erzbischof Colloredo die Flucht; von Wien aus regierte er das Erzstift bis 1803, als der Reichsdeputationshauptschluß von Regensburg Salzburg dem besitzlos gewordenen Großherzog von Toskana, Erzherzog Ferdinand von Österreich, dem Bruder Kaiser Franz' II., zusprach.[31] Damit endete nicht nur die Herrschaft Colloredos, sondern auch die mehr als tausendjährige Selbständigkeit Salzburgs.

In diesen weitgespannten politischen Rahmen der Regierungszeit Erzbischof Hieronymus Colloredos war die Salzburger Gesellschaft eingebunden, hierarchisch streng abgestuft – vom Landesfürsten bis hin zur Masse der bäuerlichen Bevölkerung. Der absolute, wenn auch »aufgeklärte« Landesfürst ist in diesem gesellschaftspolitischen Spektrum sicher im Zentrum gestanden, sowohl nach den herrschenden Ansichten vom Gottesgnadentum als auch in der öffentlichen Meinung, auch wenn diese dem Erzbischof alles andere als gewogen war. Für sie blieb Hieronymus Colloredo (Kat. 1–4) zeitlebens ein landfremder Wiener, wenn man ihm auch nicht absprechen konnte, einer der gescheitesten und klügsten Köpfe im damaligen Salzburg zu sein. Aber seine Kleinlichkeit, um nicht zu sagen sein Geiz, und seine wenig konziliante Art im Umgang mit seinen Mitmenschen ließen ihn wenige Freunde gewinnen. Vom Äußeren her wird Colloredo eher klein als groß geschildert, meist mit einer blonden Perücke versehen, mit einem blassen Gesicht und grauen Augen, von denen das linke selten ganz geöffnet war; ein Mann von schnellem und richtigem Beurteilungsvermögen, mit einem gesunden Hausverstand, großer Menschenkenntnis und starker Überzeugungskraft, die ihn wie kaum einen anderen für sein hohes Amt geeignet erscheinen ließen.[32]

In der Rangordnung gleich hinter dem Erzbischof kam die hohe Geistlichkeit. Innerhalb dieser Gruppe zählten die Suffraganbischöfe (Kat. 5) oder, um es korrekter auszudrücken, die Inhaber der sogenannten Eigenbistümer zu einer speziellen Kategorie, die mit der außergewöhnlichen kirchlichen Stellung Salzburgs zusammenhängt. Es handelte sich dabei um die Bischöfe von Gurk, Seckau, Lavant und Chiemsee, die nach dem Eigenkirchenrecht vom Salzburger Erzbischof ordiniert, also mit der bischöflichen Jurisdiktion versehen, und geweiht wurden; ein Unikum im Kirchenrecht, das seit dem späten 11. beziehungsweise seit dem frühen 13. Jahrhundert bestand und auf die Erzbischöfe Gebhard und Eberhard II. zurückging. Allen Eigenbistümern war die Absicht gemeinsam, die Bestrebungen der Landesherren in Innerösterreich und in Bayern, sich in ihren Territorien abhängige Landesbistümer zu schaffen, zu durchkreuzen.[33] Zur Zeit Erzbischof Colloredos waren die angeführten Bistümer mit recht angesehenen Persönlichkeiten besetzt. So regierte 1772 bis 1784 in Gurk ein Joseph Franz Graf Auersperg, im fast gleichen Zeitraum in Chiemsee ein Ferdinand Christoph Graf Zeil-Trauchburg, in Seckau ein Joseph Philipp Graf Spaur. Auch das Bistum Lavant wies eine ganze Reihe von klingenden Namen auf: 1773 bis 1777 Franz Xaver Graf Breuner, 1777 bis 1790 Vinzenz Joseph Graf Schrattenbach, 1790 bis 1795 Gandolf Ernst Graf Kuenburg[34], so daß in den vier Eigenbistümern der Salzburger Kirche die bekanntesten Adelsfamilien der österreichischen Geschichte zu finden sind, wovon einige auch für die Entwicklung Salzburgs von Bedeutung wurden.

Eine eminent wichtige Gruppierung innerhalb der hohen Geistlichkeit stellten die Domherren dar, das Salzburger Domkapitel (Kat. 6–8). Schon seit dem Hochmittelalter hatten die nach der Augustiner-Chorherren-Regel lebenden Domherren die Regierungsgewalt der Erzbischöfe einzuschränken versucht, die nur im Einvernehmen mit dem Kapitel Veräußerungen von Kirchengut, Stiftungen und die Nachfolger bindende Akte vornehmen durften. Seit der Säkularisation des Domkapitels im Jahre 1514 kamen die Mitregierungsansprüche der Domherren verstärkt zur Geltung, besonders

in den sogenannten Wahlkapitulationen, einer Art von Regierungsprogramm, das den Landesfürsten aufzuzwingen versucht wurde.[35] Obwohl diese Wahlkapitulationen 1695 durch den päpstlichen Stuhl verboten worden waren, findet sich auch in der Sedisvakanz des Jahres 1772 eine Denk- und Beschwerdeschrift der Salzburger Domherren, die beim aufgeklärten Fürsten Colloredo auf fruchtbaren Boden fallen mußte und noch die alten Mitregierungsansprüche dokumentierte. Hier finden sich Forderungen nach Reformen im Salzhandel und im Postwesen ebenso wie die Auflage zur Anlage von Getreidevorräten, zum verstärkten Viehimport, zum Bau besserer Verkehrswege, für eine zeitgemäße Polizeiordnung und für unentgeltliche Lebensmittel für die Armen. Reformvorschläge betrafen auch die Universität, das Priesterseminar, die Arbeits- und Waisenhäuser und die Hofkammer für die finanziellen Agenden; der Hofstaat, das Militär und die medizinische Betreuung der Untertanen kamen ebenfalls zur Sprache, und auch die Privilegien und Vergünstigungen der Domherren wurden bedacht.[36]
Die Kapitulare, die sich gerne als die eigentlichen »Erbherren des Stiftes« zu bezeichnen pflegten und die in der Sedisvakanz auch die Zwischenregierung führten und zum Zeichen dieser machtvollen Stellung eine offene Schleppe trugen, standen unter der Leitung des Domdekans, während der Dompropst nach kanonischem Recht der höchste Dignitär war. Die jeweils 24 Domherren[37] hatten bei ihrer »Aufschwörung« den Nachweis über acht adelige Ahnen zu erbringen, ihre Studienzeugnisse und Dokumente über die niederen Weihen vorzulegen; sie rekrutierten sich aus bayerischen, schwäbischen und seit der zweiten Hälfte des 17. Jahrhunderts zunehmend aus österreichischen Familien. Bei Erledigung eines Kanonikats stand in den ungeraden, den »päpstlichen« Monaten dem Erzbischof die Neubesetzung zu, in den geraden dem Domkapitel, das die Monate unter die einzelnen Domherren aufgeteilt hatte, so daß der »Turnarius« bei einer Vakanz in »seinem« Monat das Kanonikat selbständig verleihen konnte. Die Domherren durften auch Kanonikate an anderen Stiften und sogar Bistümer innehaben, mußten in Salzburg aber eine gewisse jährliche »Residenzpflicht« ableisten, um in den vollen Genuß ihrer Einkünfte zu gelangen.[38]
Daß in einem geistlichen Staat wie Salzburg die gesellschaftliche Struktur maßgeblich auch von der niederen Geistlichkeit bestimmt war, ist selbstverständlich. Gerade ihr hatten ja die Reformen Colloredos so großes Augenmerk zugewendet, um das äußere und innere Erscheinungsbild der Priesterschaft dem Ideal der Aufklärung anzugleichen. Bezeichnend ist dafür der Artikel 43 des Hirtenbriefes, in dem es über den Pfarrer heißt: »... er muß Mannessinn genug haben, um unter all den Dornen von tausenderley Beschwerlichkeiten, die ihm auf jedem Schritte daliegen, seiner Pflicht getreu zu verbleiben; er muß voll seyn von dem grossen stillen Geiste Christi, um ihn auch über seine ganze Gemeinde ergiessen zu können; sein Gemüth muß zu jener wohlwollenden, bestrebsamen, innigen Theilnehmung, ohne welche der geistliche Hirt nur ein Miethling ist, in einem hohen Grade gestimmt seyn; er muß Herzensgüte, Edelmuth, Mässigung und Genügsamkeit haben, und in jeder Lage seiner so mächtig seyn, daß aufbrausende Hitze, wilde Leidenschaft, niedrige und schmutzige Habsucht, oder rohe Hartherzigkeit niemals über ihn etwas vermöge; er muß Lebensart, Conduite, Anstand, Civilität der Sitten und Gefälligkeit im Umgange haben, damit er auch in den Augen des feineren Mannes achtungswürdig erscheinen und seinem Amte Ehre machen möge...«[39]
Die Reinigung der Kirche vom barocken Formalismus betraf nicht nur die verschiedensten Volksbräuche, wie das Verbot des Glockenläutens zu gewissen Anlässen und von geistlichen Schaustellungen mancherlei Art, der Geißler und sonstiger Sitten während der Karwoche (Kat. 91–95), sondern auch die Vielzahl der Bruderschaften (Kat. 82–90), die in Salzburg wie anderswo das kirchliche Leben vor allem im sozial-karitativen und berufsständischen Bereich geprägt haben.[40] Auch die Weltgeistlichen (Kat. 11) und die Alumnen des Priesterhauses (Kat. 12–13) wurden in ihrer Kleidung auf den Zug der neuen, aufgeklärten Religiosität abgestimmt.
Besonders dem im 16. Jahrhundert im Zeichen der Gegenreformation gegründeten Priesterseminar, dem Priesterhaus, als Ausbildungsstätte der Geistlichkeit, wandte sich das Augenmerk des Erz-

bischofs zu.[41] In dem um 1700 im Stadtteil rechts der Salzach errichteten Fischer-von-Erlach-Bau wurden die Alumnen herangebildet, die nach einer Verordnung aus dem Jahre 1783 allein als künftige Priester ausersehen waren; ihre Zahl stieg von 25 im Jahre 1772 auf 48 im Jahre 1793. Sie wurden nach einer mündlichen und schriftlichen Aufnahmeprüfung zur weiteren Ausbildung zugelassen, wurden unentgeltlich verköstigt, mit der schwarzen Soutane und dem hellblauen Priesterkragen bekleidet und sollten durch eine gewissenhafte Erziehung unter physisch reinlichen Bedingungen zu ihrem künftigen Amt heranwachsen.[42]

Neben den Weltgeistlichen und Chorherren (Kat. 10) sowie den Regularkanonikern gehörten in Salzburg die sogenannten Schneeherren, die Stiftsherren »Beatae Virginis Mariae ad nives« (Kat. 9), zu den speziellen Besonderheiten. Dieses von Erzbischof Paris Lodron im Jahre 1631 gegründete Stift bestand aus einem ersten Kaplan, dem aus den Reihen des Domkapitels entnommenen Schneeherrnpropst, und zehn weiteren Kaplänen. Die Schneeherren mußten täglich auf dem Stifteraltar im Dom eine Messe lesen und den Erzbischof bei allen seinen kirchlichen Verrichtungen bedienen, und zwar als Zeremoniar, als Schleppenträger, als Träger von Infel, Stab und anderes mehr; aus ihren Reihen wurde auch das Konsistorium, die oberste geistliche Instanz für die Erzdiözese, besetzt.[43] Auch die Domchoralisten (Kat. 50) oder Revenalen, eine Art von Chorgehilfen des Domkapitels, die unter der Leitung eines Kantors standen, sind in diesem Zusammenhang zu erwähnen.[44] Kapellmeister (Kat. 49), Ministranten (Kat. 52) und andere Mitarbeiter in kirchlichen Diensten (wie etwa Kat. 53) vervollständigen dieses Bild der geistlichen Gesellschaft Salzburgs.

Daß im enorm geistig bestimmten Klima Salzburgs in der Aufklärungszeit die Universität im Mittelpunkt des Interesses stand, versteht sich eigentlich von selbst. Diese Gründung Erzbischof Paris Lodrons aus dem Jahre 1622[45] hatte sich in den hundertfünfzig Jahren ihres Bestehens zu einer der bedeutendsten Hohen Schulen im süddeutschen Raum entwickelt, über ein hohes wissenschaftliches Niveau verfügt und eine Reihe von bedeutenden Persönlichkeiten hervorgebracht. Eine Reform der Benediktineruniversität wurde unter Colloredo ansatzweise versucht, sie ist letztlich aber auch an der Sparsamkeit des Landesfürsten gescheitert; immerhin konnten aber fähige Leute berufen und der Studienbetrieb einigermaßen modernisiert werden. So wurde Deutsch als Unterrichtssprache in einzelnen Bereichen früher als in Österreich eingeführt.[46]

Rector magnificus (Kat. 14) war an der Salzburger Universität seit dem 7. Mai 1792 der Philosoph, Naturrechtler und Historiker Augustin Schelle aus Tegernsee, der die Gerichtsbarkeit über alle Lehrer und Studenten ausübte. Er stand über den drei Fakultäten der Theologie, Jurisprudenz und Philosophie, an denen insgesamt dreizehn Universitätslehrer (Kat. 15–17) unterrichteten[47], von denen besonders Ulrich Schiegg aus Ottobeuren herausragte. Ihm sind die ersten bekannten Höhenmessungen des Untersberges zu verdanken, er gehörte einer wissenschaftlichen Expedition auf den Großglockner an, und er war es schließlich, der bereits 1784 in seiner Heimat einen Ballonstart durchführte.[48] Am untersten Ende der universitären Hierarchie stand der Pedell (Kat. 19–20), den die Kuenburg-Sammlung mit den Zeptern als Sinnbild der kaiserlichen und päpstlichen Bestätigung aus dem 17. Jahrhundert darstellt und der unter anderem auch die österlichen Beichtzettel der Studenten einzusammeln hatte.[49]

Das Studienjahr der Salzburger Studenten dauerte im Vergleich zu heute sehr lang, von Anfang November bis Anfang September, nur unterbrochen von den diversen Feiertagen, mit denen auch die Universitätspatrone gefeiert wurden. An Studierenden hat in Salzburg dennoch selten Mangel geherrscht, wenn auch die Colloredo-Zeit hier fühlbare Einbußen brachte. Waren im Jahre 1717 noch 363 Studenten immatrikuliert gewesen, so sank diese Zahl auf 128 zum Zeitpunkt des Regierungsantritts von Colloredo, um 1789 auf 78 und im Jahre 1800 gar auf nur zwölf zu sinken, ein Umstand, der sicher auch auf das bayerische Verbot des Auslandsstudiums zurückzuführen ist.[50]

Für die minderbemittelten Studenten wurde auf eine recht fortschrittliche Weise im Rahmen der »milden Stiftungen« Sorge getragen. So sollte das von Erzbischof Johann Ernst Graf Thun 1702 gegründete Virgilianische Kolleg (Kat. 23) sechs armen »Jünglingen von stiftmäßigem Adel« Versorgung gewähren, wovon aber 1793 nur mehr drei Gebrauch machten. Uniformiert wie diese waren auch die Zöglinge des Rupertinischen und Marianischen Kollegs (Kat. 21–22), Stiftungen aus der Zeit Paris Lodrons, die etwa je vierzehn Bedürftige aufnahmen. Stand das erstgenannte 1793 unter der Leitung des Präfekten Josef Wismayr, so hatte das Marianische Kolleg unter dem Präfekten Johann Paulinig eine recht eigenwillige Stiftungsurkunde: den Alumnen wurde Kost, Kleidung und alles übrige, darunter eine halbe Maß Bier pro Tag, umsonst gegegeben, wofür sie täglich die marianischen Tagzeiten zu beten und später für jedes Jahr ihres Aufenthalts im Kolleg zwei Jahre der Lodronschen Primogenitur »für einen billigen Gehalt« zu dienen hatten.[51] In landesfürstliche Dienste mußten nach dem Studium die Mitglieder des »Siebenstädter Kollegs« (Kat. 62) treten, einer Stiftung Erzbischof Johann Ernsts für sechs arme Studenten aus den sieben Salzburger Städten Salzburg, Hallein, Radstadt, Friesach, Laufen, Tittmoning und Mühldorf, die aber ehelich geboren sein und guten Studienerfolg aufweisen mußten.[52]

In einem anderen Bereich des Salzburger Gesellschaftslebens, dem erzbischöflichen Hofstaat, sind die anmutigen Darstellungen der Kuenburg-Sammlung den untersten Sprossen der hierarchischen Leiter gewidmet; es sind die kleinen Bediensteten, die in ihrer äußerlichen Originalität ungemein wirkungsvoll zu Papier zu bringen waren (Kat. 24–31). Man findet die insgesamt sieben Edelknaben aus dem Stab des Oberststallmeisters, die verschiedenen Hoflakaien und Heiducken (Haiduken), die ihre Bezeichnung von der Dienerschaft der ungarischen Magnaten ableiteten, bis hinunter zum Leibkutscher und zu den Hof- und Feldtrompetern, von denen es unter Hieronymus neun gab, davon drei sogenannte Spielgrafen, die der hochfürstlichen Gestütmeisterei unterstanden, die ihrerseits wiederum zur Futtermeisterei gehörte.[53]

Auch das hochfürstliche Militär nimmt in unserer Bildersammlung breiten Raum ein (Kat. 32–48); diese Darstellungen zählen sicher zu den illustrativsten und reizvollsten. Bei der ständig wachsenden Kriegsgefahr seit den Ereignissen von 1789 kann es nicht verwundern, daß man auch im Erzstift Salzburg auf den Ausbau des Kriegswesens besonderen Wert gelegt hat.[54] So zählte 1793 das hochfürstliche Militär ohne Offiziere über 820 Mann, von denen allein in der Hauptstadt sechs Kompanien zu je 100 Mann lagen, darunter eine Kompanie Grenadiere. Befehlshaber und zugleich Stadtkommandant war der Oberst Freiherr Gottlieb von Prank, unter dem insgesamt 26 Offiziere dienten, die »Exerzirart, Mannszucht und Reinlichkeit« wie beim kaiserlichen Militär gewährleisten sollten. Auf der Festung Hohensalzburg befand sich überdies ein Artillerie-Korps unter dem Befehl eines Hauptmanns, der 22 Mann unter sich hatte. Zum erzbischöflichen Militär gehörten auch 30 Karabinieri und 20 Trabanten von der Leibgarde, die aber aus Ersparnisgründen unberitten waren. Die Bürger der Stadt Salzburg stellten darüber hinaus – wohl primär zu Repräsentationszwecken – eine Kompanie Kavallerie zu ungefähr 100 Mann, die von einem Rittmeister aus den Reihen des Magistrats befehligt wurden. Daneben gab es eine bürgerliche Infanterie, die aus zwei Kompanien in den Stadtteilen links und rechts der Salzach bestand und zusammen etwa 200 Mann ausmachte. Jede der beiden Abteilungen hatte eigene Artilleristen, Furiere für die Verpflegung und Feldscherer für die medizinische Betreuung; entsprechend den Repräsentationsaufgaben bei Einzügen der Erzbischöfe oder bei Fronleichnamsprozessionen gab es auch Tamboure, Pfeifer und ähnliches.[55]

Im zivilen Bereich bot die landesfürstliche Hauptstadt Salzburg ein buntes Bild der verschiedensten sozialen Schichten und Gruppierungen. Auf engstem Raum – die Stadt war ja über die mittelalterliche Enge noch nicht sehr hinausgewachsen – finden sich die Kavaliere des Hofes, die Mitglieder der Landtafel, also die gewählten Vertreter der ständisch zusammengesetzten Landschaft, und die hochfürstlichen Räte (Kat. 55–56), eben die Beamten der verschiedensten Behörden des Erzstiftes, des Geheimen Rates und der Geheimen Kanzlei, die die eigentlichen Staatsgeschäfte führten, des Konsistoriums für die geistlichen Angelegenheiten, des Hofrates als oberster Justizstelle, der Hofkammer als wirtschaftlicher Schaltstelle mit ihren untergeordneten Behörden wie Oberstwald-

meisterei und Hauptbuchhaltung, Garderobeamt, Hofungeldamt, Hofkastenamt und Hofkelleramt, oder auch des Hofkriegsrates.[56]
Aus der Masse der Stadtbevölkerung ragten die Bürger heraus, die die Freiheiten und Privilegien genossen, also das Bürgerrecht innehatten und die sogenannten bürgerlichen Gewerbe betrieben. Sie umfaßten einen Personenkreis von etwa 500 Leuten, die 55 Handlungen und 457 Gewerbe (einschließlich des nichtbürgerlichen Bevölkerungsanteils) ausübten und demgemäß das wirtschaftliche Rückgrat der Stadt bildeten (Kat. 57–61).[57] In diesem sozialen Bereich gab es beispielsweise im Jahre 1793 fünf »Factoreyen oder Speditionshandlungen«, unter ihnen die Triendl[58], einen Caspar Freysauf und die Azwanger, es gab 15 Schnittwarenhandlungen, 13 Spezereihandlungen, zwei Buchhandlungen, darunter die Mayrische, die am geistigen Leben der Colloredo-Zeit so maßgeblichen Anteil hatte, es gab 16 bürgerliche Wirte, vier Bierschenken (Kat. 72), zwölf bürgerliche Bierbrauer (Kat. 61) sowie vier Schokolade- und Kaffeeschenken. Unter den bürgerlichen Handwerkern, die noch immer in Zünften organisiert waren und von Zunft- oder Zechmeistern (Kat. 70) geleitet wurden, wobei Erzbischof Hieronymus auch in diesem Bereich wenn auch nur äußerliche Änderungen gegenüber der Vergangenheit vornahm, gab es 19 Fleischhauer (Kat. 67) mit ihren aussterbenden Zunftbräuchen, 19 Weißbäcker (Kat. 66), sieben Lederer (Kat. 68–69), drei bürgerliche Kropper (Kat. 74) für die Güter von und nach Nürnberg, Tirol und Villach und viele andere Berufssparten mehr.[59] Im nichtbürgerlichen Bereich sind es schließlich die vielen Angehörigen der nicht- und unterprivilegierten Stände, zu denen Hausknechte (Kat. 73) ebenso zählten wie Stadtboten und Nachtwächter (Kat. 77–78) oder Stubenmädchen und Küchenmägde (Kat. 64–65), ganz abgesehen von den kuriosen »Berufen« wie dem Hundsauspeitscher vor dem Dom (Kat. 54).
Kurios für heutige Begriffe ist auch das Salzburger Postwesen zur Mozartzeit gewesen, wie es sich in der Berufsstruktur niedergeschlagen hat (Kat. 71) und wie es Hübner in seiner »Beschreibung der hochfürstlich-erzbischöflichen Haupt- und Residenzstadt Salzburg« so anschaulich schildert: »Das Erzstift besitzt 12 theils einfache, theils doppelte Stationen von fahrenden und reitenden Posten und befördert die Briefe 4 Mahle die Woche, nämlich Mondtags und Donnerstags Abends um 5 Uhr über München, und dann Mondtags und Freytags um 4 Uhr Abends über Regensburg in das Reich, 2 Mahle in der Woche, nämlich Dienstags und Freytags nach 8 Uhr Abends nach Oesterreich, und 2 Mahle Mondtags und Freytags nach 8 Uhr Abends ins Tyrol... Zur Austragung der Briefe ist ein Briefträger aufgestellt. Allein es steht jedermann frey, dem Postamte anzuzeigen, daß er seine Briefe selbst abhohlen lassen wolle, in welchem Falle sie dann auf dem Postamte liegen bleiben.«[60]
Für diese sozial so differenzierte Bevölkerung der Landeshauptstadt mußte natürlich für Notfälle und für das Alter Vorsorge getroffen werden, wobei einige Institutionen sehr modern anmuten und auch langlebig gewesen sind. An erster Stelle sei in diesem Zusammenhang das 1327 gegründete Bürgerspital erwähnt, in das unverschuldet in Not geratene Bürger und Bürgerinnen (Kat. 79) der Stadt sowie deren Söhne und Töchter und alte Leute aufgenommen werden konnten, sofern sie einen ordentlichen Lebenswandel geführt hatten und möglichst einer Arbeit nachgegangen waren. Auch diese Institution hatte die Sparsamkeit des Erzbischofs zu spüren bekommen, so daß die Zahl der Pfründner schon 1782 »wegen unnotwendiger Ausgaben« von 90 auf 68 reduziert werden mußte. Die Insassen, von denen eine vierundvierzig Jahre im Bürgerspital verbrachte, hatten Kost, Quartier und Medikamente frei, konnten sich durch kleinere Arbeiten etwas dazuverdienen und mußten nur gewisse Meßverpflichtungen erfüllen.[61]
Daneben gab es noch das Leprosen- oder Siechenhaus, das der Verwaltung des Stadtmagistrats unterstand, aus einem Fonds von mehr als 92.000 Gulden Kapital unterhalten wurde und in das auf der Straße aufgelesene Kranke und arme Fremde aufgenommen wurden. 1793 hausten dort 47 sogenannte »Siechlinge« (Kat. 81) oder mit ansteckenden Krankheiten behaftete Leute, die gratis verpflegt wurden.[62] In den beiden Waisenhäusern in Mülln wurden je 30 Buben (Kat. 63) und Mädchen unter der Aufsicht eines Waisenvaters und einer Waisenmutter erzogen und in erster Linie zu hand-

werklichen Berufen ausgebildet. Die Oberaufsicht hatte hier das Konsistorium, das den Unterhalt der Bedauernswerten aus einem Fonds in der Höhe von mehr als 200.000 Gulden bestritt.[63]
Außerhalb des hauptstädtischen Gemeinwesens ist die Salzburger Bevölkerung naturgemäß vom bäuerlichen Element getragen gewesen, wenn man für die übrigen Städte auch das mit der Hauptstadt vergleichbare Bürgertum (Kat. 96–97), die Wirte (Kat. 130–131) und für Hallein und Laufen die Schiffsleute (Kat. 98–103) berücksichtigen muß. Diese waren für die Wirtschaft des Landes unverzichtbare Komponenten, die nach jahrhundertealten Privilegien[64] die Ausfuhr des Halleiner Salzes über Laufen nach Bayern und Böhmen garantierten.
Das Salzburger Bauerntum selbst, aus dem sich der überwiegende Teil der Salzburger Untertanen rekrutierte, ist auch zur Zeit des Erzbischofs Colloredo kaum aus seinen jahrhundertealten Beschränkungen als letzter Stand hinausgekommen, so daß eben den Festlichkeiten – und hier wieder besonders den Hochzeitsfeierlichkeiten (siehe die verschiedensten Katalognummern, besonders 106–107, 112–113, 115–118 usw.) – auch in der vorliegenden Kuenburg-Sammlung breiterer Raum gewidmet wurde. Die Unterprivilegierung der Bauernschaft zeigte sich besonders eklatant im politischen Bereich, wo ihnen seit Jahrhunderten eine Vertretung auf den Salzburger Landtagen verweigert wurde[65] und sie höchstens in der Kurie der Märkte auf ihre Sorgen und Nöte hinweisen lassen konnten.
Diese Sorgen und Nöte der Bauern betrafen vor allem den wirtschaftlich-sozialen Bereich und waren durch die oft unglaublichen Lasten bedingt, die ihnen durch die Abgaben und sonstigen Dienstleistungen – wie Robot und Fron an die Grundherren – und durch die landesfürstlichen Steuern erwuchsen.[66] Auch unter der Regierungszeit Hieronymus Colloredos dürfte sich an der allgemeinen Situation der Salzburger Bauernschaft nicht allzuviel zum Positiven geändert haben, im Unterschied zu den Reformen Josephs II. in den habsburgischen Erbländern. Die Meinungen der Zeitgenossen weichen in diesem Punkt stark voneinander ab: Der dem Erzbischof so kritisch gegenüberstehende Koch-Sternfeld[67] bezeichnet das Los der bäuerlichen Untertanen als recht schlecht und behauptet eine stärkere Verschuldung des bäuerlichen Besitzes, wofür er die hohen Steuern verantwortlich macht. Ein Umstand, der auch ihm nicht ganz einzugehen scheint, da die Zeit von 1784 bis 1787, die man angeblich die »klingende Zeit« genannt hat, gute Preise für die landwirtschaftlichen Erzeugnisse gebracht hat.[68]
Etwas anders ist die Ansicht des Hofratsdirektors Franz Thaddäus von Kleimayrn, der schon von Amts wegen zu den Befürwortern der Colloredo-Regierung zu rechnen ist. Auch er gibt zwar die vielfältigen und traditionsreichen Belastungen der Urbarsleute und der Grundholden zu, die aus allen möglichen Naturalabgaben, wie Geflügel und landwirtschaftlichen Produkten, aus Sonderleistungen im Fasching oder beim Ableben eines Grundholden und schwereren Mühsalen bestanden, meint aber zur Lage seiner bäuerlichen Zeitgenossen: »Das milde Schicksaal unseres erzstiftischen Bauernstandes, welches der Menschlichkeit so viele Ehre machet, als sie zum wahren Besten des Landes gereichet, hat aber derselbe meistens der Vorsicht und der Wachsamkeit der Landesfürsten zu verdanken. Diese sorgten in älteren und in neueren Zeiten, daß der Bauersmann durch die grundherrliche Lasten nicht zu sehr mitgenommen wurde, damit derselbe nur bey Kräften und Vermögen bleibe, die allgemeine Landessteuern, Landesfrohnen und andere Bürden zu erschwingen, welche nach den geänderten Zeitläufen und allgemeinen Reichs- und Landeserfordernissen immer höher angewachsen sind und vorzüglich dem Bauernstande obliegen...«[69]
Wie so oft also herrscht auch in diesem Punkt eine Divergenz zwischen Theorie und Praxis, speziell bei unserem Gesamtthema eine Divergenz zwischen dem Bereich der hohen Politik mit den idealen Ansprüchen der Aufklärung auf den verschiedensten Gebieten und den Bereichen auf der unteren Ebene des menschlichen Zusammenlebens; eine Bestätigung dafür, daß der Mensch auch in den bestgemeinten politischen Systemen mit der tagtäglichen Problematik des Daseins konfrontiert wird und diese Belastung in reinen Äußerlichkeiten abreagiert. Nachfolgende Generationen sehen

dann eben oft nur das Gewand, die Tracht und den dazugehörigen Zierat wie in unserer Kuenburg-Sammlung und erfreuen sich an den reizvollen Darstellungen. Dem Historiker bleibt es überlassen, dieser scheinbar heilen Welt der bildlichen Darstellung den dunkleren Hintergrund der Realität dieses menschlichen Daseins gegenüberzustellen.

ANMERKUNGEN

1 Zur historischen Entwicklung Salzburgs vgl. Hans Widmann, Geschichte Salzburgs, 3 Bände, Gotha 1907–1914, und das auf 4 Bände angelegte Handbuch Geschichte Salzburgs, Stadt und Land, hrsg. von Heinz Dopsch und Hans Spatzenegger. Salzburg 1981 ff.
2 Die verfassungsrechtliche Stellung Salzburgs im Rahmen des Reiches skizziert recht ausführlich Lorenz Hübner, Beschreibung der hochfürstlich-erzbischöflichen Haupt- und Residenzstadt Salzburg und ihrer Gegenden verbunden mit ihrer ältesten Geschichte, 2. Band (Statistik). Salzburg 1793 (Nachdruck Salzburg 1982), S. 93 ff.
3 Vgl. dazu die Landkarte von J. G. Schreibern (18. Jh.) aus dem Salzburger Landesarchiv auf S. 6.
4 Franz Thaddäus von Kleimayrn, Nachrichten vom Zustande der Gegenden und Stadt Juvavia vor, während und nach Beherrschung der Römer bis zur Ankunft des heiligen Ruperts und von dessen Verwandlung in das heutige Salzburg. Salzburg 1784, S. 419 ff. Vgl. dazu auch Salzburg-Atlas, hrsg. von Egon Lendl, Salzburg 1955, Text S. 100, Kartenblatt 51 a, b
5 Hübner (wie Anm. 2), S. 76 f.
6 Zur Person des Erzbischofs vgl. Franz Martin, Salzburgs Fürsten in der Barockzeit, 4. Aufl. Salzburg 1982, S. 227 ff. Vgl. auch (Josef Ernst Ritter von Koch-Sternfeld), Die letzten dreißig Jahre des Hochstifts und Erzbisthums Salzburg, o. O. 1816
7 Dazu Johann Rupert Katschthaler, Die Steuerreform des Erzbischofs Hieronymus Colloredo 1772–1803 im Erzstift Salzburg, phil. Diss., Innsbruck 1958
8 Hans Wagner, Die Bedeutung Salzburgs im Zeitalter der Aufklärung. Salzburg-Dokumentationen 19. Salzburg 1977, S. 153 ff., hier S. 158 f.
9 Hans Widmann, Geschichte Salzburgs, Band 3. Gotha 1914, S. 468 ff.
10 Vgl. dazu die ältere Arbeit von Joseph Mack, Die Reform- und Aufklärungsbestrebungen im Erzstift Salzburg unter Erzbischof Hieronymus von Colloredo. München 1912
11 Zu diesem Thema ist die auch für die vorliegenden Ausführungen grundlegende und zusammenfassende Arbeit von Hans Wagner, Die Aufklärung im Erzstift Salzburg. Salzburger Universitätsreden, Bd. 26, Salzburg 1968, heranzuziehen
12 Zu diesen Reformen vgl. speziell Joseph Schöttl, Kirchliche Reformen des Salzburger Erzbischofs Hieronymus von Colloredo im Zeitalter der Aufklärung. Südostdeutsche Heimatstudien, Bd. 16. Hirschenhausen 1939
13 Wagner (wie Anm. 8), S. 161
14 Druck bei Peter Hersche, Der aufgeklärte Reformkatholizismus in Österreich. Quellen zur neueren Geschichte, Heft 33. Bern–Frankfurt/Main 1976, S. 45 ff.
15 Wagner (wie Anm. 8), S. 159; vgl. dazu auch Peter Hersche, Erzbischof Hieronymus Colloredo und der Jansenismus in Salzburg. Mitteilungen der Gesellschaft für Salzburger Landeskunde (MGSLK), Bd. 117 (1977). Salzburg 1978, S. 231 ff.
16 Seine chronikalischen Aufzeichnungen von 1772 bis 1801 wurden ediert von Franz Martin, Die Salzburger Chronik des Felix Adauktus Haslberger. MGSLK 67 (1927), S. 33 ff., 68 (1928), S. 51 ff., 69 (1929), S. 97 ff., und 74 (1934), S. 159 ff. (Nachtrag)
17 Adolf Altmann, Geschichte der Juden in Stadt und Land Salzburg von den frühesten Zeiten bis auf die Gegenwart. Berlin 1913, S. 181 f.
18 Ernst Wenisch, Der Kampf um den Bestand des Erzbistums Salzburg 1743–1825. MGSLK 106 (1966), S. 303 ff.
19 Wenisch (wie Anm. 18), S. 324 ff.; vgl. auch Martin (wie Anm. 6), S. 233 f.
20 Dazu Karl Wagner, Zur Geschichte der Schulverbesserung in Salzburg unter Erzbischof Hieronymus Grafen Colloredo. MGSLK 56 (1916), S. 95 ff., speziell S. 164; vgl. auch Matthias Laireiter, Franz Michael Vierthaler, Festschrift zum 200. Geburtstag. Salzburg 1958
21 Martin (wie Anm. 16). MGSLK 68, S. 60 f. Zum Vorigen vgl. vor allem Wagner (wie Anm. 11), S. 13 f.
22 Wagner (wie Anm. 11), S. 14 ff. Vgl. auch Wilhelm Wühr, Emigranten der Französischen Revolution im Erzstift Salzburg. MGSLK 79 (1939), S. 33 ff., hier S. 56 ff.
23 Zu den Beziehungen zum bayerischen Nachbarn vgl. Ludwig Hammermayer, Salzburg und Bayern im 18. Jahrhundert, Prolegomena zu einer Geschichte ihrer Wissenschafts- und Geistesbeziehungen im Spätbarock und in der Aufklärung. MGSLK 120/121 (1980/81), S. 129 ff.
24 Dazu Heide Ruby, Lorenz Hübner, Leben und Werk als Publizist, Topograph und Historiker in Salzburg. Österreich in Geschichte und Literatur 10 (1966), S. 345 ff.
25 Karl Otto Wagner, Die »Oberdeutsche allgemeine Litteratur-Zeitung«. MGSLK 48 (1908), S. 89 ff.
26 Diese Zeitschriftenmassierung wird im einzelnen aufgezählt bei Hermann Friedrich Wagner, Anonymes und Pseudonymes in der Salzburger Literatur. MGSLK 50 (1910), S. 336 ff. Vgl. dazu jetzt auch Waltraud Jakob, Salzburger Zeitungsgeschichte. Salzburg-Dokumentationen 39. Salzburg 1979

27 So bei Wagner (wie Anm. 11), S. 15 f.
28 Martin (wie Anm. 6), S. 235
29 Vgl. dazu Reinhard Rudolf Heinisch, Salzburgs Beziehungen zu Bayern und Österreich in der frühen Neuzeit. Österreich in Geschichte und Literatur 23 (1979), S. 267 ff., hier S. 270 ff.
30 Wagner (wie Anm. 8), S. 163
31 Martin (wie Anm. 6), S. 240 ff.
32 Leider gibt es bis jetzt keine umfassende Biographie des Erzbischofs, daher ist noch immer auf Martin (wie Anm. 6), hier speziell S. 249 ff., zu verweisen
33 Vgl. W. Seidenschnur, Die Salzburger Eigenbistümer in ihrer reichs-, kirchen- und landesrechtlichen Stellung. Zeitschrift der Savigny-Stiftung für Rechtsgeschichte, Kanonistische Abteilung 9 (1919), S. 177 ff. Dazu jetzt auch Heinz Dopsch, Friedrich III., das Wiener Konkordat und die Salzburger Hoheitsrechte über Gurk. Mitteilungen des Österreichischen Staatsarchivs 34 (1981), S. 45 ff., mit weiterführender Literatur
34 Hierarchia catholica medii et recentioris aevi, vol. VI (1730–1799), Padua 1958, wo die einzelnen Bistümer alphabetisch geordnet sind
35 Vgl. dazu Reinhard Rudolf Heinisch, Die bischöflichen Wahlkapitulationen im Erzstift Salzburg 1514–1688. Fontes rerum Austriacarum II, Bd. 82. Wien 1977
36 Heinisch (wie Anm. 35), S. 130 f.
37 Zum personellen Bestand vgl. Johann Riedl, Salzburgs Domherren 1514–1806. MGSLK 7 (1867), S. 122 ff.
38 Eine kurze Zusammenfassung der Rechte und Pflichten der Domherren findet sich bei Franz Martin, Kleine Landesgeschichte von Salzburg, 5. Aufl., erweitert und revidiert von Reinhard Rudolf Heinisch. Salzburg 1979, S. 93 ff. Zum Domkapitel vgl. auch Martin (wie Anm. 6), S. 255 ff.
39 Hersche (wie Anm. 14), S. 89
40 Vgl. dazu Lexikon für Theologie und Kirche, hrsg. von Josef Höfer und Karl Rahner Freiburg 1958, Sp. 719 ff.
41 Vgl. Ignaz Rieder, Das fürsterzbischöfliche Priesterseminar zu Salzburg. Wien 1893
42 Hübner (wie Anm. 2), S. 309 ff.
43 Hübner (wie Anm. 2), S. 298 ff.
44 Hübner (wie Anm. 2), S. 303
45 Vgl. dazu Max Kaindl-Hönig und Karl Heinz Ritschel, Die Salzburger Universität 1622–1964. (Salzburg 1964)
46 Wagner (wie Anm. 11), S. 12 f.
47 Hübner (wie Anm. 2), S. 501 ff.
48 Kaindl-Hönig/Ritschel (wie Anm. 45), S. 76 ff.
49 Hans Wagner, Die Studenten an der alten Universität. Festschrift Universität Salzburg 1622–1962–1972. Salzburg 1972, S. 67 ff., hier S. 77
50 Wagner (wie Anm. 49), S. 69
51 Hübner (wie Anm. 2), S. 542 ff.
52 Wagner (wie Anm. 49), S. 74
53 Hübner (wie Anm. 2), S. 224 ff.
54 Dazu allgemein die veraltete Arbeit von Anton Schallhammer, Das erzbischöflich salzburgische Kriegswesen. MGSLK 7 (1867), S. 24 ff.
55 Hübner (wie Anm. 2), S. 355 ff.
56 Hübner (wie Anm. 2), S. 231 ff., gibt einen detaillierten Überblick über die einzelnen Zentralstellen
57 Hübner (wie Anm. 2), S. 368
58 Vgl. dazu Franz von Lospichl, Die Familien Haffner und Triendl, Ein Beitrag zur Salzburger Familien- und Unternehmergeschichte. Salzburg 1970, speziell S. 34 ff.
59 Hübner (wie Anm. 2), S. 408 ff. Zu den Handwerken vgl. u. a. auch Franz von Lospichl, Das ehrsame Handwerk der Schneider in Salzburg, Eine Chronik seiner Zunft von den ältesten Zeugnissen bis zum Ende der Zünfte um die Mitte des 19. Jahrhunderts. Salzburg o. J.
60 Hübner (wie Anm. 2), S. 233 f.
61 Georg Stadler, Das alte Salzburger Bürgerspital. Jahresschrift 25/26 (1979/80) des Salzburger Museums C. A., Salzburg 1981, S. 1 ff., speziell S. 53 ff.
62 Hübner (wie Anm. 2), S. 535 f.
63 Hübner (wie Anm. 2), S. 552 f.
64 Dazu Heinz Dopsch, Die erzbischöflichen Ordnungen für die Salzachschiffahrt (1267 und 1278) und die Anfänge der Schifferschützen von Laufen-Oberndorf. Das Salzfaß N. F. 12 (1978), S. 56 ff.
65 Vgl. dazu Herbert Klein, Salzburg und seine Landstände von den Anfängen bis 1861. Festschrift Herbert Klein. Salzburg 1965, S. 115 ff.
66 Über die Entwicklung der Salzburger Bauernschaft vgl. jetzt Franz Pagitz, Die rechtliche Stellung der Salzburger Bauern im Mittelalter und in der frühen Neuzeit. Die Ehre Erbhof – Analyse einer jungen Tradition, hrsg. von Alfons Dworsky und Hartmut Schider. Salzburg–Wien 1980, S. 10 ff.
67 (Koch-Sternfeld) (wie Anm. 6), S. 194 ff.
68 Vgl. auch Widmann (wie Anm. 9), S. 476
68 Kleimayrn (wie Anm. 4), S. 564 f.

FRIEDERIKE PRODINGER

# Die Geschichte der Kuenburg-Sammlung

In Salzburg hat sich eine bemerkenswerte Kostümbildersammlung in Privatbesitz erhalten, deren frühere Geschichte mit dem Namen der gräflichen Familie Kuenburg verbunden ist. Man spricht daher von der Kuenburgschen Sammlung. Carl Adrian, Nestor der Salzburger Volkskunde, am Ende des 19. Jahrhunderts als Hauslehrer in dieser Familie tätig, erkannte den Wert dieser in der Kinderstube der Kuenburgs gelandeten Kostümmalereien und konnte das Ordnen und Binden in zwei Bücher – eines für die Stadt und eines für das Land Salzburg – veranlassen. Die handschriftlichen Eintragungen, die sich auf zwei Blättern finden und auf die später noch genauer eingegangen werden soll, stammen wahrscheinlich aus dieser Zeit. Nach der Wiederentdeckung dieser einmaligen Dokumentation der unterschiedlichsten Stände Salzburgs in ansprechender, schlichter, aber sehr detailgetreuer Malerei (meist Gouachen und aquarellierte Zeichnungen) durften vor und nach 1900 auch verschiedene Kopien wichtiger Figuren für das Salzburger Museum Carolino Augusteum gemacht werden. Der Maler und Trachtenforscher Kulstrunk fertigte in den zwanziger Jahren unseres Jahrhunderts gleichfalls noch einige Nachbildungen für das Museum an. Das sogenannte Kuenburg-Album war auch dem Militärhistoriker Oskar Seefeldner zugänglich, der zwischen 1920 und 1938 die Militaria Salzburgs erforschte.[1] Er erfaßte danach, im Einklang mit den vorhandenen Archivalien, die Uniformbeschreibungen von elf darin abgebildeten Soldatenkostümen sowie von sieben Figuren des Bürgerkorps.

Die Entstehungszeit dieser meist in Gouachenmalerei verfertigten Bilder kann an ihnen selbst abgelesen werden. Während Kulstrunk eine Kopie der Postamtsuniform (71)* noch mit »um 1760« datierte und beschriftete, ergeben genauere Studien von Uniformerlässen und Hirtenbriefen bezüglich der Bruderschaften und Prozessionsgewohnheiten einen Entstehungszeitraum von 1782 bis etwa 1790. Außerdem tragen Mitglieder des Hofpersonals, so der Hoftrompeter (31/14) und der »Heyduk« (26/11), an Instrument und Säbelkoppel als Fahnentuch das Wappen des damals regierenden Landesfürsten, Erzbischof Hieronymus Graf Colloredo. Die Bildersammlung ist also gewiß in seiner Regierungszeit, im letzten Viertel des 18. Jahrhunderts, zwischen 1772 und 1803, entstanden. Die Militärbilder tragen bereits die Merkmale der Reformen, die unter dieser Regierung durchgeführt wurden. So trägt der Artillerist (40) die blaurote Uniform, die mit dem 31. 6. 1780 angeordnet worden war, dann aber, der Kosten wegen, nicht so rasch geändert wurde. Andere Soldatenbilder zeigen die weiße Uniform mit den roten Aufschlägen: so der Grenadier (43), der Tambour (47), der Soldat vom Schloßkommando (48) und der Regimentstambour (46/18). Sie folgten damit dem Erlaß vom 8. 3. 1773, durch den die Anpassung an das kaiserliche Heer verordnet wurde, obwohl Salzburg damals noch ein selbständiges eigenes Land war. Durch dieses Dekret war auch eine Änderung der Schilder auf den Grenadiermützen – das Anbringen des erzbischöflichen Wappens auf einem Silberblatt (und zwar etwas kleiner als zuvor) – angeordnet worden. Auch dieses Merkmal ist auf der Darstellung des Grenadiers (43) deutlich zu erkennen.[2] Die schriftliche Bekräftigung dafür finden wir in einem 1793 erschienenen Werk über die Stadt Salzburg.[3] Dort heißt es: »Die Uniform ist weiß mit roten Aufschlägen am Röckl und weißen Knöpfen übrigens ganz nach dem Zuschnitte der kaiserlichen Truppen.«

Einen weiteren Anhaltspunkt gewähren die Darstellungen der Prozessionsfiguren und Bruder-

* In Klammern gestellte Ziffern verweisen auf Katalog- bzw. Tafelnummern, z. B. (1) = Katalog Nr. 1, (1/1) = Katalog Nr. 1, Tafel 1.

schaftsmitglieder, bei denen oft (bei zeitgleicher Beschriftung) vermerkt ist, daß sie gerade abgeschafft oder gar verboten worden seien. So: Der Geißler in der Karwoche zum Beispiel (91), der Kreuzzieher (92), ein Kreuzzieher der schwarzen Bruderschaft (93/47), ein Büßer, »wie er in der Charwoche die heiligen Gräber besuchte« (94/48) sowie »ein ausgespannt Gehender, eine gleichfalls veraltete Charwochs-Sitte, die nicht mehr gestattet wird« (95). Der maßgebliche Hirtenbrief vom 1. 9. 1782 und die daran anschließend erlassenen Zusätze sind der Entstehung dieser Bilder vorangegangen. Die Auswahl der Bilder und ihre Beschriftung verraten geradezu eine gewisse Tendenz, historische Tatsachen, alte, liebgewordene (Volks-)Gewohnheiten sowie Abirrungen des Volksglaubens gerade noch festzuhalten, bevor sie dem Gedächtnis durch ihre Aufhebung entschwanden.[4] Die Kuenburgsche Sammlung kann also erst nach diesen einschneidenden Zeitmarken entstanden sein. Bezüglich der Bruderschaften informiert uns wiederum Lorenz Hübner über ihre seinerzeitige (meist mehrere hundert Jahre zurückliegende) Einführung sowie über ihre bevorstehende oder bereits eingetretene Einschränkung und Abschaffung.[5] Die abgebildete Postamtsuniform (71) bietet gleichfalls zeitliche Anhaltspunkte, da das Postwesen durch eine landesherrliche Verordnung vom 22. 1. 1784 (einschließlich der Uniformerneuerung) reformiert wurde.[6] Durch all diese Erlässe und Bestimmungen sind die Darstellungen also verläßlich zwischen 1782 und 1790 eingegrenzt.
Auf der Suche nach dem Auftraggeber dieser inhaltlich so imponierend weit gespannten Sammlung muß man sich das kulturell ungeheuer potente Salzburg der Aufklärungszeit näher vor Augen führen. So fand sich hier damals eine ganze Ansammlung von geistigen Koryphäen, besonders von Vertretern der aufblühenden Naturwissenschaften. Auf ein Freundespaar darunter, auf Lorenz Hübner und Ehrenbert Freiherr von Moll, muß besonders hingewiesen werden. Der eine war ein bahnbrechender Zeitungsherausgeber, Redakteur und Statistiker, der seit Ende 1783 in Salzburg wirkte, der andere Hofbeamter, Naturwissenschaftler, Volkskundler und Kulturgeograph, wie man das heute nennen würde.
Angeregt von Rousseaus Tendenzen, im besonderen durch Haquets Schriften, war es im letzten Viertel des 18. Jahrhunderts üblich geworden, Eindrücke von Land und Leuten in Reiseschilderungen oder in Briefen über solche Reisen wiederzugeben. In diesem Sinne hat auch Franz Michael Vierthaler, der Reformator des Salzburger Schulwesens der damaligen Zeit, in seinen »Reisen durch Salzburg« 1799 eine ganz berühmte naturwissenschaftliche Sammlung in Salzburg beschrieben, die eben dieser Karl Ehrenbert Freiherr von Moll in seinem Hause in Nonntal eingerichtet hatte.[7] Und dort begegnet man auch einer Bildersammlung. »Ein besonderes Kabinett, das dem Vaterlande bestimmt ist« habe Vierthaler dort angetroffen. »Der Freund der Menschen und des Volkes sieht da eine kleine Galerie von den verschiedenen Kostümen, den Spielen, Gebräuchen und Beschäftigungen der salzburgischen Städter, Land- und Bergleute vor sich. Es sind Originalzeichnungen und ihre Zahl mag auf 400 steigen.« Diese Stelle in Vierthalers Schilderung festigt meine Überzeugung davon, daß er damit die ursprüngliche Bildersammlung meint, die sich allerdings im Laufe der folgenden zweihundert Jahre um die Hälfte verringern sollte. Bestärkt wird meine These zudem durch die Schilderung eines weiteren Schriftstellers. Ein Anonymus (in Wirklichkeit der Domherr Friedrich Graf Spaur) gab gleichfalls einen Briefwechsel »über einige Gegenden Oberdeutschlands« heraus, in denen er einen Besuch bei Moll und dessen Sammlungen schildert.[8] Er gibt an, daß er im Hause Moll in einem Stockwerk im dritten Zimmer mit höchstem Interesse die von Lederwasch echt charakteristisch entworfenen Zeichnungen der verschiedenen Salzburger Trachten, der Gebräuche bei Hochzeiten, Leichenbegängnissen, auch der Nationalspiele der salzburgischen Einwohner und dergleichen, zum Teil auch in einem Schrank verschlossen, soweit es den Aberglauben betraf, gesehen habe. Zu meiner Annahme, daß es sich da um unsere Sammlung handeln muß, kommt noch der Umstand, daß der Künstler genannt ist: »Der Lederwasch«. Tatsächlich lebten aber zu dieser Zeit mehrere Mitglieder dieses Namens, die, aus dem Mesnerhaus in St. Leonhard bei Tamsweg stammend, auch als Maler mehr oder minder berühmt sind.[9] Da die Bilder nicht signiert

sind, kann man ohne weitere intensive Forschungen jetzt noch nicht sagen, von wessen Hand sie stammen. Der damals bekannteste wird Gregor IV. gewesen sein, der, 1726 geboren, bis 1792 in Tamsweg als Maler, Geometer und Mesner lebte.
Er wirkte aber auch einmal, wie Pillwein vermerkt[10], in der Regierungszeit Erzbischof Colloredos sehr erfolgreich als »hochfürstlicher Ingenieur«, nicht als Maler, und zwar bei der Entwässerung eines Moosgebiets zwischen Untersberg und Wals bei Salzburg. Da Moll damals auch diese Sparten der Verwaltung als Hofbeamter unter sich hatte, konnte sich daraus eine Bekanntschaft mit dem malenden Ingenieur ergeben haben. Der zweite Lederwasch, der in Frage kommt, wäre Johann, Sohn des Gregor IV.[11] Er, 1755 oder 1756 in Tamsweg geboren, hatte in Salzburg von 1768 bis 1774 bei dem Bildhauer Johann Baptist Hagenauer seine Lehrjahre absolviert und lebte in den achtziger Jahren in Murau, später in Judenburg und Graz, wo er 1826 starb. Da er 1810, 1813 und 1817 auch Trachtenstudien anfertigte, könnten die Bilder unserer Sammlung sehr gut von ihm stammen. Man sagt, daß man in seinem Werk mehrere Male einen Stilwechsel konstatieren könne. Dieser Umstand würde die verschiedenen »Handschriften« oder Stilarten, die man auch an der Malerei der Kuenburg-Sammlung feststellen kann, erklären. Es gibt dann aber noch weitere sechs Söhne des Gregor IV., so einen Kartographen und Waldmeister Alois oder Josef, der gleichfalls in Salzburg lernte und dann in Werfen lebte. Ferner Gregor V., Maler, Mesner und Geometer in St. Leonhard, gestorben 1819, den Maler Franz und den Kirchenmaler Serafin; da die Kuenburg-Bilder zwar meist sehr detailgetreu, nicht aber hochkünstlerisch wirken, könnte sie wohl auch einer dieser weniger routinierten Brüder verfertigt haben.
Fest steht also, daß die auf uns gekommene Trachten- und Standesbildersammlung in den Jahren 1782 bis 1790 in Salzburg von einem oder auch von mehreren Mitgliedern der Malerfamilie Lederwasch angefertigt wurde. Daß in den vorher erwähnten Beschreibungen aus dieser Zeit nur von Zeichnungen die Rede ist, mag als eine etwas großzügige Bezeichnung für die Gouachen und aquarellierten Zeichnungen hingehen.
Wenn Freiherr von Moll wohl am ehesten als Auftraggeber in Frage kommt, so spricht dafür (außer den oben dargelegten Texten der Bewunderer seiner Sammlungen) sein – im übrigen gut bekannter – Lebenslauf.[12] Er war ja nicht nur ein sehr tüchtiger Beamter in einer 1782 begonnenen und 1790 als Hofkammerdirektor, 1800 als Geheimer Rat und 1803 als Direktor der kurfürstlichen Landesregierung und als Regierungspräsident endenden Laufbahn, sondern wie sein Vater auch den Naturwissenschaften besonders aufgeschlossen. Durch seine kulturgeographischen Ambitionen und die sachlichen Veröffentlichungen über das Zillertaler Almwesen steht er quasi am Anfang der volkskundlichen Landesbetrachtung. Seine Salzburger Mundartforschung, das »Idiotikon«, ist Hübners statistisch topographischen Landesbeschreibungen, 1796 herausgegeben, angeschlossen. Auch scheint er, als nicht genannt sein wollender Mitarbeiter (so die Einleitung Hübners), Gewährsmann dieser für damalige Zeiten großartigen Veröffentlichung über das Land Salzburg für alle volkskundlichen Belange gewesen zu sein.[13] Während er später noch als Herausgeber des naturwissenschaftlichen Briefwechsels mit dem Gelehrten Schrank hervortrat, hat er sich auf volkskundlichem Gebiet nicht mehr präsentiert.[14] Es mag mit seiner Funktion als hoher Beamter zusammenhängen, daß er sich in Sparten, die seinem zwar aufgeklärten, aber in einem viel engeren, nämlich josephinischen Sinn orientierten Landesherrn ein Dorn im Auge waren, nicht mehr als Sammler alter Volksbräuche, der Darstellung von Gestalten des Volksaberglaubens, als Protektor und Initiator ihrer historischen Darstellung öffentlich zeigen mochte. Das könnte auch erklären, weshalb uns Hübners Werk über die Stadt zwar mit allen anderen Sammlungen und Gelehrten (auch mit Molls Bibliothek und dem naturwissenschaftlichen Kabinett) bekanntmacht, nicht aber mit dieser großen, immerhin bei 400 Stück zählenden und bedeutenden volkskulturellen Bildersammlung.[15]
Die Übereinstimmungen zwischen Hübners Werken über Stadt und Land Salzburg, dem Bilderstoff und der Auswahl der Sammlung sind so ausgeprägt, daß man nur eine engste Zusammenarbeit

annehmen kann, dieselbe Informationsquelle über die Nachrichten der einzelnen Pfleggerichte wie über die köstlichen Bildbeispiele. Will man das weitere Schicksal der Bildersammlung verfolgen, so sind noch folgende Begleitumstände zu betrachten. Erzherzog Johann hatte bei seinem Salzburg-Aufenthalt im Jahre 1801 (vom 24. bis zum 27. 8.) auch Molls naturwissenschaftliches Museum besucht und mit größtem Interesse studiert.[16] Zwei Briefe bestätigen, daß er die dort gewonnenen Anregungen in Tirol verwirklichen wollte. Später hat er es ja in der Steiermark getan. Daß Moll, nachdem er die kurfürstlichen Dienste 1804 quittiert hatte, nicht, wie der Erzherzog es gewünscht hätte, Direktor der naturwissenschaftlichen Sammlungen in Wien wurde, war an der Ablehnung der von Moll verlangten Zoll- und Zensurfreiheit durch den Kaiser gescheitert. So stellte Moll 1807, nach Bayern ausgewandert, als Mitglied und Vizepräsident der Bayerischen Akademie der Wissenschaften seine Sammlungen zuerst bis 1824 in Fürstenfeldbruck und dann in Dachau, im sogenannten Mollsheim, einem ehemaligen Brauereigebäude, auf. Ich nehme an, daß Moll die so typisch salzburgische Bilderserie, die in einer anderen Gegend gar keinen Sinn gehabt hätte, in Salzburg zurückließ und einem anderen Kenner und Liebhaber übergab. Vielleicht hat sie damals schon ein Mitglied der Salzburg seit Jahrhunderten eng verbundenen gräflichen Familie Kuenburg übernommen. Einmal die oberste Landesherrlichkeit des Erzbischofs, mehrmalige Domherrensitze sowie oberste Erbämter am erzbischöflichen Hof und zwei Fideikommisse hatten die enge Bindung der weitverzweigten Familie an Salzburg bewirkt. Die eine Eintragung im Stadtbuch dieser Sammlung, in schwungvoller, fast als Zierde ausgeführter Kursiv- und Lateinschrift besagt: »Salzburger Bilder von Babi Künburg Statenitz am 26. Juli 1850.« Sie ist auf dem vorgebundenen leeren Blatt angebracht und bezieht sich wahrscheinlich auf die einzige Namensträgerin Barbara der Familie im 19. Jahrhundert. Es gibt im böhmischen Zweig der Ungerbacher Linie eine Friederike Josefa Gabriele Anna Barbara, die am 8. 11. 1813 geboren wurde und am 31. 3. 1893 in Salzburg starb.[17] Der Gotha dagegen kennt nur eine am 8. 9. 1818 geborene Friederike, allerdings auch als Besitzerin von Statenitz, das ja in der Inschrift erwähnt ist.[18] Da sie am 15. 12. 1840 den Freiherrn Friedrich von Dlaukowesky von Langendorf geheiratet hatte, hieß sie um 1850 auch nicht mehr Kuenburg. Sie scheint aber im Erbweg dem Grafen Gandolf Josef in Salzburg die Bilder übergeben zu haben – und zwar dieselbe Sammlung, die sich offenbar mit der früheren Besitzerin Mitte des Jahrhunderts in Böhmen, in Statenitz (Kreis Rakonitz), befand. Gandolph Graf Josef Kuenburg lebte zur Jahrhundertwende in Salzburg, war dann der Besitzer der Bilder und machte als solcher die zweite Eintragung in das Stadtbuch »95/fünfundneunzig/Bilder, davon eines, Chorherr im Chorrock, zerrissen. Gandolph Kuenburg.« Etwas unterhalb: »Abbildung 10, Chorherr im Chorrock repariert.« Aber vielleicht stammt auch die erste von ihm? Er gehörte dem schlesischen Zweig der Ungerbacher Linie an, wurde am 2. 5. 1841 geboren, war Dr. jur., K. u. K. geheimer Rat, Minister außer Dienst und vermählte sich am 9. 8. 1869 mit Maria Adelheid, Tochter des Josef Johann Franz Gaijard von Saint-Julien Reichsgrafen von Walsee und der Maria Constanzia Leokadia Reichsgräfin von und zu Sprizenstein (geboren am 3. 5. 1847, gestorben in Salzburg am 13. 7. 1918). Er starb am 2. 3. 1921 in Salzburg, wo er in Morzg begraben ist. Die Kuenburg-Sammlung ging Mitte der fünfziger Jahre des 20. Jahrhunderts in anderen Privatbesitz über.

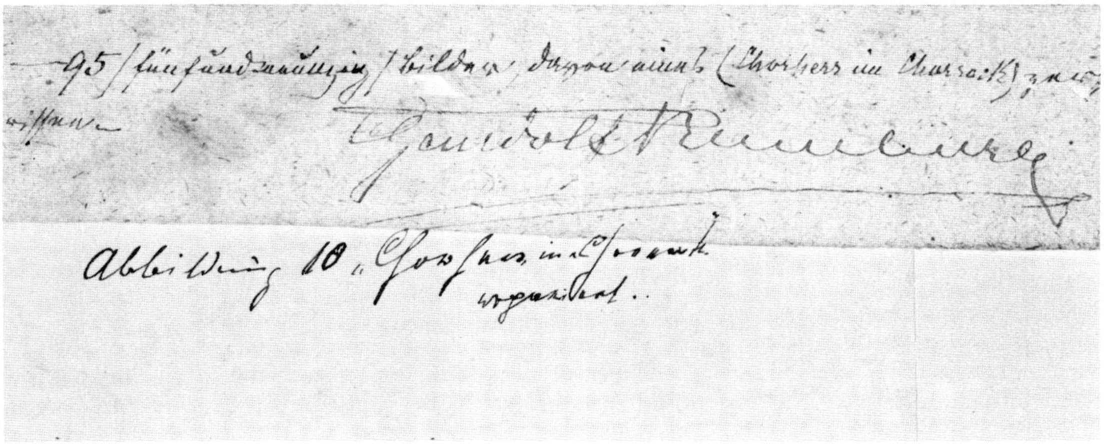

»95 (fünfundneunzig) Bilder, davon eines (Chorherr im Chorrock), zerrissen. Gandolf Kuenburg. Abbildung 10 ›Chorherr im Chorrock‹ repariert.«
*Zweite Besitzer-Inschrift um 1900*

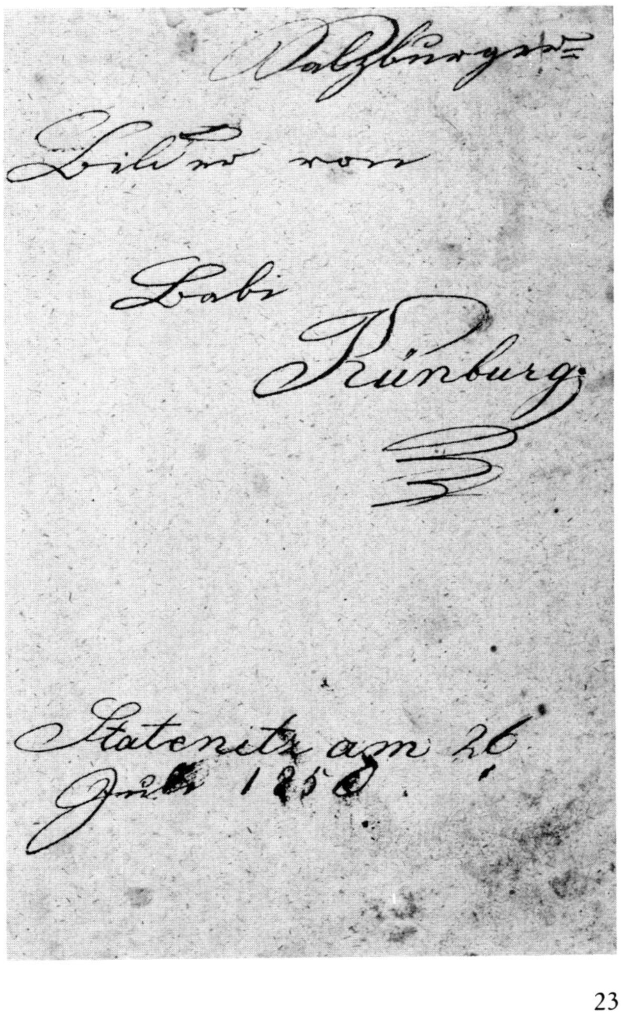


»Salzburger Bilder von Babi Künburg. Statenitz am 26. Juli 1850.«
*Erste Besitzer-Inschrift im Jahre 1850*

# Die Kuenburg-Sammlung und die Kostüm- und Trachtensituation im ausgehenden 18. Jahrhundert

*Geistlichkeit, Universität, Militär, Hofpersonal*

Wenn man – in einem allerweitesten Rahmen – Kostüm als modegebunden, Tracht als traditionsgebunden abgrenzt, so ergibt sich bei der Betrachtung der beiden Bildbände Stadt und Land die Haupterkenntnis, daß es auch in dieser kleinen Hauptstadt eines kleinen Landes sehr viel Tradition gegeben hat. Auch noch am Ende des 18. Jahrhunderts. Und weil gerade da der Umbruch, die großen Veränderungen einsetzten, hat ein aufmerksamer, naturwissenschaftlich orientierter Beobachter diesen Trachten und Kostümen in dieser Sammlung ein Denkmal gesetzt. Naturgemäß steckt Tradition in den Kirchengewändern der Geistlichkeit, die nach internationalen vatikanischen Bestimmungen angefertigt wurden. Aber auch die Kleidung des höfischen Personals offenbart noch Reste spanischer Etikette. Die Trauertracht des hochfürstlichen Beamten ebenso wie die der Bäuerin auf dem Land zeigt die gleichen altertümlichen Formen. Bürger und Bürgersfrauen sind stattlich und behäbig gekleidet, sie tragen Gewänder, wie sie schon das ganze Jahrhundert hindurch gültig waren. Und bei den Handwerkern ist das ganz ähnlich. Das Stubenmädchen mit dem Goldhäubchen à la Paris ist da noch die bei weitem »modischeste« Figur. (Vielleicht hat es ihr ein fortschrittlich gestimmter Figaro verehrt? Als ein Zeichen dafür, daß aus dieser Richtung bald noch ganz andere Stürme wehen sollten?) Auch Kleidung und Bräuche der Geißler, Kreuzträger und Kettenzieher, ebenso wie die der in jahrhundertealten Traditionen wurzelnden Bruderschaften hat man noch genau festgehalten, bevor sie durch die gerade ergangenen Erlässe der Aufklärung zur Gänze aufgelöst wurden. Die Pracht barocker Zunftherrlichkeit leuchtet noch ein letztes Mal auf – in den Gewändern der Metzger, Bäcker, Lederer und in der feierlichen Prozessionsfigur des Zunftmeisters mit dem Kreuz. All diese einst so gefügten und festlichen Ordnungen sollten sich im 19. Jahrhundert noch mehr auflösen. Es ging nicht nur um Prozessionsgewohnheiten, die man ja damals schon änderte. Dazwischen erblicken wir noch die Darstellungen des »kleinen Mannes«, den Stadtboten, den Nachtwächter und den, der die Hunde vor dem Dom verjagen sollte, grimmig Hundsauspeitscher genannt, obwohl er doch nur mit einem Igelstecken bewehrt ist.
Der Stadtbereich und der Landbereich der Sammlung – sie sind mehr als nur ein liebevoll nostalgischer Rückblick auf alte, bessere Zeiten, sie ergeben vielmehr zugleich auch einen prägnanten Zustandsbericht.

*Die Salzburger Geistlichkeit*

Dreizehn Bilder der Kuenburg-Sammlung sind dieser wichtigen Standesgruppe in Salzburg gewidmet. Vier Bilder befassen sich mit dem Erzbischof, der zugleich Landesfürst war. Das Fest des Palliums, das in Erinnerung an die Anerkennung der Erzbischofswahl durch den Papst in sehr feierlicher Form vor sich ging, zeigt den Kirchenfürsten demnach auch in allerhöchster geistlicher Gala, und zwar in der in hellem Rot gehaltenen Cappa magna, einer Art Kapuzenumhang mit Schleppe (1/1) mit Spitzenrochett und rotem Talar, darüber noch den winterlichen Pelzumhang um die Schultern, der im Sommer natürlich wegfiel. Der Erzbischof wird aber auch im einfachen schwarzen Anzug gezeigt (3/2), ebenso wie im Reitrock, beides Kostüme, die nur durch einige kirchliche Attribute, wie Pektorale (Brustkreuz) und Solideo (das Käppchen auf dem Scheitel) sowie Beffchenkragen, roten Umhang und Strümpfe (im Fall des schwarzen Kleides), im Reitrock aber eigentlich gar keinen Unterschied zu weltlichen Kostümen der damaligen höheren Stände in Salzburg aufweisen (4). Ein Suffraganbischof, aus dem Domherrenstand hervorgegangen, von einem der vier mit Salzburg zusammengehörenden Bistümer, ist der Rangnächste, wiederum im feierlichen Kirchenornat, der in der zartlila Standesfarbe dargestellt ist. Eine Mozetta (= ein Schulterumhang über der Cappa mit langer Schleppe) ziert auch ihn, die Täfelchen, wie der Beffchenkragen damals noch hieß, ist nicht hellblau wie beim Erzbischof, sondern schwarz und weiß gerandet (5). Die Mitglieder des Domkapitels werden dreimal: im Kirchenornat im Winter und im Sommer (6, 7) und außerhalb der Kirche gezeigt.

Die Salzburger Domherrentracht schildert Franz Martin so ausführlich, daß man es hier anführen muß: »Die Salzburger Domherren trugen seit 1612 die gleiche Tracht wie die von St. Peter in Rom, bestehend aus einem schwarzen Talar und darübergelegter Cappa mit Schleppe. Letztere war ein über die Brust und die Schultern reichendes, in Falten gelegtes Kleidungsstück von veilchenblauer Seide, das über die Schultern etwas verloren hinablief, dann zusammengewunden unter dem linken Arm bis zur Hälfte des Beines reichte und vorn wieder über die Brust mit dem äußersten Ende festgebunden war. Im Winter war diese Cappa am Hals mit einem spannbreiten weißen Pelz und im Sommer mit einem kirschfarbenen Taffet geziert. Der schwarzseidene Talar hatte breite Flügel, das Rochett geschlossene Ärmel, eine breite Spitze und um den Hals trug man zwei schwarze Täfelchen mit weißen Enden.«[19] Kat. 6 paßt genau zu dieser Beschreibung. Bei kirchenamtlichen Anlässen waren die Herren des Domkapitels, Angehörige des Hochadels aus Österreich und Bayern, in diesen langen Talar gekleidet (8). Darüber liegt ein ebenso schwarzer Umhang mit rundem Schulterkragen. Der Beffchenkragen am Hals ist schwarz-weiß. Der Hut scheint keine modische Kopfbedekkung in Form des Dreispitzes, sondern eine eigene, etwas schmalkrempige runde Form darzustellen. Der Kanonikus (9), der einer eigenen Stiftung Beatae Virginis Mariae ad nives (daher im Volksmund auch Schneeherr genannt) angehörte, trägt über Rochett und Talar gleichfalls den schwarzweißen Beffchenkragen. Der andere Chorherr zeigt nur einen kleinen schwarzen Halskragen mit weißem Rand sowie das Birett auf dem Haupt (10).

Die neue Tracht der Weltgeistlichen unterschied sich von früheren Formen vielleicht durch den seitlich aufgestülpten Hut und durch den gegürteten Talar (11). Wer für den Priesterstand ausgebildet wurde, war Alumnus im Priesterhaus: Kat. 12 und Kat. 13 zeigen die alte blaue und die neue, dem Priestergewand bereits ähnlichere Kleidung, beide aber noch mit den langen Schulterflügelteilen.

*Die Universität*

Die Universität, die damals schon an die hundertfünfzig Jahre existierte, ist durch den Rektor Magnificus sowie durch drei weitere Professoren vertreten. Desgleichen durch die Pedelle mit dem kaiserlichen und dem päpstlichen Universitätszepter. Da die Herren vornehmlich dem Orden der Benediktiner angehörten, sieht man sowohl den Rektor als auch den Professor der Theologie und den der Philosophie in der benediktinischen Flocke, der bodenlangen weitärmeligen und feingefältelten Robe (14, 15, 17).

Gemeinsam mit dem in weltliche, aber auch in allen Kleidungsstücken feierliche Tracht gehüllten Professor Juris (16/5) ist ihnen allen der feierliche Schulterumhang der Epomis, dessen Besatz bloß je nach Fakultät verschiedene Farben aufweist. Die beiden Pedelle sind noch in andere Kostümbetrachtungen miteinbezogen (19, 20). Auch ihre Röcke unter den Umhangmänteln sind besonders lang. Den Präfekten der kleineren Studentenkongregation S. Angeli Custodis, zum hl. Schutzengel, muß man mit seiner Kleidung – einem langen, vorne mit vielen Knöpfen geschlossenen Kleid, in der Mitte gegürtet, mit langen Ärmeln versehen (18/6) – in die Reihe der zahlreichen Bruderschaften mit ihren gleich beschaffenen, nur verschiedenfarbigen Kutten einordnen: in die der Hl.-Kreuz-Bruderschaft des Bürgerspitals (82), die der deutschen Kongregation (83), der S.-Corporis-Christi-

Bruderschaft (84), der St.-Josephi-Bruderschaft (85), der der hl. Anna (86), des hl. Sebastian (87), der schwarzen Bruderschaft (88) und der vom hl. Franziskus (89), oder der der St. Monika (90). Da die Gründungen oder Erneuerungen älterer Bruderschaften meist auf frühbarocke Impulse zurückgingen, beruht dieses einheitliche Kuttengewand wahrscheinlich auch schon auf zumindest zweihundertjähriger Tradition. Allein, jetzt war ein Wandel eingetreten. Und all die vielfältigen, oft fast maskenartig wirkenden Aufzüge sollten aus dem Stadtbild und auch auf dem Land verschwinden. Während vor hundertfünfzig Jahren die Geißler (91, 94) ebenso wie andere Figuren, die sich besonderen Strapazen unterzogen, sogar bezahlt worden waren, so etwa die Kreuzzieher (92, 93), wurden sie nun abgeschafft, eine Maßnahme, die die Allgemeinheit sehr kritisierte. Diesem Umstand als quasi historische Denkmäler verdanken sie wahrscheinlich ihre Abbildung.[20]

*Das Salzburger Militär, die Bürgergarde und das Hofpersonal*

Das seit 1633 als ständige reguläre Miliz im Erzstift eingeführte Militär wurde wegen seiner gerade in dieser Zeit durchgeführten Neuerungen auch recht dekorativ abgebildet. Die bürgerliche Kavallerie ebenso wie die Infanterie müssen bei feierlichen Aufzügen einen recht stattlichen Eindruck gemacht haben. In der Sammlung ist nur die Uniform der Infanterie abgebildet oder, besser, erhalten geblieben, ebenso die Ober- und Unteroffiziere der beiden bürgerlichen Fähnlein über und herüber der Brücke – der Salzach – sowie je ein Gemeiner und ein Artillerist. Ihr Bild stimmt mit Lorenz Hübners Beschreibung ganz überein, die für das eine Corps dunkelblaue, für das andere hellblaue Röcke vermerkt, dazu schwarze Beinkleider, Kniehosen, weiße Strümpfe und schwarze, mit Gold oder Silber bordierte Hüte sowie, je nach Corps, mit schwarz-gelben oder weiß-roten Kokarden darauf.[21] Die Röcke und Westen der Oberoffiziere sind selbstverständlich wiederum bordiert (33, 36/16). Auch halten sie noch die erst später, 1795, zur Gänze abgeschafften Partisanen neben dem (neuen) Degen in der Linken in der Hand. Schon 1782 ergingen die ersten Abschaffungsordnungen, die aber wegen der damit verbundenen Kosten nicht erfolgreich waren.[22] Unteroffiziere tragen neben der Hellebarde auch den Degen und haben als Standeszeichen noch den Stock bei sich (34/15, 37). Die Gemeinen sind mit weißen Westen (die höheren Chargen tragen rote) ausstaffiert und tragen neben dem Degen auch die neuen Gewehre (35, 38). Der bürgerliche Artillerist trägt zudem Säbel, Gewehr und Luntenstock, außerdem ein Kugeltäschchen auf der Brust und das Riemenzeug, das am Rücken das Artilleriebesteck hält (41). Mit dem Artillerieoffizier ist der Übergang zu den anderen Militärbildern gegeben. Er trägt neben dem Degen eben den Stock (39). Der Artillerist zeigt neben dem Luntenstock einen Kurzsäbel sowie das Riemenzeug für das Artilleriebesteck am Rücken (40). Oberhalb seiner eng anliegenden Stiefel sind die Scharawaden in Weiß zu sehen, das sind die langen Schutzstrümpfe zwischen Stiefel und Hose, eine Spezialität der Langstrümpfe, die man auch bei anderen gestiefelten Militärs oder an vom Militär beeinflußter Kleidung findet. An ihm ist auch eine Eigenheit zu konstatieren, die an vielen Figuren auffällt; und zwar die, die Schöße aufzuschlagen und an den Spitzen zusammenzuhängen. Diese Eigenheit wurde beim Militär in Europa seit 1710 eingeführt und zeigt sich nun also auch an der Salzburger Uniform. Der Reitanzug des Landesfürsten weist auf die praktische Verwendung beim Reiten hin, auch darauf, dabei die Schöße aufzuschlagen (4). Die Leibkutscher-Livree weist diese Eigenheit ebenfalls auf, desgleichen die Postamtsuniform (30/13, 71). Außer dem Artilleristen (40) und dem bürgerlichen Artilleristen (41) sind auch der Fourierschütz (42), der Grenadier vom Regiment (43), der Tambour (47) und der Soldat vom Schloßkommando (48) damit ausgestattet. Der allgemein übliche Kniestrumpf und der Schnallenschuh sind auch bei den militärischen Figuren weit verbreitet. Mit Stiefeln ist der Feldscherer (32), mit Gamaschen sind der Grenadier (43) und der Hauboist (sozusagen die Militärmusik, 44/17) ausgerüstet, denn auch der Regimentstambour trägt Gamaschen (46/18), ebenso der Tambour (47). Die eben erst eingeführte – Österreichs weiß-rote Militärfarben nachahmende – Uniform zeigen der Schloßsoldat (48), die Tamboure (46, 47) und der Grenadier (43). Hübner kommentiert: »Die Uniform ist weiß mit roten Aufschlägen am Röckl, und weißen Knöpfen, übrigens ganz nach dem Zuschnitte der kaiserlichen Truppen. Die Offiziere tragen weiße Röcke und rote Westen mit übersilberten Knöpfen, blaue Überröcke, silberne Degen und rot und golden durchwirkte Bordepees, und Hüte mit silbernen Galonen.«[23] Der Trabant (45) gehörte mit zwanzig Kollegen zur hochfürstlichen Garde. Rock, lange Weste und dreimal gestülpter Hut mit Kokarde weisen sein Kostüm als etwas altmodisch, gleichsam als Zivilkleidung aus. Zum Degen trägt er auch noch die Paradepartisane. Der sehr lange Zopf, die noch modische Frisur, ist fast allen militärischen Ständen gemeinsam. Die Hosen werden 1782 als aus Leder beschrieben, Knöpfe und Degenkuppel waren vergoldet.[24] Auch »Heyduken« sind erzbischöfliche Diener. Ihr Kostüm – mit der langen, in Halbstiefeln endenden Bordürenhose, dem Wams mit der Leibbinde und dem phantastischen Federstoß auf dem Zweispitz – verleiht ihnen ein ganz orientalisches Aussehen (26/11). Mit dem landesherrlichen Colloredo-Wappen auf seiner Säbeltasche ist die Kostümbilder-Sammlung zeitlich am sichersten eingeordnet. Der fast modische, so viele Militärkostüme begleitende, dreimal aufgestülpte Hut hat sich auch in Salzburg, wie zuvor schon in anderen Ländern, zu Beginn des 18. Jahrhunderts, um das Schießen zu erleichtern, durch Aufbiegen des Randes aus dem breitkrempigen des 17. Jahrhunderts entwickelt.[25] Er beherrscht dann das ganze 18. Jahrhundert. Erst im 19. Jahrhundert wird es dann wieder militärische Neuerungen geben, auch in bezug auf die Kopfbedeckung, immer in enger Anpassung an Österreich, zu dem Salzburg 1816 dann endgültig kam. Federstutzen (32, 40, 42, 44/17), Plumagen aus Straußenfedern (33, 36/16), Kokarden (34/15, 35, 37, 38, 41) zieren diese Hüte. Mit dem Kaskett, das sich aus dem eisernen Hutkreuz im Inneren des Hutes entwickelt hat, sind die Grenadiere (43) und die zwei Tamboure (46/18, 47) ausgestattet.[26] Sie tragen diese Kopfbedeckung, die auf dem vorderen hohen Aufschlag mit dem Wappen des regierenden Landesfürsten zu schmücken war. Die schwarze Halsbinde, der Flor, die ehemals vom Militär aus zu Beginn des 18. Jahrhunderts in die Kleidergewohnheiten von Stadt und Land einbezogen worden war und im Salzburger Land auf vielen Bauernbildern zu sehen ist, wird vom Militär in unserer Betrachtungszeit nur mehr selten getragen. Hier sieht man eher weiße Halsränder von Hemden oder Halsbinden und beinahe bei allen Chargen auch schon kleine Jabots. Nur der Grenadier (43) trägt noch eine, ebenso die Tamboure. Wie so vieles, haben sich zu Beginn des 18. Jahrhunderts auch die Achselklappen der Musiker beim Militär entwickelt. An der Hofkleidung des Hoftrompeters sind sie zu sehen (31/14). Auch der Hoflakai in Campagne-Livree trägt ähnliche Achselstücke (29). Mäntel wurden für das Militär erst 1792 angeordnet, daher sind auf den Kuenburg-Bildern, die ja offenbar früher gemalt wurden, keine zu sehen – mit Ausnahme von Umhängen.

Mit dem Kapellmeister wird die Reihe hochfürstlicher Angestellter sozusagen unkriegerisch fortgesetzt. Für Kirchenaufführungen war ein fast priesterliches Gewand mit Talar und Rochett, insgesamt »Chorrock« genannt, vorgeschrieben. Die Ärmel der roten Dienstuniform sind zu sehen (49/19). Vater Leopold Mozart und Sohn Wolfgang haben als Kapellmeister des Erzbischofs diese Dienstkleidung gewiß getragen. Der Domchoralist in etwas einfacherem Chorrock war zur Unterstützung der liturgischen Gesänge vorgesehen (50). Wie der gleichgekleidete Domministrant trug auch er einen Beffchenkragen. Der kleine Engel mit den blechernen Flügeln und der Klingel in der Hand gehört zu den eher liebenswürdig theatralischen barocken Umzugsgewohnheiten, mit denen man jetzt, zum Ausklang des Jahrhunderts, nichts mehr anzufangen wußte (51/20).

# Kostümeinzelheiten

*Hemd- und Kragenformen in Stadt und Land*

Auf eine sehr altertümliche Form sei in der Stadt Laufen an der Figur des alten Schiffmannes (98/50) hingewiesen. »Vor fünfzig Jahren«, also um 1730, trug man da noch den länglichen, aus dem 17. Jahrhundert überkommenen rechteckigen Kragen, allgemein Beffchen genannt. Wir fanden diese Form in der Stadt Salzburg schon bei einem ganz anderen Stand, und zwar vor allem noch bei der Geistlichkeit (wie gerade behandelt). Als altspanische Mode sind die Beffchen des »Hoflaquais in spannischer Tracht« zu erklären (28). Als eine ebensolche Traditionsform mögen sie noch am Zunftkleid des Ledererknechts gelten (68), während diese Kragenform beim Siebenstädter Studenten und bei der Corpus-Christi-Bruderschaft, ebenso wie beim Domchoralisten, wiederum aus der Nachbarschaft der kirchlichen Sphäre zu erklären sein mag.

Während die Beffchenkragen oft auch selbständig allein umgelegt wurden, ebenso wie die weiße Halsbinde, war das an den Stadtfiguren vielfach feststellbare einfache Rüschenjabot doch meist am Hemden-Halsschlitz angenäht. Das Jabot ist außer an den dargestellten hochrangigen Kirchen- und Universitätsgewändern bei allen anderen Ständen der Stadt, auch an Militär und Hofpersonal, zu konstatieren, wurde also allgemein getragen und war weit verbreitet. Dazu gehörte dann auch noch die am Ende des Rockärmels hervorquellende Ärmelrüsche des Hemdärmels. Eine kostbare Spitzenverzierung an Jabot und Ärmel ist nur an der Kaufmannsfigur festzustellen (59/26). Hofpersonal und Militär tragen gleichfalls weiße Halsbinden oder Hemdrand, Jabot und Ärmelrüschen. Nur einige wenige Militärs – der Grenadier, der Regimentstambour, der Tambour, der Soldat vom Schloßkommando – tragen um diese Zeit noch den schwarzen Halsflor in der Stadt. Leute einfachen Standes – der Hausknecht, der Faßzieher, der Gerichtsdiener, der Stadtbote, auch der Sternsinger und der Pfründner aus dem Bürgerspital – tragen ihn ebenfalls. Zum Teil sind es ja Arbeitstrachten. Vielleicht waren diese Leute mehr dem Land verbunden oder stammten vom Lande und waren in die Stadt gezogen. Denn auf dem Lande war der schwarze Halsflor bei der gesamten Bevölkerung, im Flachland ebenso wie im Gebirge, noch allgemein verbreitet.

Bei den wenigen weiblichen Personen, die uns die Kuenburg-Sammlung aus der Stadt als Beispiel bietet, ist die Form des Hemdes am Halsausschnitt sicher eher halsfern, weit geschnitten, fast immer aber durch ein Tuch oder durch den großen weißen Kragen verdeckt. Meist ist nur die reiche Spitzenrüsche des Hemdärmels am Ellbogen festzustellen, wie bei der Kaufmannstochter (60/27), der Brauersfrau (61/28) und der Pfründnerin aus dem Bürgerspital (79/41). Spitzen am Hals sieht man nur bei der Brauersfrau und bei der Pfründnerin. Ärmelrüschen ohne Spitze trägt das Stubenmädchen (64/30).

Auf dem Land gehört zu den Männertrachten ein weites Hemd, das am Hals und an den Ärmelenden mit einem Bündchen schließt. Das weiße Rändchen am Hals (ober oder unter dem schwarzen Flor zu sehen) fehlt fast nie. In der Gollinger Gegend, sowohl in Adnet als auch in der Taugl, sind ausdrücklich zwei rote Knöpfchen am Halsbündchen angebracht. Zwei schwarze sind es in Werfen. Der Scheffauer Bauernsohn hat eine kleine Zackenverzierung am Halsschluß. Der altertümliche, gefältelte, oft schulterbreite runde Halskragen ist bezeichnenderweise noch an der Gollinger Percht, also einer Brauchtumsfigur, zu sehen. Im Pinzgau wird diese altmodische Hemdform bei der Arbeit aufgebraucht. Der Mäher in der Strählacken zeigt das; sein Kragen ist sogar mit einem roten Bandbesatz am Außenrand verziert. Sowohl im westlichen Nachbarland Berchtesgaden (für das Zaborsky die Zustände erfaßte)[27], als auch für die östlich angrenzende Steiermark[28], ist für die Mitte des 18. Jahrhunderts das Verschwinden der alten Rundkragen, die aus dem 17. Jahrhundert kamen, zugunsten des schwarzen Halsflors über dem einfachen Hemdbündchen abgeschlossen. Auf

Grund des in den letzten Jahren viel besser erschlossenen Abbildungsmaterials darf man trotz der wenigen späten, aber noch vorhandenen und angeführten Restformen in der Kuenburg-Sammlung doch eine etwas frühere Entwicklung für unser Land Salzburg annehmen. Denn auf den bildlichen Zeugnissen, die die Salzburger Emigration der evangelischen Bauern um 1731/32 festhielten, tragen diese damals schon bereits vorwiegend, Mann wie Frau, den schwarzen Halsflor[29] ohne Rundkragen. Bei den weiblichen Landtrachten ist der altertümliche Rundkragen nur mehr auf die Hochzeitstrachten im abgelegenen Gebirge, auf den Lungau, beschränkt. Hier tragen ihn sowohl das Zederhauser Hochzeitsweib (174/83) als auch die Braut und die Kranzljungfrau (171/81).
Bei den, wie man annimmt, doch sehr konservativen Brauttrachten hat sich in den nördlicheren Landesbereichen, bis hin zum Tennengebirge nach Süden, der große stattliche und auch eine beachtliche Volkskunst repräsentierende Schulterkragen rechteckiger, seltener runder Form noch bis in unsere Betrachtungszeit erhalten. Die Kuenburg-Sammlung führt Beispiele aus dem Lamprechtshausener Bezirk (107/58), aus der Tittmoninger Gegend und Balling (113), aus Thalgau (116/61, 117), aus dem Gollinger Gericht Adnet (127) und aus Scheffau (137) an. Die Brauersfrau aus der Hauptstadt (61/28) beweist mit ihrem Kragen, daß diese stattliche Pracht von den Honoratiorenfrauen einst viel getragen wurde.[30] Auch Laufens Bürgerinnen trugen schon vor fünfzig Jahren solche Kragen aus feingefältelten, durchsichtigen weißen Stoffen. Die Bürgerin von Tittmoning hat dazu noch einen runden Spitzenkragen darübergelegt. Die jungen Bauernbräute und Kranzljungfern aus dem Flach- und Tennengau zeigen die reichliche Verwendung der heimischen Klöppelspitze. Im 18. Jahrhundert blühte diese Salzburger Hausindustrie im Salzburger Vorland. Und diese schönen Kragen, aber auch die auf den Bildern so oft sichtbaren Hemd- und Ärmelspitzen sind ein beredtes Zeugnis für diese damals sehr hochstehende Handfertigkeit, die sich zum Kunstgewerbe entwickelt hatte. Mit dem Jahrhundertende ging auch diese Kunst zur Neige, da barocker Kleidergeschmack mit Spitzen und Bändern und Borten von ganz anderen, auch von der klassischen Antike ausgehenden Tendenzen verdrängt wurde.[31] Der Zeitgenosse Lorenz Hübner schildert den Niedergang des Spitzen- und Schlingenhandels, der in seinen besten Zeiten achtzig, jetzt aber nur mehr fünfzig Klöpplerinnen in drei Gerechtsamen beschäftigte und der eine namhafte Ausfuhr nach Augsburg, München und in das sonstige Ausland unterhielt.[32] In den tirolisch geprägten Salzburger Landesteilen ist auch auf dem Gebiet der Kragen eine weitere Sonderform festgehalten. Es sind dies die mit dem Beffchen eng verwandten, »Goller« genannten Brustkragen. Die Hopfgartner Bäuerin aus dem Brixental trägt so ein weißes Brustkleid (187), das noch mit einem kleinen runden Halskrausenkragen verbunden ist und am unteren Ende Bogenzacken aufweist. Auch die Zillertaler Bäuerin von Stumm könnte so einen Goller mit kleinem, flachem Halskragen, mit Bogeneinfassung, allerdings unter dem breiten Miederstecker verschnürt, tragen. Er ist nicht ganz deutlich zu sehen. Eine ähnliche Variante, ein schmales Halskragerl, glatt auf dem Goller mit einem unteren Spitzenrändchen, zeigt die Bäuerin aus Windisch-Matrei (199).
Über den Schnitt der Hemden erfährt man nur etwas aus solchen Darstellungen, auf denen Männer ohne Rock und Frauen ohne Röckl dargestellt sind. Immer sind es weite, am Hals, am Handgelenk, am Bündchen, und an den Achseln tiefangesetzte, meist faltige Ärmel. Etwa die springende Percht in St. Johann (167), der Mäher aus der gleichen Gegend (165/79), der Pinzgauer Mäher (184/88) und der Tänzer vom St. Johanner Tanzpaar (166/80) sowie der Bauer aus Tux (190). Für die Machart der Frauenhemden geben die Tänzerin von St. Johann (166/80) Aufschluß oder die Heumacherin im Pinzgau (185/89) sowie die Jäterin (206/96). Auch die Sennerin (204) oder die Bauerntochter aus Fügen im Zillertal zeigen den tiefangesetzten Ärmel. Sicher wollte man den Stoff nicht zerschneiden und verwendete deshalb nach Möglichkeit die ganze Webbreite der Stoffstücke. Ebenso die Zillertaler Viehdirn (192) und die Bauerntochter aus Tux (191).
Das Hemd war fast so lang wie der Rock, wie man auf der Abbildung »Ein Schweinschneiders Weib aus dem Lungau« (176) sehen kann. Im Pinzgau hieß das Unterhemd der Weiber »Glenkapfoad«.[33]

Es war aus Rupfen, mit vielen Falten und kurzen Ärmeln. Das obere hieß »Hansey«, war aus feinerer Leinwand gemacht und mit Spitzen versehen. Es reichte nur bis an die Hüfte.

*Wams, Leibfleck und Weste in Stadt und Land*

Über dem Hemd wurden in Stadt und Land Salzburg recht verschiedene, aber verwandte Formen des Wamses, des Gollers, des Leibflecks oder Leibchens sowie der Weste bei den Männertrachten und Kostümen getragen. Wams und Goller (dieser ist nicht zu verwechseln mit dem zwar als ehemaligem Brustkleid verwandten, jetzt aber zum zarten Leinenkragen in eine ganz andere Richtung weiterentwickelten Halskragen der Hopfgartner und Zillertaler Bauernfrauen – siehe weiter oben ebenso wie die Abbildungen, die dort angegeben sind) waren seit dem 17. Jahrhundert meist lederne Militärkleidungsstücke. Jetzt, am Ende des 18. Jahrhunderts, werden sie nur mehr als solche beim Dragoner und Cheveauleger getragen.[34] Auch im Salzburger Militär finden sie sich seit den neuen Verordnungen durch Erzbischof und Landesherr Colloredo nicht mehr. Das Wams kann man noch in der spanischen Hofkleidung der Edelknaben – in dieser altertümlichen Tracht, in ärmelloser Form mit Schößen – wiederfinden (25/10). Ebenso bei dem Hoflakai (28). Sonst trägt alles die bereits seit dem ganzen 18. Jahrhundert vordringenden Schoßwesten, ob Militär, hohe Beamte, Kaufleute, Handwerker, alt oder jung. Nur in der Zunftfesttracht des Ledererknechts im »Goller« wird eine echt barocke üppige Form, sowohl der kleidartigen Länge als auch der reichen Ausstattung nach – mit Bändern und Rüschenbesatz, breitem Gürtel und Flügelärmeln – sogar in zwei Ansichten, von vorne und von hinten, festgehalten (68, 69/34).
Auch auf dem Land sind die Westen schon verbreitet. Hübner führt zum Beispiel für das Pfleg- und Landgericht Werfen ausdrücklich an, daß man hier keine Brustflecke trägt, sondern rost- oder brauntücherne Leibchen mit zinnernen Knöpfen, auch Leibchen von gelb gegerbtem Leder.[35] Da man damals unter Westen die langen Schoßwesten mit Taschen verstand, wurden diese ländlicheren, kürzeren, aber auch vorne und meist bis zum Hals verschließbaren Brustkleider »Leibchen« genannt. Solche Bildbeispiele sind der Werfener Bauer (152), der Spitzreiter (153/73), der bäuerliche Hochzeiter aus der Radstädter Gegend (158) sowie der Mäher aus der St. Johanner Gegend. Sogar im Lungau ist die Weste in der Kurzform zumindest schon zur Hochzeitskleidung vorgedrungen: der Bräutigam (169), der Brautführer (170), der Spitzreiter (173/82) tragen sie. Natürlich auch der weitgereiste Schweinschneider (175/84). Im Pinzgau sind es der Wirt (183) und der Hochzeitlader (182), die bereits Westen tragen, andere Bauern wiederum nicht. Auch der Brixener Bauer (186) trägt sie schon, ebenso sein Sohn (188/90). Draußen im Salzburger Vorland macht sich die Stadtnähe auch in dieser Beziehung bemerkbar. Der Laufener Bürger trägt die Weste sogar zweifach – mit den Taschen im unteren Schoßteil wie die Hauptstadtbewohner. Ähnlich ist auch der alte Schiffmann gekleidet und beweist damit, daß hier solche Westenformen schon vor fünfzig Jahren üblich waren (98/50). Schiffsbub (100/52) und Schiffmann (101/53) tragen sie auch. Es fällt auf, daß beim Winter- und Sommerspiel der »Winter« mit einem Brustfleck bekleidet ist, der »Sommer« dagegen mit einer Weste (102/54). Man kann daraus schließen, daß bei der Verwendung altmodischerer oder fortschrittlicherer Kleidung auch die Jahreszeit eine Rolle gespielt haben mag. Alte Bauern tragen auch hier den Brustfleck, zum Beispiel in Asten (104). Bräutigame wiederum sind moderner, so der aus der Lamprechtshausener Gegend (106/57) oder der Bauernsohn von Anschiering bei Tittmoning (110), ebenso wie ein Hochzeiter in Balling (112). Im stadtnahen Thalgau trägt alles schon Westen, Alte wie Junge. Und das geht so bis in die Gollinger Gerichtsbezirke. Nur der alte Bauer aus der Scheffau mit seinem Brustfleck macht wieder eine Ausnahme. Weiter drinnen im Gebirge sind es dann die Gegenden St. Johann, wo ein Bauer (161) und der junge Bursche vom Tanzpaar (166/80) den altartigen, meist kräftig roten Brustfleck tragen. Er ist am Halsausschnitt immer mit Borten verziert und reicht über den Leib vorne in einer rundlichen Verlängerung weiter hinunter.

Während er in der zweiten Hälfte des 17. Jahrhunderts noch selten war, findet man ihn im 18. Jahrhundert auch in der Steiermark häufig, so daß wir da auf Salzburg zurückschließen dürfen.[36] Die Pinzgauer tragen ihn gerne im Winter, so der Bauer (178) und der Sohn »alle Tage« (180/86). Dann finden wir ihn wiederum jenseits des Tauern in Windisch-Matrei – sogar aus grünem Stoff mit schwarzer Verzierung oder in Dunkelbraun (198/94, 200). Der Schneeschaufler trägt ihn auch zur Arbeit (202), und der Zillertaler Bauernsohn aus Zell ist gleichfalls damit bekleidet. Wie er auf der Seite mit Knöpfen verschlossen wurde, kann man an dem Bild der Jäterin erkennen, die außer den Hosen auch dieses männliche Kleidungsstück zur Arbeit trägt (206/96). Das Material war rotes Tuch oder sogar Seidenzeug. Außer den Borten konnten auch noch zwei Reihen schwarzer Seidenspitzen angebracht werden. Darauf waren nach Hübner durch Häfteln oder Haken die Tragbänder (Kraxe, Hosenkraxe) von aufgeworfenem Samt angebracht, an denen die Hosen befestigt wurden.[37] Da hier von Hübner statt Kamisol (wie man die Weste auch nannte) Brustflecke oder Wämser zitiert werden, ist die Verwandtschaft der bäuerlichen Brustflecke mit dem Wams bestätigt.
Als ein anderes altartiges, vom Wams mit Ärmeln abgeleitetes Kleidungsstück muß man wohl den »Koller« einreihen, den der Pinzgauer Bauernsohn im Sommer trägt (181/87). Das ist wie ein Rock geschnitten, besteht aber aus »irchen« = sämisch gegerbtem Leder. Hier findet sich also noch einmal die Bezeichnung Koller für ein ganz anders geartetes Kleidungsstück als das in der Stadt Salzburg als Zunfttracht des Ledererknechts vorgestellte Festkleid Goller. Der Ausdruck ist wieder durch die Originalbeschriftung des Bildes überliefert. Auch in dieser Eigenschaft, durch bildliche Darstellung und schriftliche Bezeichnung Zustände und Namen der Kleidung für einen bestimmten Zeitraum festzuhalten, dokumentiert sich der besondere Wert der Kuenburg-Sammlung.

### *Die Kniehose in Stadt und Land*

Das 18. Jahrhundert ist die Zeit der langen, oben engen, unten weiten Männerröcke, der Kniehosen, Schoßwesten, Dreispitze, Kniestrümpfe, Schnallenschuhe, der Hemdspitzen an Jabot und Ärmel. Bei den Damen das Zeitalter der weiblichen Reifröcke, der engen Obertaillen, geschnürten Mieder, Spitzenkrägen und des Bänderzierats.
Im großen Überblick kann man sagen, daß auch in dieser Zeit im Salzburger Land noch die typischen Kleidergewohnheiten des früheren 18. Jahrhunderts existieren.
In Stadt und Land ist die Kniehose verbreitet, aus Loden, Leder, Leinen-Woll-Gemischen, in der Stadt aus feinerem Material. Da schließt sich auch die Hoftracht nicht aus. Die altertümlichen Ballonhosen der Edelknaben (25/10) oder der Bediententracht des Hoflakaien (28) werden ausdrücklich als »vorig«, also als jetzt außer Gebrauch bezeichnet. Ob drinnen im Gebirge die dort üblichen weiten, sogenannten Gesäßhosen[38] ihre Form mehr dem praktischen Gebrauch und den einfachen Nähkünsten verdanken oder doch als letzte Ausläufer, als sozusagen gesunkenes Kulturgut der ehedem weit verbreiteten spanischen Hosenmode angesehen werden müssen, ist schwer zu entscheiden. Die Figur 184/88 zeigt, daß man sie zur Arbeit trägt. Die älteren Leute tragen sie auch noch so auf, weil sie sie eben haben. Die damals, vor jetzt zweihundert Jahren, schon mit Arbeitshosen bekleideten Frauen benutzten sie bei bestimmten Arbeiten, wie dem Mähen in Sumpfwiesen oder dem Jäten, wahrscheinlich aus praktischen Gründen bedienten auch sie sich der weiten altmodischen Form (185/89, 206/96).
Die kniefreie Hose, im 19. Jahrhundert dann sehr weit verbreitet, die im 18. Jahrhundert noch des öfteren Anlaß zu geharnischten Verboten gegeben hatte[39], während sie von Standespersonen, wie dem Domherrn Graf Zeil, schon um 1770 als Jagdkostüm getragen wurde[40], ist im Zillertal und im Pinzgau, aber auch im Tennengau und im Flachgau vorhanden und in der Sammlung registriert. Diese Hosen enden entweder kurz ober dem Knie oder mit und unter dem Knie, zwischen Hose

und Strumpf ist aber ein Stück vom Bein unbedeckt sichtbar. So tragen die männlichen Figuren des abgelegenen Taugler Gebiets im Pfleg- und Landgericht Golling, ob nun Bauer (141) oder Bauernsohn (144) oder Pritschenmeister (145), ja sogar der Bräutigam (143), das Knie frei. Im Pinzgau ist es der ledige Bauernsohn im Alltagsgewand (180/86) oder im Sommer (181/87). Und auch die Brixentaler, Vater und Sohn, gehen mit kurzer, kniefreier Hose (186, 188/90). Die Zillertaler Bauern aus Tux und Stillupp ebenso, allerdings bei der Arbeit (190, 196). Beim Tanz dagegen ist der Bursch vom tanzenden Paar aus der St. Johanner Gegend mit kurzer Hose angetan (166/80). Hübners Text zum Zillertal lautet diesbezüglich: »Weite Beinkleider mit Hosenträgern, locker am Leib, den Bergarbeiten angemessen, ›Gesäß- oder Birghosen‹ genannt.« Denselben Namen hatte man für die schwarzledernen oder lodenen Hosen auch im Pinzgau parat.[41]

In der Hauptstadt Salzburg selber scheint nach den Sittenordnungen von 1736 und 1756, in denen man sich auch um ehrbare Schnitte gekümmert hatte, später kein Anlaß mehr gegeben, darüber zu wettern oder schwere Strafen für Schneider, Näherinnen und Hausväter zu verordnen.[42] Es sind sehr oft dunkle, schwarze, aber auch im selben Stoff wie Rock und Weste gehaltene Hosen, nicht weit, aber lang geschnitten, die am Knie meist mit einem Bündchen und mit Knöpfen geschlossen waren. Ob arm, ob reich, jeder trug sie damals, auch der Landesherr schließt sich da nicht aus, wenn er im einfachen schwarzen Kleid oder im Reitrock außerhalb der kirchlichen Tätigkeit abgebildet ist. Von einer Werthertracht, langen Hosen in Stiefeln oder gar den Sansculottenhosen als von der Französischen Revolution ausgehender Modewelle, ist im Salzburg der achtziger Jahre allerdings noch nichts zu verzeichnen. Zumindest nicht in den auf uns gekommenen Darstellungen dieser Sammlung. Die Kniehose beherrscht damals auch das Militär. Die einzige Hofbedientenlivree mit langen, in Halbstiefeln steckenden Hosen, mit Borten an den Außen- und Innennähten in recht orientalischer Art, wird vom »Heyduken« in der damals üblichen Dienstkleidung präsentiert (26/11). Obwohl es in der Zeit, die uns hier interessiert, dem letzten Viertel des ausgehenden 18. Jahrhunderts, schon verzierte oder durch Schnittkanten auffallende Nähte im Tirolischen gegeben haben soll, fällt in Salzburg nur eine an den Innennähten verzierte Hosendarstellung, und zwar altmodischer Art, auf – das ist der alte Bauer aus der Scheffau (133/68).

Sonst kann man trotz der vielfachen Darstellungen noch keinerlei Verzierung erkennen. Erst im 19. Jahrhundert wurde in Form von Ornamentstickerei zu recht vielfältig entwickelter Volks- und Handwerkskunst Anlaß gegeben. Für unser Nachbarland Berchtesgaden – in dieser Zeit trachtlich noch sehr eng einerseits mit der Hauptstadt Salzburg, andererseits mit dem Pinzgau verbunden – konnte die gleiche Zurückhaltung festgestellt werden.[43] Ein gewisser Zug zur Beharrlichkeit, der einer Landbevölkerung immer attestiert werden kann und der sicher aus der gesamten Lebenssituation heraus erklärbar und möglich ist, mag sich auch in der für das ganze Land, ob Nord oder Süd, Ost oder West geltenden Beobachtung zeigen, daß die ländlichen Kniehosen in den meisten Fällen außerordentlich kurz in der oberen Länge gehalten sind. Ob sich da wirklich nur eine vor langer Zeit übernommene modische Unsitte gehalten hat, wie Geramb meint[44], oder ob man hier nur allzu gerne an teurem Material, Leder, Loden, gespart hat? Besonders auffallend sind folgende Bildbeispiele: Die Zillertaler Bauern von Stillupp (196), Zell (193); Tux (190), die Hopfgartner (186, 188/90); die Pinzgauer (181/87, 183, 184/88); Lungauer (169, 173/82); St. Johanner (165/79); Abtenauer (147, 148, 150); die Taugler (143, 144); Balling (112), Anschiergen (110), Lamprechtshausen (106/57). Das Material, aus dem die Hosen auf dem Land gemacht wurden, wird von Hübner[45] meist mit Loden, Hauszeug und Leder angegeben. Es wird aber auch bei uns so wie in der angrenzenden Steiermark aus verschiedenem Leder, irchen (sämisch) gegerbtem oder schwarz und braunschwarz gefärbten Geißhäuten, Kalbfellen, Bockshäuten, aber auch aus Leinenzwillich, Tuch, Raß und Zeug bestanden haben.[46]

*Die Hosenträger*

Hosenträger mit Adaptierungen in alter Art sind nur auf drei Bildern, soweit alte Leute dargestellt sind, zu sehen, etwa der alte Schiffmann von Laufen »vor fünfzig Jahren« (98/50), der alte Bauer aus Scheffau (133/68) und der alte Bauer zu Asten, Pfleg- und Landgerichts Laufen (104). Ihre Hosenträger haben die alte V-Form. Bei ihr hält in der Mitte der Hose ein Knopf die zwei schräg zusammenstoßenden Tragbänder zusammen; links und rechts an einem Knopf sind die seitlichen Trägerspangen befestigt. Bei allen vorhandenen Darstellungen der Stadt gibt es keine Aussage über Hosenbefestigung. Das kommt daher, daß die langen Schoßwesten der Stadtkleidung die Hosenbefestigungsart verdecken. Man kommt bei der Betrachtung der Bilder zu dem Schluß: Hosenträger über Hemden, den Westen und über dem Leibfleck zu tragen, ist im Salzburgischen rein bäuerlich. Vierundvierzig Beispiele belegen diese Aussage. Bei der Arbeit sind es meist sehr schmale, wahrscheinlich lederriemenartige Teile. Je schöner und feierlicher das Fest, desto schöner auch die Hosenträger. Grünliche oder gelbliche Bortengewebe, meist mit zackenartiger Ornamentierung, können festgestellt werden, auch gepreßter Samt.
Nach Gerambs Theorie hätte sich die Altform von der Steiermark aus verbreitet, weil sie dort schon 1669 auf einer Leobener Schützenscheibe abgebildet ist.[47] Diese Meinung kann vorläufig noch nicht widerlegt werden, weil über die ältesten Salzburger Darstellungen noch keine Grundlage vorliegt. Die hier im Gebirge üblichen Namen Hosenkrax, Hosenkraxen belegt Lorenz Hübner für den Pinzgau und für den Lungau und im »Idiotikon« ohne nähere Beschreibung.[48] Für das benachbarte Berchtesgaden vermochte Zaborsky die alte V-Form in Grün bis zur Mitte des 18. Jahrhunderts zu verfolgen. Dort wie in Salzburg und allen anderen Alpenländern hat dann die H-förmige Art die alte verdrängt und sich bis heute bei der ländlichen Tracht behauptet.

*Der Männergürtel*

Gürtel, die in der bäuerlichen Männertracht schon seit hundert Jahren eine immer größere Rolle spielen, sind auf verschiedenen Bildern und in verschiedener Art und von verschiedener Breite zu sehen. Der Gürtel kommt schon in der altartigen Tracht des Schiffmanns vor (98/50), hier sogar mit zwei Schnallen. Auch der Schiffbub am Kranzltag trägt einen hellgelben Gürtel über der Weste (100/52). Der Schiffmann bei der Arbeit trägt einen schwarzen, der mit Stickerei verziert ist (101/53). Der alte Bauer aus Asten weist einen dunkelbraunen mittelbreiten vor. Seine Art des Tragens (über Brustfleck beziehungsweise Weste und Hosenträger) ist im ganzen Land verbreitet (104). Zur Hochzeitstracht des Lamprechtshausener Bräutigams gehört auch ein Gurt, schwarz, weiß besteppt, mit zwei ovalen Schließen (106/57). Der alte Bauersmann von Öhing trägt einen breiten schwarzbraunen mit kleiner rundlicher Schnalle (108/59). Der Anschieringer Bauernsohn besitzt einen schwarzen mit zwei ovalen Schnallen und Ziernäherei (110). Auch der Hochzeiter von Balling hat einen schwarzbraunen, mit Steppmuster in drei Linien und rundovaler Schließe (112). Der Thalgauer Bräutigam trägt einen schwarzen, mittelbreit mit heller Stickerei (115), der Thalgauer Bauernsohn wiederum dafür einen schwarzen mit weißer Stepperei (118). Ebenso der Altvater, allerdings ist seiner sehr schmal, dunkelbraun, mit Zickzackmuster gestickt (119). Zur Alltagskleidung des Thalgauer Bauernsohns gehört auch ein Gurt, ein stattlicher Ranzen mit Kielfederstickerei, bei der man sogar drei Fische erkennen kann (121/62). Der Bauernknecht von Faistenau hat nur einen schmalen schwarzen mit Steppverzierung (122/63). Hier im Vorland trägt jeder einen, während im Gollinger Gericht auch schon männliche Figuren ohne Gürtel vorkommen – wie der Bauer zu Adnet und auch der Bräutigam oder der Bauernsohn. Auch der Gollinger Wirt trägt keinen, desgleichen der alte Bauer aus der Scheffau. Der Bauer aus der entlegenen Taugl wiederum trägt einen schmalen braunen mit drei Schnallen und Zackenmuster (141), auch der Bräutigam (143) weist einen schmalen vor. Der Bauernsohn aus Abtenau trägt einen schwarzen, mittelbreiten mit geometrischen Mustern (150). Im Gebirge sind die Träger wiederum zahlreicher, der Werfner Bauer (152) hat einen dunkelbraunen mit hellen Rändern. Auch zur Spitzreitertracht gehört ein Gürtel, dunkelbraun mit gelber Verzierung und ovaler Schnalle (153/73). Ebenso trägt ihn der Bauer von Hüttau (156). Der Radstädter bäuerliche Hochzeiter trägt einen schwarzen mit rechteckiger Schnalle. Der St. Johanner Bauer wiederum nicht, der Mäher auch nicht, desgleichen der Tänzer, der Lungauer Bräutigam und der Brautführer. Dafür hat der Spitzreiter einen sehr breiten, mit Zinnieten-Ornamenten in Tulpenform (173/82). Der Sauschneider trägt auch schon einen braunen mit zwei rechteckigen Schnallen. Im Pinzgau ist der Gurt wiederum allgemein verbreitet: etwa der Bauer im Winter (178). Mittelbreite, gestickte Stücke sind hier üblich, mit großen Schließen. Der ledige Bauernsohn trägt sogar alle Tage einen braunen (mit dem Monogramm AP) und Rosettenmuster (180/86). Auch im Sommer weist er einen breiten, schwarzen mit Ziersteppereі auf (181/87). Der Hochzeitlader dagegen hat einen schmalen dunklen, doch hell gestickt, so auch der Wirt (183). Bei der Arbeit trägt der Mäher einen schmalen, dunkelgrauen mit viereckiger Schnalle (184/88). Auch im Brixental gehört der Gürtel mit verzierten Rändern zur Bauerntracht (186). Der Sohn trägt gleichfalls einen (188/90). Bei der Arbeit trägt der Bauer aus Tux einen dunkelbraunen, mittelbreiten (190). Der Bauernsohn aus Zell (193) hat einen breiten, dunklen mit Stepperei. Bei der Arbeit hat der Stilluppener Bauer einen ganz schmalen. Auch in Osttirol trägt der Bauer einen breiten, dunkelbraunen (198/94), der Knecht aber nicht. Es gibt also recht verschiedene Ausformungen. Die größeren heißen nach Hübner »Bauchfätschen«.[49] Die Hochzeitsburschen oder Dümmlinge, wie sie auch heißen, tragen sie in Rauris. Bei der allgemeinen Charakteristik des Pinzgaues schreibt Hübner, daß sie, die Männer im Pinzgau, »um die Lenden auch eine breite lederne Bauchgurte (Bauchfatsche)« trügen, »welche entweder bunt ausgenähet, oder zierlich mit kleinen weißen Nägelchen beschlagen ist, und vielfältig nach innen einen ledernen Schlauch hat, um das Geld aufzubewahren«.[50] Nach allen Darstellungen zu schließen, dient der Gürtel keineswegs so wie heute dazu, die Hose in der Mitte des Leibes zu halten. Im Gegenteil: Er findet sich immer über dem oberen (zu jener Zeit ja sehr tief unten sitzenden) Hosenrand auf dem Hemd oder Leibl oder Leibfleck. Die Zierfunktion war scheinbar ausschlaggebend, außer er hatte in der Arbeitstracht eventuell den Wetzsteinkumpf zu halten, wie bei Kat. 184/88, oder er war breit genug, Geld darin aufzubewahren.

### *Der Männerrock in Stadt und Land*

Nun zum Rock, in der Männertracht über Weste, Leibl und Brustfleck getragen. Der oben enge, ab Körpermitte durch eingelegte Falten oder Schoßteile erweiterte, knielange Rock der französischen Mode, der Justaucorps, beherrschte auch das Salzburger Stadtbild, angefangen beim Erzbischof und Landesherrn, wenn er in Zivil erschien, bis zum einfachsten Bürger. Selbstverständlich unterschieden sie sich durch feinere oder gröbere Machart, durch Auszier, Taschen, Knöpfe, Patten und vor allem durch die Stoffart.

Der Erzbischof »im kurzen schwarzen Kleid« trägt den knielangen Rock, der vorne, der Sitte der Zeit gemäß, immer offen blieb und darunter die lange Schoßweste zeigte (3/2). Drei Viertel der Länge waren rechts dennoch mit großen Knöpfen besetzt, obwohl der Rock im oberen Teil meist sogar so knapp geschnitten war, daß man ihn nie hätte schließen können – eine aus Frankreich überkommene Modeeigenheit, der sich Salzburg einschließlich aller Stände ebenso bedingungslos angeschlossen hatte wie alle anderen Nachbarländer. Im unteren, durch Schöße erweiterten Teil des Rocks befinden sich zwei große Taschen mit großen Deckpatten sowie drei Knöpfen darauf. Der Ärmelaufschlag ist beim Gewand des Erzbischofs verhältnismäßig klein, aber auch noch mit Knöpfen geziert (3/2). Die Uniformröcke der Bürgergarde (etwa 34/15, 36/16) und die Röcke vieler darge-

stellter Privatpersonen (zum Beispiel 59/26), sind viel aufwendiger verziert, zumindest mit größeren Ärmelaufschlägen, Litzen und Zierknopflöchern. Sollte sich im Gewand die dem barocken Prunk entgegengesetzte, sparsame und nüchterne Aufklärungstendenz, die der Erzbischof gleich vielen Avantgardisten so vehement vertrat, ausdrücken? Auch das erzbischöfliche Reitkostüm ist außerordentlich schlicht gehalten (4). Diese Schlichtheit wetteifert geradezu mit den ganz glatten Röcken der Leute einfachsten Standes, etwa dem des Kellners (72/36) oder des Hausknechts (73/37). Sogar die Alumnen der Lodronischen Stiftung (des Rupertinums) sollen zu dieser Zeit graue Röcke mit rotem Ärmelaufschlag, und zwar mit vielen Knöpfen geschlossen, bekommen, wie Hübner berichtet, der die frühere Anstaltskleidung (nur Beinkleider mit Weste und Mantel ohne Rock) geradezu unanständig und etwas komisch fand. Die Alumnen des Marianischen Lodronischen Collegs trugen, nach seiner Meinung, ohnedies noch diese rückständige Kleidung (22)[51]. Die jungen adeligen Studenten des Virgilianischen Stifts hingegen zeigen mit Weste, Rock und Hose aus demselben braunroten Stoff mit reichem breitem Goldbortenbesatz und dem modischen knielangen Schnitt des Rocks, dazu den Degen, die gepflegte Erscheinung ihres Standes. Besonders lange, bis unter das Knie reichende Röcke trägt das Hofpersonal, soweit es modernisiert wurde, so etwa die Hoflakaien in der Campagne-Livree (29), ebenso die beiden Universitätspedelle (19/7, 20) und auch der Stadtbote, vielleicht deshalb, weil er Amtsperson ist? (77)
Die Röcke des Militärs, die damals doch auch von der Mode in viel stärkerem Maße beeinflußt waren als später, wenn auch in besonderer Spezifizierung, zeigen, wie schon erwähnt, noch sehr barocke Formen mit großen Aufschlägen, Tressenbesatz und weiten Schößen. Einige Ausnahmen mit viel kürzerem, nur Halboberschenkellänge aufweisendem Rock sind der Hauboist (44/17), der Regimentstambour (46/18), der Tambour (47) und die halbmilitärische Postamtsuniform (71).
Als winterliche Rockform kann hier die pelzgefütterte Bekleidung des Nachtwächters eingeordnet werden (78/40). Es könnte dies aber auch ein Mantel sein, der unterhalb noch ein fast knielanges Kleidungsstück hervorschauen läßt. Der Schneeschaufler ohne nähere Bezeichnung, vielleicht ein Tauernwegmacher (202), trägt als ländliches Gegenstück einen pelzgefütterten, kürzer gehaltenen Rock.
Einen weißen Rock, wahrscheinlich aus Leinen und in der Verwendung als Arbeitskittel, kann man an der Figur des Faßziehers (74/38) feststellen. Hier ist es, soweit man trotz der großen Arbeitsschürze feststellen kann, eine ganz schlichte Form ohne jeden Aufwand. Der Zweckmäßigkeit wegen ist dieser Rock vorne ganz geschlossen. Ein Gegenstück dazu, aus der Laufener Schifferwelt, ist der weiße, fast knielange, auch ganz einfach gehaltene Leinenrock des Schiffers. Obwohl er im Oberteil an den Vorderkanten mit Hafteln besetzt ist, also den echten »Haftelrock« darstellt, der in der ländlichen Welt ringsum verbreitet ist[52], sieht auch er nicht so weit geschnitten aus, daß er wirklich geschlossen werden könnte. Die Lehrbuben beim Schifferhandwerk, die beim Winter- und Sommerspiel abgebildet sind (102/54), tragen gleichfalls diesen einfachen leinenen Arbeitsrock, hier allerdings als Spielkostüm.
Die lange Zeitdauer, in der sich dieser bis zum Knie reichende Rockschnitt durch das 18. Jahrhundert hindurch in vielen Ständen gehalten hat, beweist sehr schön das Bild vom alten Laufener Schiffmann (98/50). Sein brauner Rock hat zwar der ganzen Länge nach stattliche Stoffknöpfe, mit Ausnahme großer knopfverzierter Ärmelaufschläge ist er im übrigen aber ganz schlicht gehalten. Nicht einmal Taschen sind zu sehen. Der zeitgenössische Bürger von Laufen hat zwar auch den gleichfarbig braunen, knielangen Rock an, der aber ist schon mit Taschen versehen. In den umliegenden, zum Laufener Gericht gehörenden Ortschaften trägt ein Bräutigam einen noch schlichteren braunen Haftelrock (106/57) als der alte Schiffmann, nur mit Ärmelschlitzen, dafür aber mit hellem, gestreiftem Futter. Der alte Bauer aus Öhing (108/59) schließt sich an. Die Thalgauer Männer tragen den Rock teils mit Hafteln, teils mit Knöpfen, im Ganzen aber etwas kürzer ober den Knien endend, ob das nun Alltag oder Hochzeit ist (118, 119). Nur der Rock des Knechts aus Faistenau

(122/63) fällt sowohl durch die helle grünlichgelbe Farbe des Stoffs als auch durch plumperen Schnitt auf. Die Bauern des Gollinger Pfleg- und Landgerichts haben recht flott geschneiderte Röcke, meist auch braun (126), selten ist das alte, früher viel mehr verbreitete Rot wie das des Bauernsohns zu Adnet mit vielen gleichfarbigen, also stoffbespannten Knöpfen. Die Taschen mit Patten – sie sind der Stadt vorbehalten, und man sieht sie auf keiner dieser ländlichen Rockdarstellungen. Das altertümliche Rot ist auch noch im Rock des Schiffsbuben am Kranzltag, also der Festtagstracht, erhalten geblieben. Da sind die runden Metallkugelknöpfe an der rechten Verschlußkante und am Ärmelschlitz die einzige Zier (100/52). Das Braun der Rockstoffe im nördlichen Salzburger Vorland wurde hier, im Gollinger Bezirk, oft von einem Grau, Dunkelgrau mit grünem Futter, wie der Bauer zu Adnet (125), oder von Grün, wie der Bräutigam aus der Scheffau gekleidet ist (136), abgelöst. Der Bauer aus der Taugl im grauen Rock mit grünem Aufschlag (141) und sein Sohn, ebenso gekleidet, mit grüner Halseinfassung (144) sowie der Pritschenmeister aus der gleichen Gegend, in gleicher Kleidung (145) stellen Beispiele dafür dar, daß er sich von Salzburg nach Osten hin als Kleiderart in dieser Zeit weiterverbreitet hat. Auch die Variante grauer Rock und schwarzer Besatz findet in der Darstellung des Abtenauer Bauernsohns (150) einen Beleg.[53] Die gewiß mit vollster Absicht für die Sammlung als altmodisches Beispiel ausgewählte Darstellung des alten Bauern aus der Scheffau (133/68) zeigt denn auch – mit dem sehr glatten, einfachen, halboberschenkellangen gelbgrünen Rock – sozusagen Urvätersitte aus abgelegenen Gegenden. Ein himbeerrotes Futter verleiht aber auch diesem einfachen Rock eine gewisse Stattlichkeit. Der Rock des Bauern aus dem Werfener Gebiet ist zwar auch recht einfach, schwärzlich, grau oder braun, aber auch noch knielang (152). Hübner findet, daß sich die Pongauer in der Kleidung sehr vom Pinzgau unterscheiden. Heller ist die Farbe des Lodens, und um den Hals haben sie gerne schwarzes Leder zur Einfassung.[54] Er beschreibt aber auch liebevoll den »ponceauroten« Rock des Werfener Spitzreiters. Und ebenso findet er sich in der Kuenburg-Sammlung abgebildet (153/73). Der Bauer aus Hüttau ist mit einem mittelgrauen, ganz einfachen Rock bekleidet (156). Der Radstädter Hochzeiter wiederum ist mit einem langen rostbraunen Rock versehen (158). Beim St. Johanner Bauer ist der von Hübner bemerkte schwarze Besatz am Hals und Ärmel zu konstatieren (161). Im Lungau bevorzugen Bräutigam und Spitzreiter sowie Hochzeitlader (169, 173/82, 170) grauen Loden für den halboberschenkellangen weiten, oft grün gepaspelten Rock. Der durch seinen Beruf weit herumgekommene Schweinschneider trägt einen Rock in hellrotbraunem, einem sonst im Gebirge gar nicht üblichen Farbton. Im Pinzgau liebt man den ganz dunkelbraunen Loden. Die Röcke sind hier im allgemeinen kürzer und haben recht abstehende Schöße, als Beispiele stehen Vater und Sohn (178, 180/86). Die Ärmelstulpen sind groß und hellrot besetzt, auch hier findet sich wieder der schwarze Besatz am Hals. Der hellgelbe Lederkoller als Sommerkleidung weist im Prinzip denselben kürzer geratenen Schnitt auf (181/87). Nur der Hochzeitlader (182) und der Wirt (183) sind wiederum Vertreter des fast knielangen braunen Rocks. Je weiter wir in das westliche Gebirge vordringen, desto kürzer werden die Röcke. Der Hopfgartner Bauer im Brixental zeigt dies mit seinem sehr stark geschösselten braunen Rock (186). Hübner gebraucht für diese kürzeren Gebirgsröcke auch den Ausdruck »Joppe«.[55] Er spricht in seiner Charakteristik des Pinzgaues vom »Rock (die Joppe) von Loden«. Sie reicht hier bis auf die Hälfte der Schenkel, hat einen sehr breiten Streifen von schwarzem Leder, Manchester oder Samt um den Hals, hinten eine breite Falte; Ärmel, die sich nur ein wenig über den Ellbogen erstrecken, gegen das Ende rund und immer weiter und mit Aufschlägen von schwarzem Tuch versehen sind. Im Zillertal werden die Formen auf dem Gebiet des Rocks, wie im ganzen übrigen Gewand, immer einfacher. Eine nur gesäßlange Joppe ohne Taillierung ist hier in Hellbraungrau festgehalten (193). So ist es auch mit dem Rock des Bauern aus der Stillupp. Hellgraugelb, nur hüftlang ist das höchst einfache Kleidungsstück (196). Die damals zu Salzburg gehörenden Osttiroler im Gericht Windisch-Matrei schätzen auch einen sehr dunkelbraunen Loden sowie oberschenkellang geschnittene Röcke mit breitem Ärmelaufschlag (198/94).

*Mieder und Wams*

Die Brustbekleidung der Frau ist im ganzen 18. Jahrhundert das Mieder in Variationen, ob für die Stadt oder das Land verwendet eben mehr oder minder starr oder weich. Dieses wesentliche Kostümstück kann ab der Mitte des 17. Jahrhunderts bis in das 20. Jahrhundert hinein verfolgt werden. So ist in der Stadt Salzburg in unserer Bildersammlung zunächst eine zwar städtische, für diese Zeit aber altartige Variation belegt, das vorne geschlossene und mit langen Schößen – so lang, daß sie wie ein geschlitzter Rock wirken – versehene, so bezeichnete »Wams«. Die Brauersfrau trägt diese feierliche, fast nur in Schwarz gehaltene Kleidung (61/28). Das Oberteil besteht aus der mit Ärmeln versehenen Taille. An den am Ellbogen endenden Ärmeln ist der in Falten gelegte breite Ärmelaufschlag zum sogenannten Flossenärmel drapiert. Die Weite der beiden Röcke, der obere durch die geschlitzten Schoßteile in Schwarz, darunter der grüne mit Goldborte besetzte Unterrock, wird sicherlich durch den modischen Reifrock gestützt. Auch die alte Bürgerin aus Tittmoning trägt dieses »Wams« mit einem roten Unter-Hauptrock. Allerdings ist hier die Weite des Rocks zwar immer noch sehr stattlich, wahrscheinlich aber durch weniger voluminöse Stützen gegeben (114/60). Sowohl an ihr als auch an der dritten Trägerin so traditioneller Kleidung, dem alten bürgerlichen Schiffweib von Laufen, ist am Vorderoberschluß der Taille oberhalb der Brust die schmale keilförmige Öffnung einer möglichen Verschnürung zu sehen (99/51). Da unter diesem Bild ausdrücklich »vor 50 Jahren« vermerkt ist, ist die Kontinuität dieser noch von echt barockem Lebensgefühl geformten Bürgerkleidung durch das 18. Jahrhundert hindurch bestätigt. Die angebrachte Beschriftung »Wams« bei Kat. 61/28 bestätigt wiederum die auch bei anderen Kleidungsbezeichnungen gemachte Erfahrung, daß ihre Begriffe sich wandeln können, bei Männer- und Frauentracht etwas Verschiedenes bezeichnen und auch im Laufe der Jahrhunderte für verschiedene Kleidungsstücke verwendet werden. Entwickelt hat sich dieses weibliche »Wams« eben auch aus der ursprünglichen Bedeutung einer engen Brustbekleidung in früheren Jahrhunderten.
Von den fünf weiteren Frauen verschiedenen Standes, die im Stadtteil der Kuenburg-Sammlung dargestellt sind, zeigt das Weib aus dem Siechenhaus die einfache Variante der bürgerlichen Kleidung aus dieser Zeit mit einem rotbraunen, vorne geschlossenen Wams und dem Flossenärmel (81/43). Die Pfründnerin im Bürgerspital dagegen ist, wenn vielleicht auch in Anstaltskleidung gekleidet, die es da gegeben hat[56], schon etwas zeitnaher gekleidet. Ihr Röckl oder Wams ist zwar vorne auch geschlossen, es trägt aber kürzere Schößel, und auch der gleichfärbige rosabräunliche Rock scheint noch durch einen Reifrock gestützt (79/41). Die ledige Kaufmannstochter vertritt die Stadtmode der Zeit im konservativen Bürgerstand recht gesetzt. Die flossenärmelige Taille ist aus demselben Stoff wie der Rock, hellblau, geblümt, broschiert, hat hüftlange, über den Reifrock gebreitete Schöße und wird vorne vom Latz der modischen Rüschenschürze bedeckt. Auch das weiße, spitzenbesetzte Halstuch, Fichu, verdeckt den entweder geschnürten oder mit zusammenstoßenden Kanten geschlossenen Oberteil (60/27). Das Stubenmädchen mit der spitz über dem Leib endenden hellblauen Korsage mit den längeren Schößen und den schmalen langen Ärmeln, dem Kantenverschluß am Vorderteil und der Rüschenverzierung an Ausschnitt und Handgelenk ist viel moderner gekleidet (64/30). Im Gewand der Küchenmagd wird das ländlichere Schnürmieder mit einem breiten Miederstecker sichtbar, die Maschen an den Schulterspangen aber sowie der breite Bortensaum am Miederstecker beweisen doch auch die städtische Verfeinerung (65/31).
Unter allen Frauendarstellungen vom Land, wo unter dem vorne nach oben zu geöffneten Röckl der rote Miederlatz hervorblitzt, kann man sich ein ähnliches Schnürmieder vorstellen. Es ist in dieser Zeit im ganzen Land verbreitet. Auch Berchtesgaden ist bei dieser Entwicklung wieder mitgegangen. Die geschlossenen Wämser um die Mitte des 18. Jahrhunderts öffnen sich gegen 1800 nach oben hin und zeigen den roten Brustlatz.[57] Da auf den vielen Darstellungen der Emigrantinnen aus dem Pongau und Pinzgau – besonders gut wieder im zitierten Album mit elf Aquarellbildern von

der Ankunft und dem Aufenthalt der Emigranten in Augsburg, um 1731 – die weibliche Tracht fast ausnahmslos mit einem sehr hohen, fast bis zum Hals gehenden roten Brustlatz in Verschnürung, auch mit roten Miedern mit Brustlatzverschnürung, gezeigt wird, darf man feststellen, daß die verschnürte Miedertracht der Kuenburg-Sammlung sehr konservativ auf eine zumindest fünfzigjährige Traggewohnheit zurückgeht. Hübner liefert wiederum den Text zu unseren Abbildungen, ebenso für nicht abgebildete Landesteile. So erhielt nach seiner Schilderung die Dienstmagd in Gastein um diese Zeit zu der übrigen Kleidung auch ein zeugenes Mieder mit Borten.[58] Für den Pinzgau stellt er fest, daß die Mieder dort kurz und weich sind und nur bis zum Anfang der Lenden und dann bis unter den Busen reichen.[59] Sie sind von rotem oder grünem Tuch und haben am unteren Rand eine Miederwurst, Miederriedel genannt, über der ein langer vielfaltiger Rock befestigt ist.[60] Für Werfen fügt er noch hinzu, daß zwar die Farben gleich, die Schnürbrust vorne aber ein steifer Latz ist. Unter dem Mieder gibt es noch Miederleibchen aus feinerem Stoff (aus rotem oder grünem Seidenzeug oder aus anderen Stoffen), und auch sie sind wie der Miederlatz mit einer Gold- oder Silberborte besetzt.[61] Die Vorliebe für diese reiche Ausstattung mit leonischen Borten, wie man die gold- und silberartigen Legierungen genannt hat, wurde früher arg als Luxus bekämpft, wurde aber, da in Kleßheim bei Salzburg im Jahre 1756 eine solche Fabrik gegründet worden war, wenn auch nicht öffentlich, so doch schon allein durch die Tatsache des Bestandes indirekt gefördert.[62] Beispiele für diese Weiterentwicklung oder Verdoppelung des Mieders, für das Unterröckl oder Miederleibchen, wie es Hübner nennt, sieht man, zumindest den oberen Rand davon, am Bild der Abtenauer Bauerntochter (151/72) – allerdings mit einem hellblauen Bortenrand. Oder bei der Bäuerin aus Hüttau mit rotem Rand (157/76) sowie bei der Hochzeiterin aus der Radstädter Gegend als blauer und gelber, wahrscheinlich also goldener Bortenrand des Unterröckls. Die St. Johanner Bürgerstochter hat gleichfalls dieses rötlich-goldene Randerl ober dem Röckl aufzuweisen. Die Hopfgartner Bäuerin aus dem Brixental (189/91) scheint dieses Unterröckl ganz hoch zum Hals hinaufgezogen zu tragen, die graurosa Farbe und der gelbe Bortenrand unter dem Flor sprechen dafür (wenn es kein Hemd ist). Sie trägt auch einmal das Mieder in Grün statt dem häufigen Rot. Die kelchförmige Anordnung des Miederlatzes mit der Verschnürung zeigt neben vielen anderen Merkmalen den Unterschied zu den übrigen Salzburger Landesteilen. Auch die Bäuerin von Stumm aus dem Zillertal unterscheidet sich mit ihrem breiten und seitlich nicht vom Mieder gedeckten Miederlatz sehr, aber in ungünstiger Weise, davon und bestätigt die in den Kleiderverordnungen der Pfleger von Kropfsberg schon um 1750 beanstandeten Mängel, die aber dennoch offenbar bis an das Ende des Jahrhunderts weiterbestanden. So wurde damals verlangt, daß die Brustflecke und Mieder so breit sein sollten, daß sie übereinander schließen, den Leib also ehrbar bedekken. Mieder, wie in den anderen Ländern gebräuchlich, sollten getragen werden, von solcher Länge und Manier, wie es einem christlichen Gemüt von selbst zustünde.[63] Wenn sich die Pinzgauer Heigerin in der Sumpfwiese die Arbeit durch bequemere, aber (siehe oben) rügbare Kleidung erleichterte (185/89), so waren die übrigen Salzburgerinnen laut Abbildungen doch sehr dezent anzusehen. Die Werfener Hochzeitsprangerin (154/74) mit dem sauber verschnürten Brustlatz mit breitem Goldbortenrand macht einen besonders gefälligen Eindruck. Die Tänzerin des St. Johanner Paares zeigt, daß solche Mieder um den Hals einen schwarzen Bandbesatz, eine Rüsche und eine schwarze Einfassung der Ärmelöffnung und der Rückennähte haben konnten. Die alte Bäuerin aus der Scheffau dagegen, mit ihrem langschößigen roten Wams, steht aber, zwar ländlich ausgeformt, doch den konservativen Stadtwamsformen der Brauersfrau und der Laufener und der Tittmoninger Bürgerin nahe und dadurch am Anfang der Miederentwicklung, als diese Brustkleider noch geschlossen und mit Ärmeln versehen waren.

*Das Röckl der Frau auf dem Land*

Das Röckl der Frauen, das Oberkleid über dem Mieder, hatte im Pinzgau auch den Namen »Leibstückchen« und war von Loden oder Raß.[64] Der Ausdruck »Röckl« ist, außer bei Hübner, für viele Orte im »Salzburger Intelligenzblatt« für 1798 belegt[65], also in Salzburg damals in Stadt und Land üblich. Die dreifache Wortbedeutung – Männeroberbekleidung, Frauenbekleidung der unteren Körperhälfte als Rock, und in der Verkleinerungsform in Salzburg angewendet für das Kleid der Brust- beziehungsweise Oberkörperhälfte – zeigt wiederum die Wandlungsfähigkeit der Kleiderbegriffe. Sie wurde auch von Geramb vielfach aufgezeigt.[66] Ein weiterer Name, »Schäuben«, kommt im Lungau für die weibliche, sehr altertümliche, wamsähnlich mit langen Schößen gehaltene Oberbekleidung im Zederhaustal zur Anwendung. Das Bild »Zederhauser Hochzeitweib« zeigt ein knielanges Oberkleid mit engen Ärmeln (174/83). Es unterscheidet sich von den mit »Wams« benannten Formen, die, als Vorläufer des Mieders, schon behandelt wurden, außer durch den Namen dadurch, daß im nach oben offenen Vorderteil der verschnürte Miederlatz deutlich sichtbar wird.[67] Das ist aber auch der einzige Unterschied zu dem hundert Jahre früher vorkommenden Ausdruck »Schaube« im Innviertel für einen geschlossenen Spitzleib mit ganz langen Schößen, 1699.[68] Die Kontinuität im äußeren Erscheinungsbild zwischen diesen zwei räumlich so weit voneinander entfernten Landstrichen wie dem Innviertel und dem Lungau ist noch dazu durch die im Lungau zu dieser Kleidform wie vor hundert Jahren im Innviertel getragene Ohrenspitzen-Bundhaube und einen höchst altertümlichen Spitzhut gegeben! Hier, im entlegenen Zederhaustal, hat sich ein Jahrhundert länger gehalten, was im oberösterreichischen Innviertel und sicher noch viel weiter verbreitet, vor hundert Jahren getragen wurde.

Schließlich gibt es für Mann und Frau für das Röckl bei Hübner noch einen vierten Namen, den Ausdruck »Joppe«, für dieses Kleidungsstück.[69] Der von Zaborsky für die Berchtesgadener Frauen-Röckl (die von der Mitte bis zum Ende des 18. Jahrhunderts eigentlich gleich bleiben, außer daß der rote Miederlatz in der oberen Öffnung wie bei uns sichtbar wird) angewendete Ausdruck »Jacke« dürfte damals nicht bodenständig gewesen sein. Er ist doch ein viel späterer Kleiderbegriff.[70]

Das Winterröckl der Bäuerin (179/85) ist ein besonders auffallendes Stück. Im Gegensatz zu allen anderen dargestellten Joppen ist es an allen Rändern mit einer zottigen rot-weiß gemusterten, pelzartigen Randborte versehen, desgleichen der Muff, der offenbar auch zu dieser Garnitur gehört. Sonst ist der Schnitt des schwarzgrauen Kleidungsstücks mit seinen weit abstehenden Schößen ganz gleich wie auf vielen anderen Abbildungen. Es fällt auf, daß das Röckl auch im Winter vorne nicht geschlossen ist, sondern mit einem breiten roten, sicher warm gefütterten Miederstecker ausgerüstet ist. Ein zweites winterliches Bild, die Schneeschauflerin (203/95), zeigt zwar auch einen weißen Pelzrand am Halsrand und an den vorderen Verschlußkanten, hier handelt es sich aber um ein noch unter der hellgrauen Joppe getragenes »Schälkl«. Das ist – laut »Intelligenzblatt« – ein unter der Joppe getragenes Kleidungsstück.[71] Die Schöße des äußeren hellgrauen Röckls sind hier etwas länger, ein grüner Vorstoß und Ärmelbesatz rücken das Kleidungsstück vielleicht wieder in die Nähe der steirischen Grenze im Ennstal, das laut Geramb von den salzburgischen Vorlieben für graugrüne Farbtöne beeinflußt worden sein soll.[72] Da keine Ortsangabe gegeben ist, könnte es sich vielleicht um eine Schneeschauflerin am Radstädter Tauern handeln. Am meisten verbreitet ist das Röckl mit kurzen, recht abstehenden Schößchen, die dann oft auch noch in abstechender Farbe, mit Vorliebe Rot oder Grün, gefüttert oder wenigstens eingefaßt sind. Diese Wirkung wurde einerseits durch einen sehr knappen, doch die städtische Mode nachahmenden Taillensitz erreicht; andererseits hob die sicherlich um diese Zeit fast überall angebrachte Miederwurst an Leibchen oder Mieder die Schößchen auch von innen her etwas stärker vom Körper ab. Es gehörte sicher zu den bäuerlichen Schönheitsidealen, eine Art Reifrockwirkung zu erzielen. Ein schönes Beispiel bietet da die Radstädter Hochzeiterin (159/77) im rotbraunen Röckl, ebenso die grauschwarze Lungauer

Kranzljungfrau (171/81); zudem die Thalgauer Braut in Schwarz (116/61) oder die aus der Lamprechtshausener Gegend im rötlichgrauen Kleid. Die Wirtin von Golling kleidet sich ebenso in Schwarz (131/66) wie die Bäuerin aus der Scheffau. Bei all diesen Frauen sind Kleiderrock und Röckl aus dem gleichen Stoff. Es gibt aber auch verschiedenfarbige Zusammenstellungen. Besonders lebhaft und einmalig für das Land Salzburg um diese Zeit ist die Farbmischung: hellgrünes Röckl, karminroter Rock und Halstuch (alles aus feinerem Stoff) bei dem Schiffmannsweib von Laufen über Land (103/55). In Abtenau sind Mutter und Tochter wieder, mit dem althergebrachten Loden oder Raß, mit einem grauen, grün gefaßten Jopperl (wie auch die Männerröcke der benachbarten Taugl) bekleidet (146/71, 151/72); Werfen und St. Johann haben recht kurze glatte Schößchen aus farbigen Stoffen (157/76), rötlich und (164/78) bräunliches karoartiges Muster. Die Näherin aus der Radstädter Gegend mit ihrem hellblauen, sehr kurzen und schößchenlosen Röckl fällt ganz aus dem Rahmen des üblichen (160). Nur das weiße Jopperl der Heumacherin weist denselben knappen kurzen Schnitt ohne Schößel auf (205). In den in Tirol liegenden Salzburger Hoheitsgebieten ist in Hopfgarten nicht viel Unterschied zur weiblichen Röcklform im Pinzgau festzustellen. Das dunkle Lodenbraun ist gleich, der schwarze Halsrand aus Leder auch, nur die hellrote Ärmelstulpe und der längere, über die Hüfte reichende Schößelschnitt sind ein bißchen anders (189/91, 187). Stärker wird der Gegensatz durch die ganz gerade und weit geschnittene Joppe der Zillertalerin aus Stumm betont. Hier fehlt die sonst so betonte Taillenmitte gänzlich (194).

*Kleiderröcke der Frauen*

Nun noch zu den ländlichen weiblichen Kleiderröcken, die das Röckl der Oberkleidung ergänzen, soweit sie nicht schon als gleichfarbig, schwarz oder braun, aus dem gleichen Stoff wie das Röckl angeführt wurden. Am rötlichgraubraunen Rock der Lamprechtshausener Braut ist eine glänzendere (wahrscheinlich aus Seidenband gemachte) breitere Randborte zu sehen (107/58). Diesen Schmuck gibt es erst wieder im Zillertal, in recht abstechenden hellen Farben und sehr breit. Hellgrün zum Beispiel bei der Stummer Bäuerin und Rosa bei der Bauerntochter aus Fügen (195). Sonst weisen die Röcke auf dem Land keinen Besatz auf. Dunkle Farben, Schwarz, Braun, Rotbraun, herrschen vor. Nur die alte Bäuerin aus der Scheffau scheint noch auf ihrem hellgrünen Rock dunklere feine Bänderstreifen als Besatz zu haben. Die beiden Stadtfrauen aus Laufen und Tittmoning mit den altertümlichen Kleidern haben auch am rötlichen Rock mehrere schwarze (99/51) oder ein breites Goldbortenband (114/60). Die Röcke auf dem Land waren meist aus einer schweren, dichten Qualität – aus Loden, Wolle-Leinen-Gemisch als Raß, selten aus Leinen, vielleicht für den Sommer. Sie waren in dichte, dicke Stehfalten gelegt, und die Miederwurst war deshalb angebracht, daß sie durch das Gewicht nicht abgleiten konnten.[73] Dazu waren auch noch über ihr am Mieder feste Haken vorhanden. Die altertümliche Form, daß der Rock am Tragmieder fest angenäht und das Mieder dabei sehr kurz geschnitten ist, sieht man sehr gut an den Zillertaler Beispielen. Die ledige Bauerntochter von Fügen zeigt so ein Tragmieder (195); im Vorderteil besteht es bei der Arbeit nur aus Tragbändern mit dem Miederlatz allein, so bei der Viehdirn (192). Die Rückseite eines solchen Tragmieders sieht man noch einmal bei der Bauerntochter von Tux. Wie sehr diese Kleidungsart beanstandet wurde, wurde weiter oben bereits angeführt.[74] Während im Gebirge um diese Zeit noch vorwiegend das getragen wurde, was auch im Haus erzeugt werden konnte, rügt man die übertriebene Kleiderpracht des Landvolks in Stadtnähe als übergroßen Luxus. So wurde als Stoff für Röcke um 1798 nicht etwa Hausloden, sondern der kostbare Halbkamelot verwendet.[75] Besonders für den Lungau rühmt aber Hübner die Kleidung aus der Wolle der eigenen Schafe. Aber auch sonst im Gebirge waren die Stoffe aus Werch, »Rupfen«, aus Flachs, »harbenes Tuch« (Leinwand), dann aus Wolle für Loden; Wolle mit Leinen gemischt ergab den »Raß«.[76] Vornehme Edelbauern, wie der Zehentner in Göriach im Lungau, verwendeten aber auch schon um die Mitte des 18. Jahrhunderts für den Hochzeitsrock des Mannes feines grünes Tuch und für die Weste roten Damast. Der Brautrock war aus rötlich schillerndem ausländischem Stoff, Gros de Tours mit echten Goldborten unten, das Leibchen war aus dem gleichen Stoff mit kurzen Schößen und Ärmeln, also ganz städtisch, zumal eine Berghaube zu diesem Prunk gehörte.[77]

### *Überkleidung in der Stadt*

Für die Stadtfrauen der Kuenburg-Sammlung kann man keine Abbildungen mit Röckln, Joppen oder ähnlichen Überkleidungsstücken feststellen. Die geschlossenen Oberteile sind noch Wämser oder aus ihnen weiterentwickelte Taillen, Korsagen. Mäntel in unserem Sinne hat es damals auch noch nicht gegeben. Wenn man über der an und für sich (durch Wattierung, Versteifung, dicke Stoffe und Futter) recht warm haltenden Kleidung Schutz brauchte, so nahm man ein großes Tuch oder einen Umhang von der Art, wie ihn die Sammlerin aus dem Siechenhaus trägt (81/43), nicht ganz so lang wie der Kleiderrock, dafür aber faltenreich und mit einem kleinen Halskragen versehen.

Einen Umhang in Rot, sehr kurz, trägt der Erzbischof zum kurzen schwarzen Kleid. Man würde annehmen, daß es ein Zeremonial-Kostümteil war (3/2). Allein, auch der Kaufmann trägt einen (allerdings viel größeren) weiten roten Umhang mit Schulterkragen (59/26). Daß es aber auch im religiösen Bereich rote Umhänge gab, zeigt der Begleiter beim Versehgang (53/22). Hier ist der Schulterkragen mit einer goldenen Borte eingefaßt.

Die Studenten des Lodronschen Rupertinums trugen den Umhangmantel in derselben graugrünen Farbe wie Hose und Ärmelweste sowie mit rotem Besatz daran (21/8). Was Hübner an dieser Kleidung so lächerlich fand, kann man heute nicht mehr ermessen (22). Die langen, hellgrauen Festmantillen der Universitätspedelle gehörten zum feierlichen Aufzug der Universität wie die bereits beschriebenen Roben der Professoren. Die Militärbilder der Kuenburg-Sammlung zeigen keine Manteldarstellung. Mäntel wurden erst sehr spät eingeführt.[78] Wahrscheinlich war die Bildersammlung damals schon abgeschlossen.

### *Urtrachtliches, Strümpfe und Schuhe in Stadt und Land*

Die interessanteste Form eines Umhangs, weil in der uralten urtrachtlichen Gestalt des Wetterflecks, präsentiert die Figur Kat. 197/93 aus dem Zillertal. Eine so einfache Kleidung, die im Prinzip nur aus einem Stück Stoff mit einem Loch, um den Kopf durchzustecken, besteht, haben einerseits schon die Römer für typisch alpenländisch gehalten, andererseits gibt es diese bewährte Form in Variationen auch noch im 20. Jahrhundert.[79] In der Stillupp, von der die abgebildete Bauerntochter bei der Heuarbeit, die Sense wetzend, abgebildet ist, dient auch noch der ebenso beachtliche urtrachtliche Holzschuh zur Arbeit (197/93), ebenso trägt ihn die Viehdirn aus dem gleichen Tal (192). Die um die Waden geschlungenen, genähten Beinlinge aus Stoff, Leinen, Wolle oder Gemisch aus beidem, sind gleichfalls ein solches uraltes Kleidungsstück. Sie sind noch im ganzen Salzburger Land verbreitet, man sieht sie auf sehr vielen Bildern: Kat. 104, 109, 119, 122, 123, 124, 132/67, 134/69, 141, 142, 143, 144, 145, 146/71, 156, 165/79, 170, 184/88, 185/89, 190, 191, 192, 193, 194/92, 195, 196, 197/93, 199, 201, 202, 203, 204, 206/96. Im ganzen dreiunddreißig Mal. Sogar in der Stadt werden sie noch bei der Arbeit verwendet. Der Faßzieher zum Beispiel (74/38) oder der Rauchfangkehrer (75/39) tragen sie, und ebenfalls der alte Mann aus dem Bürgerspital, der der Heilig-Kreuz-Bruderschaft angehört (82/44). Auf dem Land sind es die Bewohner abgelegener Landesteile, Zillertal, Pinzgau, Lungau, aber auch Taugl, Faistenau und Asten draußen im Vorland, oder es sind alte Leute, die noch Beinlinge tragen.

Im Zusammenhang damit sollen auch gleich alle übrigen Beinbekleidungsarten behandelt werden.

Eine tirolerische Sondererscheinung in den dortigen Salzburger Pfleg- und Landgerichten sind die zusammengeschobenen, auch »Schüblinge« genannten Ringelstrümpfe, die eine kräftige Wade, ein bäuerliches Schönheitsideal, das auch im Lied festgehalten ist[80], vortäuschen sollten. Figuren aus dem damals salzburgischen Pfleggericht Hopfgarten (Ytter) sind damit bekleidet, Mann wie Frau. Hier handelt es sich aber schon um gestrickte, überlange Strümpfe, die zu Ringen zusammengeschoben wurden. Die in Stadt und Land getragenen Strümpfe haben auf dem Land folgende Farben für die Männer: Grau im Zillertal, im Lungau, in der Taugl und in Werfen; Blaugrau im Pinzgau; Dunkelrotbraun in Radstadt; Blau in Laufen, Thalgau, Hüttau, St. Johann, Balling; Dunkelblau in Asten und Anschiering; violett getüpfelt auf Grau sind die Schneestrümpfe oder Gamaschen des Vorreiters in Werfen; Braun im Pinzgau, in Windisch-Matrei und in Radstadt; Grün in Laufen, Golling und Scheffau. Für die Frauenstrümpfe ist auf dem Land Weiß sehr verbreitet, im Zillertal, in Windisch-Matrei; die Brautmutter im Pinzgau trägt sie, in Hopfgarten und in Balling kommen sie vor, im Pongau, in Werfen. Grau ist für Pinzgau, St. Johann, Radstadt und Lungau festgehalten, ebenso Hellgrau auch für Thalgau. Blau für Thalgau, Adnet, Anschiering, Scheffau, Abtenau, Taugl, St. Johann und Lungau. Rot gibt es merkwürdigerweise für alte Frauen, es scheint dies eine altertümliche Farbe zu sein, so in Laufen, Thalgau, in der Scheffau. Andererseits trägt aber auch wiederum die junge Tänzerin in St. Johann rote Strümpfe, desgleichen die Pinzgauer Bäuerin im Winter. Auch die Beinlinge sind meist weiß, manchmal aber auch rot.
In der Stadt überwiegt bei Männern Schwarz und Weiß, aber auch Blau ist häufig; seltener Braun und Grau. Rote Strümpfe trägt nur der Erzbischof in Zivil. Bei einigen Hofbediensteten gehört Rot auch zur alten spanischen Tracht. Ein Unteroffizier der Bürgergarde trägt gleichfalls rote Strümpfe. Im Steirischen ist von Hamburger und Hallinger Strümpfen die Rede.[80a] Das erinnert daran, daß außer den vom Hamburger Waisenhaus versandten Strümpfen auch im salzburgischen Hallein eine namhafte Manufaktur mit viel Heimindustrie den alpinen Bedarf mitdeckte.[80b] Die abgebildeten Stadtfrauen tragen so lange Röcke, daß man die Strumpffarbe meist nicht sieht. Das Stubenmädchen hat hellblaue, die Küchenmagd graue Strümpfe.
Bei den Zivilpersonen der Stadt herrscht der Schnallenschuh, breiter oder schmaler, mit und ohne Stöckel, auch für Herren. Die Frauen tragen zartfarbige Stöckelschuhe, rosa oder gelb, wie zum Beispiel die Kaufmannstochter (60/27) und das Stubenmädchen (64/30), oder schwarz mit rotem Stökkel, wie bei der Brauersfrau (61/28) und der Küchenmagd (65/31) zu sehen. Am Land fällt auf, daß alle Figuren, unabhängig von ihrer Situation, meistens schwarze oder braune leichte Halbschuhe, auch mit Latz, tragen. Von einem festen Gebirgs-Bergschuh ist bei all den Abbildungen nichts zu sehen. Die Schuhe sind manchmal rot eingefaßt, so bei der Heumacherin (205) und der Lungauer Brautmutter (172), oder mit einem roten Band geschlossen, wie beim Zederhauser Hochzeitsweib (174/83).

### *Die Männer-Kopfbedeckungen in der Stadt*

Abgesehen von den völlig andersartigen flachen, breiten, niedrigen Trauerformen ist die normale männliche Kopfbedeckung der Dreispitz. Man sieht ihn in der Hand des geistlichen Landesfürsten zu kurzem schwarzem Kleid (3/2). Eine graue Schnur hängt etwas von ihm herab. Die im bürgerlichen Fähnlein Stehenden tragen ihn, ob Oberoffizier, Unteroffizier, Gemeiner und Artillerist, je nach Rang mit einfacher Kokarde oder breiter Bordüre und Plumage, der wallenden Federzier entlang der Ränder (33, 34/15, 35, 36/16, 38, 41), ebenso das erzbischöfliche Militär, außer Grenadier und Regimentstambour, das Hofpersonal der Lakaien, altmodisch spanisch oder modern (27/12, 28, 29), die Edelknaben in der deutschen Tracht (24) und natürlich auch die Alumnen der Lodronschen Stiftungen (21/8, 22), die adeligen Studenten (23/9), die Siebenstädter (62) und auch der Ledererknecht (68). Der Bäckerknecht trägt den Dreispitz am Zunfttag sogar gleich dem Oberoffizier mit Plumage (66/32). Der Dreispitz gehört zur Postamtsuniform wie zum Gerichtsdiener und zum Stadtboten (71, 76, 77). Auch der Sternsinger nimmt ihn zu seinem Umzug mit (80/42). Der Dreispitz ist die Kopfbedeckung des Hundsauspeitschers vor der Domkirche (54/23), und die deutsche Kongregation trägt diesen Hut zur Prozession (83), obwohl sonst alle Bruderschaften Kapuzen tragen (85–95). Die Kapuze als Arbeitstracht aber verwendet auch der Rauchfangkehrer zum Schutz seines Kopfes (75/39). Aus der Reihe fällt der »Heyduk« – nicht nur mit seinem fremdartig östlich wirkenden Gewand, sondern auch durch den Zweispitz mit gewaltigem Flug, dem großen Federgesteck (26/11). Die modische Entwicklung zum Dreispitz lag ja gut hundert Jahre zurück. Damals wurde beim Militär damit begonnen, den breiten Hut aufzuschlagen, um die Schußwaffe besser bedienen zu können. Wie alles hat sich auch dieser Hut über Vermittlung der französischen Mode in Europa verbreitet.

Die Bruderschaftskapuzen ahmten gewiß Ordenskleider nach und, soweit sie ganze Gesichtsverhüllungen waren, schirmten sie die weltlichen Teilnehmer wohl auch von ihrer sonstigen Umwelt ab. Ihre verschiedenen Gruppen fallen gerade in der Zeit der Entstehung dieser Bilder dem religiösen Reinigungsdrang des aufgeklärten Regimes zum Opfer. Auch die spanische Mode, die vor der französischen ebenso weltweit gewirkt hatte, hinterließ immer wieder, worauf schon oft hinzuweisen war, viele Spuren in den Salzburger Kostüm- und Trachtendetails der achtziger Jahre. Dazu gehört auch die Kopfbedeckung des Leibkutschers in »voriger« spanischer Tracht, eine Kappe mit reichem, besonders malerischem Federbusch (30/13). Altartig ist auch die hohe runde Schlägelkappe mit dem reichen und sehr barock geordneten Gesteck, die der Metzgerknecht beim damals gerade abgeschafften »Brunnenspringen«, dem Aufnahmebrauch in seine Zunft, trug (67/33). (Im 20. Jahrhundert gehört das Metzgerspringen übrigens zu den erfolgreichen Erneuerungen von Zunftbräuchen.)

Der Hut, den der Landesherr zum Reitanzug trug, sieht mehr rundherum aufgebogen aus als dreimal aufgestülpt (4). In der Arbeitstracht gibt es gleichfalls solche rundlichen, einfach aufgebogenen Formen. Der Faßzieher trägt einen derart breit aufgebogenen Hut, daß man nur das Rund der Krempe sieht (74/38). Der Nachtwächter hat über seine pelzumrandete Mütze noch einen niedrig rundum aufgebogenen Hut gestülpt (78/40). Von Männerhauben oder weichen Mützen sieht man eine – und zwar an der Figur des Kellners (72/36) – aus dem gleichen Stoff wie der Anzug. Hauben mit Pelzrand aus Stoff tragen der alte Pfründner aus dem Bürgerspital bei der Kreuzbruderschaft (82/44) und der (noch aktive) Hausknecht (73/37).

*Frauen-Kopfbedeckungen: Salzburger Berghaube, Böndel, Goldhäubchen*

Bei den sieben Darstellungen – von der trauernden Bürgerin einmal abgesehen, die in der Gruppe der Trauerformen behandelt wird – fällt die sammelnde Frau aus dem Siechenhaus durch ihren flach abgebogenen, niedrigen Hut auf (81/43). Der ähnelt dem, den die Thalgauer Trauernde trägt (124). Vergleichbar ist noch der mit Rüschenband ausgefütterte und geschwungenere Hut der Schiffmannsfrau aus Laufen über Land (103/55) oder der, den die alte Bäuerin von Öching (109) trägt. Also doch eine den Formen auf dem Land ringsum gleichende Art. Sie trägt ebenso, wie die genannten Vergleichsbeispiele, über dem Haar immer eine Haube unter dem Hut. Es ist das eine Visierhaube mit schwarzen, das Gesicht einrahmenden Ohrenspitzen. Diese Spitzenblenden (meist schwarz) sind zu dieser Zeit noch ungemein beliebt und verbreitet. Wie die Haube ohne Hut aussehen mag, zeigt die Küchenmagd (65/31). Es ist ein schwarzes, über den Scheitel gelegtes Häubchen, hier ohne Boden oder Extrabehälter für den Haarbund. In die Stirn ragt eine Schneppe vor, und seitlich sind, mit Draht versteift, die Ohrenspitzenblenden angeordnet, die sich auch nach hinten hinziehen. Auf dieser schwarzen Ohrenspitzenhaube – es taucht im Salzburgischen auch der Name Katarrhhäubchen auf, ohne daß er ganz sicher auf diese Form zu fixieren wäre – kann eine Pelzhaube sitzen. Diese Möglichkeit, ein recht stattliches Exemplar, zeigt die Bräuin (61/28), und zwar

aus schwarzem, kräftigem Pelz. Ob dafür schon der später in zierlicheren Sesselformen, Anfang 19. Jahrhundert, verwendete Otterpelz verwendet wurde, bleibt fraglich. Ob diese stattliche Form, so wie in Berchtesgaden ähnliche Hauben, als »Bagel« bezeichnet wurde, muß gleichfalls offenbleiben.[81] Die Pfründnerin aus dem Bürgerspital trägt ebenfalls eine solche schwarze Pelzmütze über der Ohrenspitzenhaube – und zwar etwas niedriger, dafür mehr in die Stirn geschwungen. Die zweite städtische Art, besonders feierlich und originell, war der Berg aus feinen plissierten und gesteiften Gaze- oder Tüllrüschen, der als eigenes Haubenelement auf der Ohrenspitzen- oder Visierhaube aufgelegt wurde. Es ist dies die sogenannte Berghaube. Man sieht sie von vorne mit dem noch ganz barock geschwungenen Rand der Ohrenspitzen und dem ovalen Umriß des Rüschenberges. Was man auf dem Bild nicht sieht, ist der immer dazugehörende Abschluß des Rüschenberges und der Ohrenspitzen-Visierhaube darunter durch ein »Böndel« – meist ein ovaler breiterer Goldspitzenrahmen, aber auch eine Silberborte mit einem ovalen Kern aus gelegtem Brokat, eine Art Hütchen. Ein Haarpfeil, durch den Hütchenkopf gespießt, hält die Haubenteile und das Haargeflecht zusammen. Die ledige Kaufmannstochter wird mit der Berghaube zum Reifrockgewand vorgestellt (60/27). Es steht ausdrücklich »ledig« unter dem Bild. Offenbar überbrückte die Repräsentationskraft dieser durch das ganze 18. Jahrhundert wirkenden stattlichen Haubenmode die sonst übliche Meinung, daß Frauen damals nur durch die Heirat unter die Haube gekommen seien. Diese Haubenform ist auf Salzburger Stadtbildern schon Ende des 17. und bis in den Anfang des 19. Jahrhunderts, also ein ganzes Jahrhundert hindurch, in Adels- und Bürgerkreisen nachzuweisen.[82]
Im Lungau gehört sie zum Brautschmuck für eine besonders vornehme Gutsbesitzerhochzeit auf dem schon erwähnten Zehentnerhof in Göriach – das waren im 16. Jahrhundert aus Nürnberg eingewanderte Patrizier –, wo diese Haubenform schon um die Mitte des 18. Jahrhunderts erwähnt wird.[82a] Erst spät sieht man sie Anfang des 19. Jahrhunderts in marktbürgerlichen Kreisen in Tamsweg; aber auch in Hallein, in Laufen, Tittmoning und in Golling wurde sie früh heimisch. Man sieht sie aber auch im angrenzenden Bayern in den Heimatmuseen bis Wasserburg oder in Oberösterreich in Ried und bis ins Kremstal nach Osten hinüber verbreitet, nach Westen bis Hall in Tirol und in Innsbruck, und die neuesten Forschungen geben ihr sogar eine noch weitere Verbreitung nach Norden hin bis Linz, nach Osten bis Steyr und Waidhofen, in einzelnen Exemplaren findet man sie sogar in der Wachau. Im Westen ging die Verbreitung über Nordtirol nach Süden bis nach Meran und Bozen.[83] Allerdings spielen örtliche Variationen im Umriß eine Rolle, aber im Prinzip ist es nur dieselbe aus drei Elementen aufgebaute Kopfbedeckung.
Ein damals neumodisches zierliches Goldhäubchen mit weißen Ohrenspitzen zeigt das Stubenmädchenbild. Hier ist keine Unterhaube mehr – etwa für die Ohrenspitzen – vorhanden. Diese Haube entspricht in ihrer Vereinfachung – goldenes Bodenhäubchen mit Spitzenrand – sozusagen den fortschrittlichen Tendenzen der Aufklärung. Sie wird auf den Salzburger Familienporträts (im Museum Carolino Augusteum) auch vorwiegend von jüngeren Frauen getragen. Das Bild der Maria Anna Moserin, 22 Jahre alt und 1784 datiert, kann für die Entstehung unserer Sammlung wiederum eine Zeitmarke abgeben, aber auch für die Zeit, in der diese goldenen Häubchen aufgekommen sind.[84] Ein kleines Häubchen mit schleifenartigem Abschluß im Nacken, aus Goldborten oder Goldstickerei, so sitzt es auf den Flechten des Hinterkopfs und gibt dem Gesicht mit den weißen, aber lange nicht mehr so breiten Ohrenspitzen, wie sie vorher getragen wurden, einen äußerst vorteilhaften Rahmen. Die Verbreitung genau dieser Form habe ich bis jetzt nur in Salzburg und Umgebung festgestellt. Verwandte zierliche Gold- und Seidenhäubchen finden sich jedoch im ganzen 18. Jahrhundert in der französischen Mode und auf zahlreichen Bildern.[85] Aber in der näheren Umgebung und den Grenzländern gibt es dann vielfach Variationen mit schwereren, breiteren Goldbortenrändern um das kleine Bodenhäubchen, deren siegreichste schließlich die Endform der Linzer Goldhaube wurde.[86]

*Kopfbedeckungen der Frauen auf dem Land*

Die alte Bürgerin aus Tittmoning zeigt besonders schön eine auch dort übliche Berghaube. Und am Hinterkopf ist dazu der breite Bortenrand des Goldspitzenböndels mit dem Spitz des Haarpfeils zu sehen (114/60). Ebenso gut ist diese Haube an der Bürgersfrau aus Laufen erkennbar. Diesmal sieht man rechts hinten den goldenen Bortenrand des Böndels mit dem Haarpfeil (97). Daß man in der üppigen Barockzeit noch über der Berghaube und dem Böndel den großen, breiten, leicht abgebogenen Hut mit hoher schmaler Spitze trug, zeigt das Kostüm des alten Schiffweibs aus Laufen »vor fünfzig Jahren«. Das ist der gleiche Hut, der jetzt, Ende des 18. Jahrhunderts, noch zur Trauertracht gehörte. Außer hier begegnet uns der Spitzhut, mit extrem spitzem, schmalem Gupf, rundlich erweitert auf mittelbreiter Krempe aufsitzend, in der Hochzeitsfesttracht der Zederhauserin. Die Haube darunter ist eine hellgraue Bundhaube über dem Haarbund, mit dichter gefältelter, nicht allzu breiter Ohrenspitze oder doch einer schwarzen Visierhaube mit hellgrauem Haarbund (174/83). Der einzige farbige Hut, hellblau mit karminroter Futterrüsche am Innenrand, und außen einem Vorstoß, wird vom Schiffmannsweib aus Laufen über Land getragen. Das Gesicht umrahmen die Ohrenspitzenblenden der Visierhaube, die offen ist und das Haarnest erkennen läßt. Diese Haube dürfte unter dem Haarbund mit gleichfarbig karminroten Bändchen befestigt sein, die zu mehreren herabhängen. Recht gut sichtbar ist die schlichte Alltagsform der schwarzen Visierhaube, mit einer schwarzen Haarbund-Hülle kombiniert, durch die wiederum der Haarpfeil gesteckt ist, an der Wirtin aus Golling. Hier umrahmen die zarten Ohrenspitzen auch noch in recht barock ausladender Form das Gesicht zu beiden Seiten.

Die Visierhaube unter dem Hut begleitet in mehreren Variationen die Frauendarstellungen fast vollzählig, auch in allen Beobachtungsgebieten. Wie schon das Schiffmannsweib aus Laufen damit unter dem einmaligen blauen Hut dargestellt ist (103/55), so trägt auch die Altmutter eine solche (120). Meist ist auf den Haarknoten ein kleiner Gupf, »Kappel«, gesetzt, der, gelblich gemalt (vielleicht auch manchmal noch aus Goldborte?) zum Beispiel an der Abtenauer Bauerntochter zu erkennen ist (151/72). Manchmal sieht man die Farbe Hellgrau, wie im Lungau die Brautmutter (172), oder der Haarbund ist wie bei der Hopfgartner Bauerntochter in einem schwarzen Netz eingefaßt (189/91).

Bei der Bäuerin aus Scheffau (135/70) sieht man einmal eine offene schwarze Visierhaube, mit hellroter Bandrüsche, die das Haarnest umschließt. Bei der Abtenauer Bäuerin (146/71), ebenso wie bei der Hüttauer Bäuerin, sieht man (da es eine Vorderansicht ist) ja immer nur die schwarzen Ohrenspitzen unter dem Hut (157). Die St. Johanner Bauernmagd trägt sie ebenso wie die Dirn (162, 163). Auch bei der Tänzerin lugen die schwarzen Spitzen der Visierhaube unter dem Hut hervor, wieder ein Hinweis dafür, daß auch junge, unverheiratete Mädchen auf dem Land wie in der Stadt zu dieser Zeit Hauben trugen (166/80). Merkwürdig, daß die Bäuerin im Brixental eine weiße Bundhaube mit netzartigem Bund und weißem Gesichtsrand unter dem gespitzten Hütchen ziert, während die Bauerntochter aus der gleichen Gegend wieder das im ganzen westlich davon liegenden Salzburger Land übliche schwarze Visierhäubchen unter dem gelben Hut trägt (189/91). Ohne Visierhaube, aber mit Hut, ging man zur Arbeit. Die Zillertalerin von Tux zeigt es (191), auch die dortige Viehdirn (192), ebenso die Mäherin aus der Stillupp (197/93) und die Jäterin (206/96). Drüben im Osttirolerischen trägt die Dirn am Werktag ebenfalls keine Haube unter dem Hut, wohl aber die Bäuerin (199). Die Zillertaler Bäuerin aus Stumm trägt einen weißen Bund über dem Haar, die Fügener Bauerntochter nur den Hut. So halten es aber auch die Bürgerstochter aus St. Johann (164/78) und draußen im Vorland die Bauerntochter aus Faistenau (123).

*Frauenhüte auf dem Land*

Nun zu den Hutformen auf dem Land selbst. Hier ist das Zillertal mit einem ganz flachen schwarzen Hut der Bäuerin aus Stumm wieder ganz eigenständig (194/92). Auf dem niedrigen, breiten Gupf sitzt hier noch eine knopfartige Erhebung. Außerdem sind links und rechts vom Gupf zierliche Schleifchen angebracht. Auch die Hopfgartner Bäuerin mit ihrem (im Gegensatz zu den sonst in dieser Zeit für Trauer und Prunk noch erhaltenen großen Spitzhüten) ganz kleinen und zierlichen, gespitzten Hütchen nimmt da eine Sonderstellung ein (187). Immer haben die zur Arbeit oder sonntags getragenen Hüte einen niedrigen, breiten Gupf. Die Krempe kann, leicht gestürzt, nach abwärts gebogen sein, wie draußen im Alpenvorland bei der alten Bäuerin aus Öhing (109) oder bei der Bauerntochter aus Anschiering (111) und bei der Altmutter in Thalgau (120). Vor dem Gebirge tragen die Bäuerin aus Abtenau (146/71) oder die Tauglerinnen (140, 142) abgebogene Formen. Im Gebirge sieht man sie zum Beispiel im Lungau beim Schweinschneidersweib (176) oder auch bei der Brautmutter (172). Auch die Hüttauer Bäuerin trägt sich so (157), ebenso die Bäuerin in Windisch-Matrei (199). Eine aufgebogene Form trägt nicht nur die St. Johanner Bürgerstochter (164), sondern auch die Dirn (162), oder die Näherin aus der Radstädter Gegend (160). In der St. Johanner Gegend hat sich dann im 19. Jahrhundert aus solchen aufgebogenen Strohformen das sogenannte »Gainzl« gebildet, das sich als Sennerinnentracht bis zum Ende des Jahrhunderts gehalten hat und von der Trachtenerneuerung im 20. Jahrhundert wieder aufgenommen wurde.[87] So hat man es dann auch vor dem Gebirge gerne – gelbe, flache, aufgebogene Hüte mit grünem Band und reich gefälteltem Innenfutter, wie das die Abtenauer Bauerntochter zeigt (151/72) oder die Scheffauer Bauerntochter (139) oder die Bäuerin (135/70) und ebenso die Adneter Bauerntochter (129).
Dann gibt es noch ganz flache, gerade Krempenformen an den immer niedrigen Hüten, wie ihn etwa die Tänzerin aus St. Johann trägt (166/80) oder wie ihn die Thalgauer Kranzljungfrau in Händen hält. Selten aber fehlen bei all den verschiedenen Formen das aus Band in Falten gelegte Innenfutter oder die Randbespannung in dieser Art, meist in Grün oder auch in Schwarz. Lorenz Hübner geht bei seiner Charakteristik des Pinzgaues auch auf die Hüte und Hauben ein. Er meint, daß hier die Frauenhüte wie die der Männer beschaffen seien, nur ohne den Strauß, den die Männer ständig, nicht nur bei Hochzeiten, auf dem Hut tragen. Daß darunter die schwarze Visierhaube getragen wird, schildert auch er. Er verrät zudem den bodenständigen Namen »Kappel«, mit »weit in das Gesicht hervorstehenden, gefalteten Spitzen«. Nach hinten zu ist diese Haube mit einer Haarnadel befestigt, worüber die Haare in zwei Zöpfen gewunden sind.[88] Sehr schön sieht man das aber auch an der verkehrt stehenden Radstädter Näherin: und zwar das brezenförmig aufgesteckte Haar und davor die rechtsseitige Spitzenblende der Haube (160). Ein Reiseschriftsteller sah diese Art von Frisur noch 1829 in der Gasteiner Gegend.[89]

*Winterliche Frauenhauben*

Winterliche Hauben als Kopfbekleidung der Frauen auf dem Land sind in mehreren Beispielen gegeben. Zunächst ist es die alte Bäuerin aus der Scheffau, die eine flache, breit mit Pelz verbrämte Haube mit dunklem Boden trägt (134/69). Während sie in der Scheffau keine Ohrenspitzenhaube darunter trägt, obwohl sie sonst so altertümlich gekleidet ist, sieht man am Beispiel des alten Weibes zu Asen draußen, im Norden an der Salzburger Landesgrenze, eine ganz ähnliche pelzverbrämte Haube auf einer Visierhaube – mit hellem Kappel für den Haarknoten – sitzen (105/56). Beide Hauben können wohl als Vorformen der später in diesen Gegenden zu Beginn des 19. Jahrhunderts heimisch gewordenen Sesselhaube gelten. Eine winterliche, arbeitsbedingte Vermummung – Hut, breit und stark abgebogen, über Pelzhäubchen mit Ohrenspitzen, darüber noch ein Tuch gebunden – ist an der Schneeschauflerin zu konstatieren (203/95). Eine stattliche Steigerung der winterlichen

Sonntagstracht bedeutet die durch zwei Pelzstreifen vorne hoch aufgetürmte, fast kaskettartige Form der Haube einer Pinzgauer Bäuerin im Winterkleid (179/85). Aber hier fehlt die sonst immer um diese Zeit und fast überall angebrachte Visierhaube darunter.

*Männer-Kopfbedeckungen auf dem Land*

Als besonders altertümlich fällt der spitze Hut des alten Bauern aus der Scheffau auf, mit seinem hohen, aber auch auf breiter Basis an der aufgerollten Krempe aufsitzenden Gupf (133/68). Es ist die frühe, als Jodlhut bezeichnete Form, die auch im nördlichen Nachbarland Oberösterreich vorhanden war oder drüben im Steiermärkischen.[90] Während dieser Hut aus Filz zu sein scheint, sieht der noch höhere Spitzhut des Mähers in der Pinzgauer Strählacken eher wie aus Stroh geflochten aus (184/88). Man erinnert sich an die ebenfalls hohen und spitzen Nebelstecher bei den weiblichen Trauerformen, und wird in ihm dann auch ein ins Ländliche abgesunkenes und bewahrtes Relikt der spanischen Mode vor zweihundert Jahren sehen. Im sonstigen Überblick kann man sagen, daß die Männerhüte um diese Zeit auf jeden Fall alle sehr niedrig im Gupf waren. Die Krempen nicht zu breit, aber doch von schmäler bis breiter variierend, leicht abgebogen oder leicht aufgebogen, manche auch ganz flach. Kleiner im Gebirge, im Osttirolischen, beim Bauern aus Windisch-Matrei (198/94), und im Zillertal, beim ledigen Bauernsohn von Zell (193), recht flach ebenso in Hopfgarten beim Bauernsohn aus dem Brixental (188/90) und beim Pinzgauer Bauernsohn im Sommer (181/87) wie im Winter (180). Manchmal sieht man auf den flachen Hüten, wenn sie etwas breiter sind, daß vom flachen Gupf links und rechts eine Schnur auf die Seitenkrempe heruntergespannt ist, um sie zu tragen. Der Bauer aus St. Johann zeigt das auf seinem Hut (161). Auch der Adneter Bauer (125) ist so ausgestattet oder der Thalgauer Bauernsohn in gemeiner Kleidung (121/62). Man kann auch immer wieder beobachten, daß die Männer- und Frauenhüte einer Gegend sehr ähnlich waren, so im Windisch-Matreier Gericht Bauer und Bäuerin (198/94, 199) oder in der Scheffau die Hüte von Bauernsohn und Bauerntochter. An den Männerhüten kann man, auch das verrät noch die Schmuckfreude des 18. Jahrhunderts, wie bei denen der Frauen des öfteren Bandrüschenschmuck als Besatz der inneren Krempe feststellen, so an den Pinzgauer Hüten (180/86, 181/87) der Bauernsöhne, aber auch an dem des Bauern (178). Sebstverständlich findet sich solcher Schmuck auch auf den zum Hochzeitsfestgewand gehörenden Hüten der Spitzreiter, im Lungau (173/82) wie in Werfen (153/73). Für sich allein steht der breite, seitlich auf-, vorne abgeschwungene Hut des Schweinschneiders, wie er in die Fremde geht (175/84). Ihn zieren nur ein Band, das rechts hinten etwas über die Krempe hängt, und ein Blumensträußl. Aber in ihm scheint das breite Lungauer Regendach schon vorgegeben, das dann zu Beginn des 19. Jahrhunderts so allgemein und typisch wurde.
Die Haube als winterliche Kopfbedeckung trägt der Wirt aus Golling (130/65), ganz ähnlich wie sie auch in der Stadt der Hausknecht (73/37) und der Pfründner trugen (82/44): ein Stoff- oder Lederhaubenboden mit Pelzrand. Eine zweite Art Pelzhaube, ganz aus Pelz, wird für die Gollinger Gegend an der Perchtenfigur (132/67), ebenfalls einem männlichen Träger, gezeigt. Hier ist es eine mittelhohe, ausladende Form mit Aufschlag rundum, der aber vorne geschlitzt ist. Vielleicht ist der Schnitt dieser Haube auch ein wenig altertümlich, weil man so, zum Spaß verkleidet, meist nicht die allerneuesten Sachen trug.

*Die Hochzeitstrachten und damit verbundene Hochzeitssitten auf dem Land*

Die Brauttrachten sind in der Nähe der Stadt Salzburg und der Städte Laufen und Tittmoning sehr von der Stadt beeinflußt. Man sieht das zum Beispiel an der Braut aus der Lamprechtshausener Gegend: Mit dem Halsflörl und der Florschnalle, dem durch einen schwarzen Ring gezogenen Halstuch und dem großen, viereckigen, mit breiter Spitze gesäumten Kragen darüber, der über die

Schultern hinausragt und den Oberteil des rötlichgrauen Röckls bedeckt, mit den breiten Spitzenrüschen am Ellbogen und dem über den Leib herabhängenden großen Gürtel aus gelben und weißen rechteckigen Metallgliedern mit Abschlußrosette und rosa Schleife (107/58). Dieser Gürtel wurde »Quetscher« genannt.[91] Das alles erinnert noch sehr an die älteren oder noch üblichen Bürgerinnentrachten in Salzburg, an die Brauerin im Wams, an die alte Schiffmannsfrau aus Laufen oder an die Bürgerin von Tittmoning. Hier ziert den Kopf der Braut ein richtiges Böndel, man sieht den breiten Bortenrand mit aller Deutlichkeit. Darauf ist der grüne Kranz mit dem Haarpfeil festgesteckt. Eine weiße Schürze und weiße Strümpfe mit schönen Zwickeln gehören auch dazu. Die Thalgauer Braut ist ganz in Schwarz gekleidet, auch die Schürze ist schwarz, das Röckl ist grün gefüttert. Wieder sind der große weiße viereckige Kragen und der Metallgürtel vorhanden. Den Hinterkopf ziert hier ein Goldbund mit roten und blauen Einflechtungen. Die Kranzljungfer ist hier gleich gekleidet, auch der Goldbund auf dem Kopf ist da, nur trägt sie den Hut in der Hand und hat keinen Gürtel. Hier ist die wichtigste Hochzeitsgesellschaft ganz in Bildern versammelt und erhalten geblieben. Auch die Altmutter, eine Verwandte oder Patin der Braut, ist mit dem schönen Kragen und dem Gürtel geschmückt. Der Altvater, auch nicht der Vater, sondern ein Verwandter, ein Pate, ist wie sonst im Sonntagskleid. Der Bräutigam ist hier eher im Sonntagsstaat und fällt nicht besonders auf (115). Er müsse beim feierlichen Essen allein an einem Tischchen sitzen, berichtet Hübner.[92] Der Bauernsohn als Hochzeitsgast sieht mit dem mit Schildhahnfedern und Blumen geschmückten Hut und den zwei Westen, eine davon ist weiß, unter dem Rock viel stattlicher aus (118) als die Hauptperson. Der Bräutigam zu Adnet hat besonders viele Knöpfe an seinem Festrock und auch an der Weste (126). Auch am Hut ist ein schöner Strauß mit Rosmarin befestigt, die Strümpfe sind gestreift. Das Bild der Braut ist arg durch Flecken beschädigt, man erkennt aber doch, daß auch hier, im Süden der Hauptstadt, noch die großen Spitzenkragen zur Brauttracht gehören. Am Kopf ist wiederum ein besonders geschmücktes, aber regelrechtes Böndel zu sehen (127). Wieder schlicht, nur mit Hutschmuck, der Scheffauer Bräutigam (136), und die Braut wiederum mit Kragen und böndelähnlichem Bund mit Rosmarin (137). Gürtel sind in dieser Gegend nicht üblich. Der Taugler Bräutigam trägt sogar kniefreie Hosen und Beinlinge statt Strümpfe, viele kleine Knöpfe an der Weste und die ganz kleinen roten am oberen Hemdsaumschluß (143). Auch den tief sitzenden Gürtel zeigt er. Der Abtenauer Bräutigam hat wiederum viele Knöpfe an der Weste, einen Haftelrock und die Knie bedeckende Hosen (148). Die Braut trägt einen grünen Kranz um den Bändertuff-Bund am Hinterkopf, viele Spitzenränder und Borten am Hals und am Miederlatz, also keinen Kragen; auffallend sind die schönen Zwickelstrümpfe. Der Spitzreiter – das sind die Burschen, die dem Hochzeitszug vorangehen oder -reiten und später die Mädchen zum Tanz führen – von Werfen ist besonders schön anzusehen – in seinem blaurötlich gefärbten Rock über zwei Westen, davon die obere wiederum weiß. Merkwürdig sind auch die über die Knie hinaufgezogenen Strümpfe in Gamaschenart, aber doch sehr anliegend, seitlich mit vielen Knöpfchen geziert. Auch der Hut ist besonders schön gefüttert und mit Blumen, Rosmarin und einer wallenden Feder geschmückt (153/73). Die dazugehörende Hochzeitsprangerin sieht mit dem stark taillierten Mieder, der weißen, auf Taille gezogenen Schürze und den mit Bändern aufgebundenen spitzengezierten Ärmeln fast der Zeit vorauseilend aus (154/74). Der große viereckige Kragen des Salzburger Vorlandes ist beim Hochzeitskostüm nicht bis ins Gebirge hereingedrungen. Am Hinterkopf sieht man bei ihr noch eine Art Goldbund. Völlig anders wirkt das Erscheinungsbild der Braut aus der Radstädter Gegend mit ihrem direkt auf dem Kopf sitzenden Brautkrönchen aus, wie es scheint, zarten Drahtblumen (159/77). Dazu das strenge glatte Band, das den Kopf oberhalb der Stirn in einer gewissen Breite umgibt. Am Hinterkopf sieht man zwei mit roten Bändern eingeflochtene Zöpfe. Inneralpine Hochzeitsbrauchelemente scheinen sich da zu dokumentieren, zumal auch das fast zerstörte Bild der Braut aus dem Lungau ähnliche Umrisse zeigt (168). Dafür läßt die Lungauer Kranzljungfrau deutlich die Formenverwandtschaft der Brautausrüstung – Krönchen und Stirnband mit Hängezöpfen – erkennen (171/81). Wenn im Salzburger Vorland der große viereckige Spitzenkragen zur Brauttracht gehörte, so ist es hier das noch viel ältere Element des gefältelten Rundkragens. Der Brautführer ist hier sogar mit einem Säbel als Repräsentationswaffe abgebildet (170). Die Brautmutter, wiederum Verwandte oder Patin, fällt besonders durch den schräg über die linke Hüfte herabhängenden Ledergürtel mit mehreren Teilen und Messerbehang auf, wie er auch zur Ausrüstung der Kranzljungfer und wahrscheinlich auch der Braut gehört (172). Der Spitzreiter trägt hier den Säbel im linken Arm. Sein Hut ist besonders schön gefüttert und mit Federn, Blumen sowie einer Haarrosette geschmückt. Auch sein Gürtel ist ganz breit und mit Nietenornamenten verziert. Bei ihm sieht man wiederum über das Knie hochgezogene, seitlich geknöpfte Fußbekleidung, hier dürften es wirklich Gamaschen sein, und zwar mit vielen kleinen Knöpfen (173/82). Das Zederhauser Hochzeitsweib mit seinen vielen Altertümlichkeiten (wie Spitzhut auf grauschwarzer Visierhaube, Rundkragen, Schaube) wurde schon an anderer Stelle ausführlich besprochen (174/83). Über die damaligen Hochzeitssitten im Lungau gibt Lorenz Hübner einen besonders langen Bericht. Auch über die Ordnung des Hochzeitszugs. Und ganz besonders ausführlich schildert er die frommen Sprüche, die der Brautführer bei der Einladung zur Hochzeit, bei der Übergabe der Braut, beim Dank an die Gäste und schließlich bei der Übergabe der Braut an den Ehemann vortrug.[93] Vom Pinzgau ist in der Kuenburg-Sammlung nur das Bild des Hochzeitladers erhalten (182). Das Bemerkenswerteste an ihm ist, außer der üblichen Kleidung, das Paket Nesteln – Schnürbänder –, das er unter dem Arm trägt, um es beim Hochzeitsgottesdienst auszuteilen. Auch in der Hand hält er einige davon. Nesteln mußte man in einer Art abergläubischer Segenshandlung bei der Hochzeit knüpfen (vielleicht eine Parallele zu den Schmuckstücken in Knotenform, die es auch gibt). Auf dem Zinnteller präsentiert er die beiden Ringe mit kleinen Steinchen für die Eheleute. Aus den anderen noch zu Salzburg gehörenden Gerichten im Tirolischen und in Windisch-Matrei sind leider keine Hochzeitsbilder vorhanden. Zeitgenosse Hübner beziehungsweise sein Gewährsmann, schildert die Zillertaler Hochzeitsbräuche recht ausführlich, auch genau die Anordnung des Zuges und daß hier der Bräutigam den Tag recht zurückgezogen, mit einem Kranz auf dem Kopf, verbringen müsse.[94] Die Braut würde von den Mantelträgern, wie hier die Spitzreiter heißen, gestohlen und müsse vom Bräutigam wieder ausgelöst werden. Die Hochzeitsbräuche des Pinzgaues und des Pongaues hätten seiner Ansicht nach viel Gemeinsames, doch auch wiederum Eigenes. Zur Hochzeit im Pinzgau reite alles vom Haus der Braut zur Kirche, wobei die Fußknechte die Pferde führen und die Frauen auf Sätteln mit Lehnen und Fußschemeln säßen. Die Vortreter ließen die Peitschen knallen, und Vermummte verrammelten die Wege. Er vermeldet weiter, daß die Mädchen über der weißen Schürze der Prangtracht, wie im Salzburger Vorland, auch einen Gürtel trügen. Die Zöpfe würden sie hier mit grünen Bändern einflechten. Den Nestelbrauch schildert er für Rauris, auch daß dort die Braut auf dem entblößten Haupt einen Kranz trüge, während die Nichtjungfrau die »Spitzkappe«, die Ohrenspitzenhaube, mit grauem Hut, also die normale weibliche Kopfbedeckung aufweise. Auch hier habe der Hochzeiter einen Kranz, aber auf dem Hut mit zusammengefaltetem Flor. Die Vorpranger trügen wie die Pongauer auf den Hüten große Federn, Bandmaschen und schwarze Flore. Und hier seien es die Vorpranger oder Dümmlinge, wie sie auch heißen, die in der Bauchfatsche (im Gurt) ein Bündel roter kurzer Riemen, Nesteln, trügen, die sie dann an die Hochzeitsgäste austeilten.[95] Für Thalgauer Hochzeitssitten vermerkt Hübner, daß der Bräutigam nicht am Brauttisch, sondern an einem Nebentischchen mit dem Hochzeitlader sitzen und essen müsse. Beim Kranzabtanzen herrsche die sonderbare Gewohnheit, daß die schönen und teuren Bänder, die die Mädchen zum Aufbinden an den Kränzen verwendet hatten, so wie überall an ihren bevorzugten Tänzer verschenkt würden. Von den jungen Burschen würden sie aber dann zum Hosenzusammenbinden gebraucht.[96]

Große schwarze Umhangmäntel trug man damals auch zur Trauer. Es sind vier Stände damit abgebildet. Der hochfürstliche Rat trägt außer der ganz schwarzen Kleidung eine weiße Halsbinde, Jabot und Ärmelrüschen in Weiß sowie weiße Besätze an den Ärmelaufschlägen und weiße Handschuhe. Auffallend ist der mittelbreite, flache Hut mit flachem, breitem Kopf und den darum herum befestigten und lang bis ober den Rücken herrabhängenden Trauerbändern. Seltsam ist auch das aufgelöste, über den Rücken hängende Haar, das sonst zum Zopf gebunden war. Nur eine kleine Ohrenrolle ist vorhanden (55, 56/24). Die tiefe Trauer der Kavaliere und Landedelleute verrät ein besonders langer, schleppender Umhang, wieder alles in Schwarz; dazu weiße Streifen am Ärmelaufschlag, ein weißes Taschentuch, weiße Handschuhe, aber auch noch das merkwürdige schwarze, den Mund verhüllende Tuch, über das im Rücken wiederum die offenen Haare hängen. Dazu die langen Trauerflorbänder am flachen Hut, wie sie die hochfürstlichen Räte tragen. Der Bürger wieder hat einen normalen Umhang, schwarze Kleidung, nur eine weiße Halsbinde, kürzeres, im Nacken eingerolltes Haar und wieder den gleichen flachen Hut mit Florbehang. Es sind das kulturgeschichtlich besonders interessante Darstellungen von historischen Trauerkleidern. Vor allem das schwarze Mundtuch der Edelleute wirkt noch höchst altertümlich. Das offene lange Haar erstaunt gleichfalls. Aber man sieht auch an anderen zeitgenössischen, allerdings etwas früheren Bildern, daß jüngere Leute, zum Beispiel Johann Wolfgang von Goethe, ihr eigenes Haar im Nacken nur mit einem Band oder einer Spange zusammenfaßten. Der modische Zopf konnte also aus eigenem Haar und nicht nur als Attrappe befestigt gewesen sein.[97] Daß auch die Hüte eine sonst im städtischen Leben ganz unübliche Trauerform aufwiesen – es war ja der dreimal aufgestülpte Hut, der Dreispitz, modern –, ist ebenfalls besonders bemerkenswert. Zum Bürger gesellt sich das Bild der Bürgerin in der Klage, wie man die Trauer nannte (58/25). Auch hier verhüllt den Mund und den ganzen Oberkörper ein großes faltiges Tuch, diesmal in Weiß, vielleicht auch das Haar, wenn nicht ein weißer Haubenrand das Gesicht umrahmt. Und darauf sitzt noch der hohe, kegelspitzförmige Hut mit flacher, breiter Krempe. Er soll seinerzeit, zweihundert Jahre früher, aus der spanischen Mode gekommen sein.[98] Hier hat er sich in der Trauergewandsitte mit dem noch viel älteren Mundtuch (wie beim Mann im Adelsstand, 56/24) bei der Bürgerin und auch auf dem Lande im Gebirge behauptet. Das bürgerliche Klageweib im Pinzgau (177) ist nämlich ebenso, vielleicht mit einem noch längeren weißen Tuch und etwas kleinerem spitzen Hut – treffend Nebelstecher genannt – bekleidet. Hier scheinen auch zusätzlich noch schwarze Ohrenspitzen zur weißen Bundhaube angedeutet. Ganz ähnlich, mit etwas niedrigerem Spitzhut und weißen Ohrenblenden dazu, die Werfener Haupttrauer Tragende (155/75). Mit dem bäuerlichen Klageweib aus Thalgau (124), das wieder mit dem weißen mund- und körperverhüllenden Tuch über schwarzer Kleidung ausgestattet ist, wird ein Überblick über die im ganzen Land üblichen Trauerformen gegeben. Typisch in Stadtnähe der ganz niedrige schwarze Hut, den die Frau auf schwarzen Ohrenspitzen und weißer Bundhaube trägt, so niedrig, wie die Herren in der Stadt. Sie ist da etwas moderner als die Stadtbürgerin mit ihrer altspanischen Renaissance-Hutform. Die Trauerkleidung in Radstadt hat 1811 noch sehr ähnlich ausgesehen, die Frauen mit weißen Strümpfen und Kragen und Kopfverhüllungen, während die Männer weiße Leibchen (Kurzwesten) und Strümpfe trugen.[99] Als Begräbnissitte wurde für Abtenau verzeichnet, daß der Tote hin und wieder noch mit seinem besten Gewand bestattet wurde.[100]

Der zeitgenössische Kommentator Lorenz Hübner äußert sich über die Trauerform allgemein zu den Gegenden Werfen, Rauris und Pinzgau. Nach ihm waren weiße Leibchen und Strümpfe für die Männer in Werfen üblich, wie in dem oben angeführten Radstadt. Seltsam ist dort der Brauch der umgewendeten Hosenträger, ebenso wie im Rauriser Tal.[101] In Großarl wurde auch noch das Leibl umgedreht. Vielleicht, weil es innen weiß gefüttert und weil Weiß Trauerfarbe war. Auch er kennt hier überall das weiße, den Kopf oder den Haarbund verhüllende Tuch der Frauen, das hinten wie ein Schleier herabwallte oder auch die Gestalt vorne verhüllte und unter dem Kinn zusammengeheftet war. In Werfen würden Mädchen im Prangschmuck von vier Jungfrauen zu Grabe getragen, und jeder Trauergast trüge eine gelbe Wachskerze. Auch die Rauriserinnen besäßen, wie alle Pinzgauerinnen, die schwarzen, hochgespitzten Hüte, die in der Kuenburg-Sammlung (siehe weiter oben) so eindrucksvoll dargestellt sind. Allerdings kennt Hübner den vielleicht erst späteren Zeiten entstammenden Ausdruck »Nebelstecher« dafür nicht. Er schreibt aber auch nichts vom Mundverhüllen mit den Trauertüchern. Entweder war das für ihn noch ganz selbstverständlich oder gar nicht weiter erwähnenswert. Zur tiefen Trauer gehört für ihn im Pinzgau auch noch ein weißes Vortuch, das ist die Schürze, zur Halbtrauer gehören ein schwarzes und weißes Vortuch. Ob da zwei Schürzen übereinander getragen wurden oder ob damit die Musterung gemeint ist, geht aus dem Text nicht hervor. Auf den Kuenburg-Bildern sind es immer schwarze Schürzen – sowohl im Pinzgau, in Werfen als auch in Thalgau, aber auch beim Stadtbild der Bürgerin. Das altertümliche weiße Tuch, das hier eine so große Rolle in der weiblichen Trauertracht spielt, wird in der ersten Hälfte des 19. Jahrhunderts noch im Pinzgau getragen – und zwar gemeinsam mit dem spitzen Hut, wie das eine Graphik des Malers Josef Rattensperger (aufbewahrt im Salzburger Museum Carolino Augusteum) bestätigt.[102] Zurückverfolgen in viel frühere Jahrhunderte kann man es auf Epitaphen des 17. und 16. Jahrhunderts und noch weiter zurück in die gotische Zeittracht der Maulpindl und Gebändehauben. In Vorarlberg bleibt es in der Trauertracht bis ins 20. Jahrhundert erhalten und auch in Niederbayerns Frauentracht sind im 19. Jahrhundert noch ebensolche Traditionsformen vorhanden. Zur weltweiten Verbreitung der weißen Trauertracht führt Geramb auch die Wenden in Sachsen und im Spreewald an.[103] Auch Nord- und Mitteldeutschland sowie die Schweiz kennen das Weiß als Trauerfarbe.[104]

### *Die Brauchtumsfiguren und ihre Kostüme*

Die Belege für die Kostüme der Brauchtumsfiguren, die durch die Figurendarstellung in der Kuenburg-Sammlung gegeben sind, sind besonders wertvoll. Zeigen sie doch, wie der Teilnehmer eines Brauchs um diese Zeit gekleidet und ausgerüstet war.

Der Sternsinger (80/42) ist ein einfacher, fast ländlich gekleideter Mann, was seine tiefangesetzte Kniehose, die rote Weste sowie den schwarzen Halsflor betrifft. Der knielange gelbe Rock ist zwar städtisch, aber doch von höchster Schlichtheit, ohne irgendeine Zier. Seine Frisur, vorne kurz, im Nacken lang, ohne Ohrenrolle oder Zopf, ist auch typisch für den einfachen Stand, ebenso der aufgestülpte, aber doch keinen ausgesprochen modischen Dreispitz darstellende Hut unter dem rechten Arm. Wenn er nicht den ärmeren Schichten der Hauptstadt angehört, könnte er auch aus der Kleinstadt Laufen oder aus Hallein mit seinen Kameraden zum Sternsingen zwischen Weihnachten und Dreikönig in die Stadt gekommen sein.[105] Der Drehstern, den er während des Singens der Sternsingerlieder mit Hilfe der Schnur bewegt, hat sein Gegenstück in einem Original im Volkskundemuseum des Salzburger Museums Carolino Augusteum.

Das Winter- und Sommerspiel der zwei Laufener Schiffsbuben, »in Wirtshäusern« (102/54), wie die Beschriftung erklärt, gehört zu jenen theatermäßigen Veranstaltungen, die für die Laufener und Halleiner Schiffer charakteristisch waren. War dieses Zweimann-Stück mit gesungenen Sprüchen sozusagen für Anfänger, also noch ganz Brauchtumsspiel als Wettstreit zwischen Sommer und Winter, so sind von den im Winter arbeitslosen Schiffern ganz beachtliche Volksstücke überliefert. Vom Vorgänger Colloredos, dem Erzbischof Siegmund Graf Schrattenbach, sehr gefördert, durften sie im Winter sowohl in Oberndorf, in Laufen als auch in der Umgebung umherziehen und spielen. Unter der Familie Standl entwickelte sich da ein ganz respektables, noch bis ins 19. Jahrhundert hinein wirkendes Volkstheater. Wie das einfache Streitgespräch zwischen Sommer und Winter vor

sich gegangen sein mag, schildert Carl Adrian mitsamt den Versen und dem Lied.[106] Die Kleidung wurde schon in anderem Zusammenhang beschrieben.
Hochinteressant ist die aus Golling erhaltene Perchtendarstellung (132/67). Heute kennt man das Perchtenlaufen (außer den Wiederbelebungen der Wilden Jagd zwischen Salzburg und Untersberg gegen Mitte des 20. Jahrhunderts) nur mehr von großen Umzügen im Pongau und von Tanzaufzügen im Pinzgau mit ihren Sonderformen. Hier ist mit dem Bilddokument einer den Typus »Fetzenpercht« darstellenden Figur der Beleg dafür erbracht, daß im Pfleg- und Landgericht Golling, also vor dem Gebirge, um die Zeit der Entstehung der Kuenburg-Bilder, in den achtziger Jahren des 18. Jahrhunderts, noch Perchtenläufe stattfanden. Am Kostüm selbst fallen außer dem zerschlissenen Rock, der Schürze und dem Fellwams mit Ärmeln zwei altertümliche Merkmale: die Beinlinge (die aber doch, wie weiter oben bewiesen, noch sehr verbreitet waren) und die kleine Halskrause auf. Das Maskengesicht hat einen eher barock-gemütlichen als abschreckenden Ausdruck, wie man ihn sonst mit einer Fetzenpercht nach heutiger Meinung verbinden möchte, die hexenartig dargestellt wird. Wenn die Figur selbst gedeutet werden soll, so dürfte es sich dabei um das brauchtümliche Nachspielen einer der vielen Erscheinungsformen handeln, in denen die aus vielfältigsten Zeit- und Volksglaubensschichten entstandene mythologische Figur der Frau Percht auftrat.[107] Ähnlich ist es auch mit der zweiten Perchtenfigur bestellt, die aus St. Johann erhalten ist (167). »Eine schene Bercht, welche so auf springt«, steht auf der Rückseite des Bildes in der alten zeitgleichen Schrift. Hier also der Typ der schönen Percht, der freundlichen Variation der Perchtenvorstellung im Volksglauben.[108] Es ist überliefert, daß die Perchten in alter Zeit, also auch noch im 18. Jahrhundert, mit wildem Toben nächtlings über Felder und Zäune sprangen, um im Brauch die Fruchtbarkeit des kommenden Jahres zu beschwören. Erst das 19. Jahrhundert brachte die feierlichen, an helllichtem Tag abgehaltenen Perchtenumzüge mit ihren schweren Schmucktafelaufsätzen und vielhörnigen schweren Masken, wie wir sie heute auch noch kennen. Dem freundlichen Charakter dieser Percht entsprechen auch die lichten Farben der Kleidung: weißes Hemd, blaues Wams, rosa Halstuch, gelbe Hose, weiße Strümpfe mit besonders schönen Zwickeln. Am Hut finden wir die Gamsbart-Haarrosette als besonders kostbares, aber durchaus zeittypisches Gesteck, das Hübner für den Pinzgau besonders erwähnt hat.[109]
Auch drei städtische Zunft-Brauchfiguren gehören hierher. Das Brunnenspringen der Metzgerlehrlinge (67/33), die Gesellen wurden, gehört zu den typischen Standesaufnahmebräuchen, die auch bei anderen Zünften, den Buchdruckern zum Beispiel, den Übergang in eine höhere soziale Schicht, vom Lehrling zum Gesellen, durch ein handfestes Bad und andere symbolische Handlungen ausdrückten. In Salzburg beriefen sich dabei die Metzger auf ein altes Recht aus dem 16. Jahrhundert. Es soll sich der alljährlich am Faschingdienstag geübte Brauch bis in den Anfang des 19. Jahrhunderts gehalten haben. In unserem Jahrhundert wurde er wie so manches andere alte Brauchtum wiederbelebt.[110] Während die Festkleidung der abgebildeten Figur ein Ärmelwams oder Kamisol in altertümlichem Rot mit Schulterschärpe darstellt – bequem, weil man ja, wie auf alten Abbildungen zu sehen, auf Balken reitend zum Marktbrunnen getragen wurde –, ist der Ledererknecht (69/34) in den feierlichen Goller gekleidet. Der Bäckerknecht trägt über der langen Schoßweste den mit Knöpfen und Patten geschmückten modischen Rock, aber Federzier am Dreispitz, Paradedegen und ein ziborienartiges Gefäß betonen die Feierlichkeit des Zunfttages. Der Barfußtanz der Bäcker durch die Stadt war schon im 15. Jahrhundert eingestellt worden.[111]

BENÜTZTE LITERATUR UND ANMERKUNGEN


1 Oskar Seefeldner, Das Salzburger Kriegswesen. Maschingeschriebenes Manuskript. Bibliothek des Salzburger Museums Carolino Augusteum (SMCA), Hs. 4045
2 w. o. S. 54
3 Lorenz Hübner, Beschreibung der hochfürstlich-erzbischöflichen Haupt- und Residenzstadt Salzburg und ihrer Gegenden verbunden mit ihrer ältesten Geschichte. Salzburg 1792 erster Band, 1793 zweiter Band. Künftig zitiert als L. Hübner, Stadt
4 Siehe auch die historische Einführung von Univ.-Prof. Dr. R. Heinisch
5 L. Hübner, Stadt, Bd. II, S. 387, 396
6 w. o., Stadt, Bd. 2, S. 233
7 Franz Michael Vierthaler, Reisen durch Salzburg. Salzburg 1799. S. 188
8 Ungenannt, Briefe über einige Gegenden Oberdeutschlands. Kassel 1805
9 Thieme-Becker, Allgemeines Lexikon der bildenden Künstler von der Antike bis zur Gegenwart, XXII. Bd. Leipzig 1916, S. 535
10 Benedikt Pillwein, Salzburger Künstlerlexikon, S. 128 ff.
11 Valentin Hatheyer, Die Familie Lederwasch in Tamsweg. (Mitteilungen Gesellschaft für Salzburger Landeskunde) MGSLK, 44, 1904, S. 3 f.; Kurt Woisetschläger – Peter Krenn, Katalog zur Ausstellung Johann von Lederwasch, Graz, Joanneum, 1966; Eduard Haas, Die Malerfamilie Lederwasch. Maschingeschriebenes Manuskript, 1969. Für den Einblick ist zu danken.
12 Anton Ritter von Schallhammer und Dr. Ludwig Ritter von Köchl, Karl Maria Ehrenbert Freiherr von Moll. MGSLK, Bd. 5, 1865. Anhang S. IX
13 Leopold Schmidt, Geschichte der Österreichischen Volkskunde, Buchreihe der österreichischen Zeitschrift für Volkskunde, Neue Serie, Bd. II. Wien 1951, S. 36 f.
14 Karl Ehrenbert Freiherr von Moll, Naturhistorische Briefe über Österreich, Salzburg, Passau und Berchtesgaden. 2 Bände, Salzburg 1784 (mit Schrank)
15 L. Hübner, Stadt, w. o., S. 541, 565
16 Franz Martin, Sammler und Sammlungen im alten Salzburg. M.G.S.Lkd., Bd. 75, S. 33
17 Erich Kuenburg, Kuenburg. MGSLK, 90. Bd., 1950, S. 115 f.
18 Gothaisches Genealogisches Taschenbuch, Gräfliche Häuser. 1872 Gotha (1872), S. 452
19 Franz Martin, Salzburgs Fürsten in der Barockzeit. Salzburg 1982, S. 262; Glossarium Artis, fasz. 4, Paramente und liturg. Bücher. Tübingen, Stuttgart, 1973, für die Namen geistlicher Kleidung
20 Abschaffung 12. Jänner 1787. Franz Martin, w. o., S. 76
21 L. Hübner, Stadt, w. o., Bd. II, S. 370
22 w. o., Bd. II, S. 155
23 w. o., Bd. II, S. 363
24 Oskar Seefeldner, w. o., S. 86
25 Paul Martin, Hans Joachim Ulrich, Der bunte Rock. Stuttgart 1963, S. 55; Dr. Fritz Eberhardt, Militärisches Wörterbuch. Stuttgart 1940
26 w. o., S. 273
27 Oskar Zaborsky-Wahlstätten, Die Tracht des Berchtsgadener Landes. Wien 1943, S. 40
28 Konrad Mautner, Viktor von Geramb, Steirisches Trachtenbuch. Graz 1932 – 1939
29 Friederike Zaisberger, Katalog der Ausstellung Reformation, Emigration, Protestanten in Salzburg, Salzburg 1981. Album mit 11 Aquarellbildern, Abb. 5.8.16 und Abb. 5.8.10, S. 241, 243, 244
30 Maria Posch, Die Salzburger Spitzenklöppelei und der Spitzenhandel. MGSLK, 51. Band, 1905, S. 107
31 Max Silber, Über die Altsalzburger Frauentracht. Zeitschrift Salzburger Museumsblätter, 1936. H. 5, Sp. 3
32 L. Hübner, Stadt, w. o., Bd. II
33 L. Hübner, Beschreibung des Erzstifts und Reichsfürstenthums Salzburg in Hinsicht auf Topographie und Statistik. 3 Bände (künftig »Land« zitiert). Salzburg 1796; II. Bd., S. 276; III. Bd., S. 963
34 Paul Martin – Hans Joachim Ulrich, w. o., S. 274
35 L. Hübner, Land, II. Bd., S. 402
36 K. Mautner, V. v. Geramb, w. o., I. Bd., S. 428
37 L. Hübner, Land, II. Bd., S. 675
38 L. Hübner, Land, III. Bd., S. 730
39 Adalbert Sikora, Zur Geschichte der Zillertaler Tracht. Z. f. ö. Vkde., Jg. 12, 1906, S. 1 f.
40 Dr. Karl Schädler, Die Lederhose in Bayern und Tirol. München 1968, S. 248; F. Martin, w. o., Gemälde des Ferdinand Christoph Erbtruchseß Graf Zeil, Schloß Zeil, im Jagdkostüm, kurzer Lederhose, um 1770, Bild Nr. 36
41 L. Hübner, Land, II. Bd., S. 675
42 L. Hübner, Stadt, II. Bd., S. 459
43 O. Zaborsky-Wahlstätten, w. o., S. 46
44 K. Mautner, V. v. Geramb, w. o., I. Bd., S. 451
45 L. Hübner, Land, S. 402, S. 473, S. 534

46 K. Mautner, V. v. Geramb, w. o., I. Bd., S. 449
47 w. o., I. Bd., S. 451
48 L. Hübner, Land, III. Bd., S. 967
49 L. Hübner, Land, II. Bd., S. 483, für Rauris
50 L. Hübner, Land, II. Bd., S. 676
51 L. Hübner, Stadt, II. Bd., S. 548
52 Franz Carl Lipp, Oberösterreichische Trachten, Folge 5; Salzkammergut und Eisenwurzen. Linz, S. 11
53 w. o., S. 12
54 L. Hübner, Land, Bd. II, S. 402
55 w. o., Bd. II, S. 675
56 Josef Stadler, Das Bürgerspital. Jb. des SMCA, 1982
57 O. Zaborsky-Wahlstätten, w. o.
58 L. Hübner, Land, II. Bd., S. 473
59 w. o., II. Bd., S. 674
60 w. o., II. Bd., S. 676
61 w. o., II. Bd., S. 402
62 F. Martin, Eine Salzburger Fabrik. MGSLK, 1911, S. 129 f.
63 A. Sikora, w. o., S. 9
64 L. Hübner, Land, Bd. II, S. 670
65 Salzburger Intelligenzblatt, Sonnabend, 4.8.1798, Sp. 488
66 K. Mautner, V. v. Geramb, w. o., Bd. I, S. 442
67 L. Hübner, Land, Bd. II, S. 536
68 F. C. Lipp, Oberösterreichische Trachten, Folge 2, Innviertel, S. 8
69 L. Hübner, Land, II. Bd., S. 672
70 O. Zaborsky-Wahlstätten, w. o.
71 Zeitung Salzburger Intelligenzblatt, w. o., S. 487
72 K. Mautner, V. v. Geramb, w. o.
73 Im Tittmoninger Heimatmuseum gibt es noch Originale solcher Kleiderröcke. Durch ihre dicken Falten stehen sie von selbst.
74 A. Sikora, w. o.
75 Z. S. Intelligenzblatt, w. o., Sp. 488
76 L. Hübner, Land, II. Bd., S. 667
77 Michael Dengg, Lungauer Volksleben, S. 192
78 O. Seefeldner, w. o., S. 62
79 K. Mautner, V. v. Geramb, w. o., S. 414; F. Lipp, Neues über Urtrachten aus Oberösterreich, Ö.Z. f. Vkde., Bd. XV, passim
80 z. B. im Ennstaler Hiatamadl-Tanz-Text
80a K. Mautner, V. v. Geramb, w. o., Bd. I, S. 481
80b L. Hübner, Stadt, Bd. I, S. 583
81 O. Zaborsky-Wahlstätten, w. o., S. 40
82 M. Silber, w. o., Sp. 8, Heft 4–5
82a Michael Dengg, w. o.
83 Franz C. Lipp, Frauentrachten I und II, 4. Lieferung des Österr. Volkskundeatlas (1971), Bl. 65, 66, 67a, 67b. S. 23. Unser Salzburger Böndel ist identisch mit dem im benachbarten Bayern und im österreichischen Innviertel verbreitet gewesenen Tittmoninger Häubchen.
84 M. Silber, w. o.
85 Max von Boehn, Die Mode im 18. Jahrhundert. München 1963, passim
86 F. C. Lipp, Goldhaube und Kopftuch. Linz 1980, passim
87 Unsere Tracht, Gau Salzburg, Pongau. Innsbruck 1941, S. 9
88 L. Hübner, Land, II. Bd., S. 676
89 K. Mautner, V. v. Geramb, w. o., Bd. I, S. 526
90 F. C. Lipp, OÖ. Trachten, Folge 5, S. 20; K. Mautner, V. v. Geramb, w. o., Bd. I, S. 355
91 Ludwig Petzold, Das Herzogtum Salzburg in Bildern, Museumsalbum, Bd. 19d, o. J.
92 L. Hübner, Land, I. Bd., S. 248
93 L. Hübner, Land, II. Bd., S. 538
94 L. Hübner, Land, III. Bd., S. 732
95 L. Hübner, Land, II. Bd., S. 483
96 L. Hübner, Land, I. Bd., S. 248
97 Emil Schaeffer, Jörn Görs, Goethe, Seine äußere Erscheinung. Frankfurt/Main, 1980, S. 11; Darst. S. 62 u. v. a.
98 K. Mautner, V. v. Geramb, w. o., I. Bd., S. 355
99 w. o., II. Bd., S. 49
100 L. Hübner, Land, II. Bd., S. 337

101 L. Hübner, Land, III. Bd., S. 484
102 Graphische Sammlung des SMCA
103 K. Mautner, V. v. Geramb, w. o., II. Bd., S. 50
104 Richard Beitl, Klaus Beitl, Wörterbuch der deutschen Volkskunde. 1974, S. 834
105 Karl Adrian, Salzburger Sitt' und Brauch. Salzburg 1926, S. 45
106 w. o., S. 72
107 Friederike Prodinger, Beiträge zur Perchtenforschung. MGSLK, Bd. 100, 1960, S. 545
108 F. Prodinger, Perchtenbilder aus dem 18. Jahrhundert, Jahresschrift des SMCA, 1958, S. 123 f.
109 L. Hübner, Land, II. Bd., S. 665
110 K. Adrian, w. o., S. 85
111 K. Adrian, w. o., S. 351

Die Reproduktion der 96 Farbtafeln erfolgte nach den Originalvorlagen und in Originalgröße.

Tafel 1 Der Erzbischof am Fest des Palliums in der großen Cappa im Winter Kat. Nr. 1

Tafel 2 Der Erzbischof im kurzen schwarzen Kleid Kat. Nr. 3

Tafel 3 Ein Suffragan-Bischof Kat. Nr. 5

Tafel 4 Ein Domherr im Kirchenkleid im Winter Kat. Nr. 6

Tafel 5 Ein Professor des Rechts in der Epomide (Schulterumhang) Kat. Nr. 16

Tafel 6 Ein Präfekt der kleineren Studenten-Kongregation S. Angeli Custodis (Zum heiligen Schutzengel) Kat. Nr. 18

Tafel 7 Ein Pedell der Universität mit akademischem Zepter Kat. Nr. 19

Tafel 8 Ein Alumnus des Lodronischen Kollegiums Rupertinum Kat. Nr. 21

Tafel 9 Ein studierender Kavalier im adeligen Virgilianischen Stift Kat. Nr. 23

Tafel 10 Ein Edelknabe in spanischer Kleidung Kat. Nr. 25

Tafel 11 Ein Heiduck in dermaliger Galalivree Kat. Nr. 26

Tafel 12 Ein Hoflakai in dermaliger Galalivree Kat. Nr. 27

Tafel 13 Ein Leibkutscher in früherer spanischer Tracht Kat. Nr. 30

Tafel 14 Ein Hoftrompeter Kat. Nr. 31

Tafel 15 Ein Unteroffizier des bürgerlichen Fähnleins über der Brücke Kat. Nr. 34

Tafel 16 Ein Oberoffizier des bürgerlichen Fähnleins herüber der Brücke Kat. Nr. 36

Tafel 17 Ein Hornist des löblichen Regiments Kat. Nr. 44

Tafel 18 Der Regiments-Tambour Kat. Nr. 46

Tafel 19 Ein Kapellmeister im Chorrock Kat. Nr. 49

Tafel 20 Ein Engel mit blechernen, bemalten Flügeln Kat. Nr. 51

Tafel 21 Ein Domministrant Kat. Nr. 52

Tafel 22 Einer von acht Begleitern beim Versehgang Kat. Nr. 53

Tafel 23 Hundsauspeitscher vor der Domkirche Kat. Nr. 54

Tafel 24 Haupttrauer der Kavaliere und Landedelleute Kat. Nr. 56

Tafel 25 Eine Bürgerin in der Trauer Kat. Nr. 58

Tafel 26 Ein Kaufmann Kat. Nr. 59

Tafel 27 Eine ledige Kaufmannstochter Kat. Nr. 60

Tafel 28 Eine Brauersfrau im Wams Kat. Nr. 61

Tafel 29 Ein Waisenknabe Kat. Nr. 63

Tafel 30 Ein Stubenmädchen Kat. Nr. 64

Tafel 31 Eine Küchenmagd mit Fischkessel Kat. Nr. 65

Tafel 32 Ein Bäckerknecht am Zunfttag Kat. Nr. 66

Tafel 33 Ein Metzgerknecht beim vormaligen Brunnenspringen Kat. Nr. 67

Tafel 34 Ein Ledererknecht im Goller von hinten Kat. Nr. 69

Tafel 35 Ein bürgerlicher Zunft- oder Zechmeister bei der Fronleichnamsprozession (»vormals«) Kat. Nr. 70

Tafel 36 Ein Kellner Kat. Nr. 72

Tafel 37 Ein Hausknecht Kat. Nr. 73

Tafel 38 Ein Faßzieher oder sogenannter Kropper Kat. Nr. 74

Tafel 39 Ein Rauchfangkehrer Kat. Nr. 75

Tafel 40 Ein Nachtwächter Kat. Nr. 78

Tafel 41 Eine Pfründnerin im Bürgerspital Kat. Nr. 79

Tafel 42 Ein Sternsinger Kat. Nr. 80

Tafel 43 Ein Weib aus dem Siechenhaus beim Sammeln Kat. Nr. 81

Tafel 44 Die Heil.-Kreuz-Bruderschaft im Bürgerspital Kat. Nr. 82

Tafel 45 Die S.-Corporis-Christi-Bruderschaft Kat. Nr. 84

Tafel 46 Die St.-Monika-Bruderschaft Kat. Nr. 90

Tafel 47 Ein Kreuzzieher von der schwarzen Bruderschaft Kat. Nr. 93

Tafel 48 Ein Büßer in der Karwoche, ein abgeschaffter Brauch Kat. Nr. 94

Tafel 49 Ein Bürger aus Laufen im Feiertagskleid Kat. Nr. 96

Tafel 50 Ein alter Schiffmann aus Laufen (»vor fünfzig Jahren«) Kat. Nr. 98

Tafel 51 Ein altes bürgerliches Schiffweib aus Laufen (»vor fünfzig Jahren«) Kat. Nr. 99

Tafel 52 Ein Schiffbub aus Laufen am Fronleichnamstag Kat. Nr. 100

Tafel 53 Ein Schiffmann aus Laufen bei der Arbeit Kat. Nr. 101

Tafel 54 Zwei Laufener Schiffbuben, Winter und Sommer spielend Kat. Nr. 102

Tafel 55 Ein Schiffmannsweib aus Laufen über Land Kat. Nr. 103

Tafel 56 Ein altes Weib zu Asen in der Lamprechtshausener Pfarre Kat. Nr. 105

Tafel 57 Ein Bräutigam aus der Lamprechtshausener Gegend Kat. Nr. 106

Tafel 58 Eine Braut aus der Lamprechtshausener Gegend Kat. Nr. 107

Tafel 59 Ein alter Bauersmann aus Öhing, Gericht Laufen, Pfarre St. Georgen Kat. Nr. 108

Tafel 60 Eine alte Bürgerin aus Tittmoning Kat. Nr. 114

Tafel 61 Thalgau – eine Braut Kat. Nr. 116

Tafel 62 Thalgau – Ein Bauernsohn in gewöhnlicher Kleidung Kat. Nr. 121

Tafel 63 Thalgau – Ein Bauernknecht aus der Faistenau Kat. Nr. 122

Tafel 64 Golling – Ein Bauernsohn aus Adnet Kat. Nr. 128

Tafel 65 Golling – Ein Wirt Kat. Nr. 130

Tafel 66 Golling – Eine Wirtin Kat. Nr. 131

Tafel 67 Golling – Eine Perchte Kat. Nr. 132

Tafel 68 Golling – Ein alter Bauer aus der Scheffau Kat. Nr. 133

Tafel 69 Golling – Eine alte Bäuerin aus der Scheffau Kat. Nr. 134

Tafel 70 Golling – Eine Bäuerin aus der Scheffau Kat. Nr. 135

Tafel 71 Abtenau – Eine Bäuerin Kat. Nr. 146

Tafel 72 Abtenau – Eine Bauerntochter Kat. Nr. 151

Tafel 73 Werfen – Ein Spitzreiter (Hochzeitsgast) Kat. Nr. 153

Tafel 74 Werfen – Eine Hochzeitprangerin Kat. Nr. 154

Tafel 75 Werfen – Ein Weib in der Haupttrauer Kat. Nr. 155

Tafel 76 Werfen – Eine Bäuerin aus Hüttau Kat. Nr. 157

Tafel 77 Eine Bauerndirn aus der Gegend von Radstadt als Hochzeiterin Kat. Nr. 159

Tafel 78 St. Johann – Eine Bürgerstochter aus dem Markt Kat. Nr. 164

Tafel 79 St. Johann – ohne Bezeichnung (Ein Mäher) Kat. Nr. 165

Tafel 80 St. Johann – ohne Bezeichnung (Tanzendes Paar) Kat. Nr. 166

Tafel 81 Lungau – Eine Kranzljungfer Kat. Nr. 171

Tafel 82 Lungau – Ein Spitzreiter oder Jungfraudiener (Hochzeitsgast) Kat. Nr. 173

Tafel 83 Lungau – Ein Zederhauser Hochzeitweib Kat. Nr. 174

Tafel 84 Lungau – Ein Schweinsschneider, wie er in die Fremde geht Kat. Nr. 175

Tafel 85 Pinzgau – Eine Bäuerin im Winterkleid Kat. Nr. 179

Tafel 86 Pinzgau – Ein lediger Bauernsohn in Alltagstracht Kat. Nr. 180

Tafel 87 Pinzgau – Ein Bauernsohn im Sommer im rauhledernen Röckl Kat. Nr. 181

Tafel 88 Pinzgau – Ein Mäher in der Streulacke Kat. Nr. 184

Tafel 89 Pinzgau – Eine Heumacherin in der Streulacke Kat. Nr. 185

Tafel 90 Hopfgarten – Ein Bauernsohn im Brixental Kat. Nr. 188

Tafel 91 Hopfgarten – Eine Bauerntochter im Brixental Kat. Nr. 189

Tafel 92 Zillertal – Eine Bäuerin aus Stumm Kat. Nr. 194

Tafel 93 Zillertal – Eine Bauerntochter aus der Stillupp Kat. Nr. 197

Tafel 94 Windisch-Matrei – Ein Bauer Kat. Nr. 198

Tafel 95 Ohne Bezeichnung (Schneeschauflerin) Kat. Nr. 203

Tafel 96 Ohne Bezeichnung (Jäterin) Kat. Nr. 206

# Katalog

## STADT

1 Tafel 1
### »DER ERZBISCHOF IN FESTIS PALLII IN DER GROSSEN CAPPA IM WINTER«

*Gestalt:* nach links gewandt, im Profil, Winterkostüm am hohen Fest der Palliumsübergabe. In den Händen Birett. *Kopfbedeckung:* hellrotes Solideo. *Haartracht:* Perücke weiß gepudert, Stirnwelle, seitlich drei Rollen, im Nacken eine Rolle. *Halskragen:* hellblaue, weiß gerandete Beffchen mit weißem Halsband. *Pelzumhang:* grauweiß mit kleinem Halskragen, Schulter und Arme bedeckend. *Umhang:* Cappa magna, hellrot, den Rücken reich bedeckend, bis zum Boden reichend, mit Schleppe. *Chorhemd:* graublau, längsgestreift bis Körpermitte und Ellbogen, breiter Spitzenbesatz, ebenso am Ärmel. *Chorrock:* hellrot, bis zu den Fußspitzen reichend, sehr weit geschnitten. *Schuhe:* schwarz, flach. *Birett:* in den Händen zusammengebogen, hellrot. *Schmuck:* Ring am rechten Ringfinger mit dunklem Stein; Pektorale.

2
### »DER ERZBISCHOF IN FESTIS PALLII IN DER GROSSEN CAPPA IM SOMMER«

*Gestalt:* nach links gewandt, in der Rechten ein Buch, mit der Linken das Pektorale auf der Brust berührend. *Kopfbedeckung:* hellrotes Solideo. *Haartracht:* Perücke weiß gepudert, Stirnwelle, um Ohren und Nacken eine Rolle. *Halskragen:* hellblaue, weiß gerandete Beffchen. *Umhang:* Cappa magna, hellrot, um die Schulter, den Rücken drapiert, in einer Schleppe endend. *Chorhemd:* graublau, längsgestreift bis Körpermitte und am Ärmel bis zum Ellbogen reichend, dann breiter Spitzenbesatz. *Chorrock:* hellrot, bis zur Fußspitze reichend, wie bei der Cappa ist ein großrankiges Muster angedeutet. *Schuhe:* schwarz, flach, ovale Schnalle mit Schleife. *Schmuck:* Ringe am Ringfinger mit dunklem Stein sowie am kleinen Finger links.

3 Tafel 2
### »DER ERZBISCHOF IM KURZEN SCHWARZEN KLEID«

*Gestalt:* Profil, nach links gewandt, einen Dreispitz verkehrt haltend, die Linke in der Weste verborgen.

2

*Kopfbedeckung:* hellrotes Solideo. *Haartracht:* Perücke weiß gepudert, Gesichtsumrahmung mit Stirnzacke, Ohren- und Nackenrolle in einem. *Halskragen:* hellblaue Beffchen, weiß gerandet. *Insignie:* Pektorale an rotem breitem Halsband zwischen Beffchen und Weste. *Weste:* schwarz, Knöpfe dicht gereiht, spitzer Halsausschnitt. Schöße reichen bis zum Oberschenkel. *Rock:* schwarz, offen getragen, mit (elf sichtbaren) Knöpfen rechts vom unteren Rand bis oben besetzt, knielang, tailliert, mit Schößen; große Pattentasche am Schoßteil, darauf vier Knöpfe. *Hemd:* bläulichweiße Rüschen am Handgelenk. *Umhang:* hellrot, vom Rücken herabhängend, kürzer als der Rock. *Hose:* knielang, anliegend. *Strümpfe:* hellrot. *Schuhe:* spitzer Laschenschuh, roter Stöckel, rote Sohle, schwarze Schnalle. *Hut:* Dreispitz, schwarz, weiß gefüttert, herabhängende hellgraue (Silber?) Kordel.

4
### »DER ERZBISCHOF IM REITROCK«

*Gestalt:* nach rechts gehend, im Profil, Hände verschränkt, in der Rechten Reitgerte.
*Kopfbedeckung:* 1. ein Hut schwarz, rundum aufgebogen, nach hinten zu et-

4

was abgebogen, mit herabhängender goldfarbener Quaste. 2. darunter ein rotes Solideo. *Haartracht:* Perücke weiß gepudert, Gesichtsumrahmung, zum Teil vom Hut bedeckt, seitlich bis an die Ohren reichend, dann in einer Rolle, bis hinten, auf Schultern und Rükken liegend. *Hemd:* weißer Rand am Hals oder Halsbinde. *Weste:* nicht sichtbar. *Rock:* Reitrock, graubraun, kleiner Halsstehrand, Umschlag mit drei Knopflöchern. Darunter drei Knöpfe bis zur Körpermitte; unten Schoßteilenden zurückgeschlagen und zusammengehängt, hellgrau gefüttert. *Hose:* schwarz, vom Stiefel hoch über den Knien bedeckt. *Schuhe:* schwarzer, übers Knie reichender Reitstiefel mit Absatz und Sporen als fünfstrahlige Sterne. *Handschuhe:* hellgraugelb, kleine Stulpe.

5 Tafel 3
### »EIN SUFFRAGAN BISCHOF«

*Gestalt:* nach rechts gewandt, im Profil. Buch in der Linken, die Rechte, etwas nach abwärts gehalten, geöffnet.
*Kopfbedeckung:* graues Solideo. *Haartracht:* Perücke weiß gepudert, Gesichtsumrahmung, über Ohren, Hals und Nacken in kleine Lockenröllchen aufgelöst. *Halskragen:* schwarze Beffchen, weiß gerandet. *Umhang:* um

7

Brust und Schultern, Mozetta mit Knöpfen (sechs sichtbar), graulila schillernd, Rücken in einer Art Cappa mit Schleppe bedeckend. *Chorhemd:* bläulichweiß, in sich gestreift, auch Ärmel; mit breitem Spitzenbesatz ab Körpermitte bis in Oberschenkelhöhe reichend. *Chorrock:* graulila schillernd, mit von oben bis unten geknöpften (14 sichtbaren) Knöpfen unter dem Chorhemd, fußlang. *Schuhe:* schwarz.

6 Tafel 4

»EIN DOMHERR IM KIRCHENKLEIDE IM WINTER«

*Gestalt:* im Profil, nach rechts gewandt, Hände etwas erhoben, links eine Buchtasche (oder ein Gebetbuch) haltend. *Haartracht:* Perücke weiß gepudert, Gesichtsumrahmung, Ohren-Nackenrolle. *Halskragen:* dunkelgraublaue Beffchen. *Pelzkragen:* um Hals, Schulter und Brust, weißgrau. *Umhang:* Mozetta, rosalila, Schulter, Brust und Rükken bedeckend. Eine gleichfarbene Schleppe hängt von der rechten Schulter nach links unten und wird am Rükken wieder hinaufdrapiert; unten gleichfarbige Quaste. *Chorhemd:* weißgrau, bis zur unteren Körpermitte reichend, mit Spitzen-Randbesatz hier und am Ärmel. *Hemd:* Spitze am Ärmel sichtbar. *Chorrock:* schwarz, bis zum Fußgelenk reichend, seitlich schwarze schmale Flügelteile. *Schuhe:* schwarz, hoch, mit Stöckel (Stiefel?).

7

»EIN DOMHERR IM KIRCHENKLEIDE IM SOMMER«

*Gestalt:* nach rechts gewandt, die rechte Hand trägt einen schwarzen Gegenstand, die linke ist leicht erhoben. *Haartracht:* Perücke weiß gepudert, Gesichtsumrahmung mit Zacke, Ohrenrolle, Nackenrolle. *Halskragen:* hellblaue Beffchen, weiß gerandet. *Umhang:* Mozetta, dunkelrosalila, Schulter, Brust und Rücken bedeckend. Davon rechts Schleppenteil von der Schulter bis links unten, etwa in Wadenhöhe herabhängend, am Rücken zurücklaufend. *Chorhemd:* weißgrau, in feine weiße Fältchen gelegt oder gestreift, am Ärmel konische breite Spitzenstulpe, am Unterteil, ab Körpermitte, sehr breiter Spitzenbesatz. *Chorrock:* schwarz, weitfaltig, mit vielen Knöpfen vorne, von unten nach oben geschlossen. *Schuhe:* schwarz.

8

»EIN DOMHERR IM LANGEN TALLAR«

*Gestalt:* nach links gewandt, mit beiden Händen den Umhang aufhebend und zugleich den Hut haltend. *Kopfbedeckung:* wahrscheinlich länglich-rund, mit aufgebogener Krempe, weiß gefüttert. *Haartracht:* Perücke weiß gepudert, Gesichtsumrahmung mit Zacke, Ohrenrolle, Nackenrolle. *Hemd:* nur Ärmelrüschen sichtbar. *Halskragen:* hellblau, in Beffchenform mit weißem Rand. *Umhang:* schwarz, Rücken bedeckend, etwas kürzer als Talar, breiter Schulterkragen. *Talar:* fußlang, schwarz, weit, mit Knöpfen vorne, dicht gereiht, geschlossen; Ärmel mit Aufschlag und zwei Knöpfen. *Schuhe:* schwarz, flach.

Bemerkung: Vielleicht sind weiße Halbhandschuhe angedeutet.

8

9

9

»EIN KANONICUS B.V.M. AD NIVES IM ROCHET«

*Gestalt:* nach rechts gewandt, die Rechte auf die Brust gelegt, die Linke hält ein schwarzes Buch. *Haartracht:* Perücke weiß gepudert, hochaufgetürmte Gesichtsumrahmung, Ohrenrolle, schulterlange Rolle. *Halskragen:* hellblaue weiß gerandete Beffchen. Schwarzer breiter Kragen, vorne spitze Enden. *Talar:* lang, schwarz, bis zu den Knöcheln reichend, mit vie-

10

11

len schwarz glänzenden Knöpfen (14 sichtbar), vorne geschlossen; Ärmel mit breiter Stulpe, zwei Knöpfe. Schwarzer Halskragen. *Rochett:* hellblau-weiß, wellenförmig längsgestreift. Die weiße Durchsichtigkeit ist vielleicht durch blaue Farbe angedeutet; ärmellos, mit Spitzenbesatz am weiten Ärmelloch und am unteren Rand, hüftlang.

10
»EIN CHORHERR IM CHORROCKE«

*Gestalt:* frontal, nach links blickend, die Linke erhoben, die Rechte hält ein Buch.
*Kopfbedeckung:* schwarzes Birett, vierteilig. *Haartracht:* natur, Ohren halbfrei, halslang im Nacken. *Halskragen:* weiß gerandete Stehkragenform, grau oder schwarz auf schwarz. *Talar oder Chorrock:* schwarz, fußlang, vorne Knopfreihe (zehn sichtbar), Ärmel eng mit breiter Stulpe. *Hemd:* Ärmelrüsche. *Chorhemd oder Rochett:* weiß, fein wellenförmig längsgestreift, am Hals kleiner runder Spitzenrand, Jabot, an der Schulter um die Armöffnung und unten breiter Spitzenrand, bis Oberschenkelmitte reichend. *Schuhe:* schwarze Schnallenschuhe. *Buch:* roter Umschlag mit Muster.

11
»EIN WELTGEISTLICHER IN DER NEUEN VORGESCHRIEBENEN TRACHT«

*Gestalt:* nach links gewandt, nach rechts blickend, Hände leicht erhoben. Um die Linke ist ein schwarzes Stoffstück gelegt, vielleicht ein Flügelteil des Talars oder Umhang.
*Kopfbedeckung:* breiter, schwarzer Hut, auf beiden Seiten aufgebogene Krempe mit flachem breitem kantigem Gupf. *Haartracht:* natur, Ohrenlocke, Halslocke. *Halskragen:* schmaler Umlegkragen, hellblau, weiß gerandet. *Talar:* schwarz, fußlang, vorne Knopfreihe (20 sichtbar); Ärmel eng, mit breiter Stulpe. Halskragen oder Ansatz des üblichen Stoffstreifens, von der Schulter frei herabhängend, über den linken Arm gelegt. *Hemd:* Ärmelrüsche am Handgelenk. *Schuhe:* schwarz.

12
»EIN ALUMNUS IM PRIESTERHAUSE IN VORIGER TRACHT«

*Gestalt:* nach rechts gewandt, die Rechte erhoben, die Linke hält unterm Arm einen Dreispitz.
*Haartracht:* gescheitelt, natur, Ohrenrolle, Halsrolle. *Halskragen:* Beffchen, weiß. *Rock:* talarartig, schuhlang, graublau, freihängender Schulterteil, vorne Knopfreihe (zwölf sichtbar). Ärmelaufschlag etwas breiter als schmaler Ärmel. *Schuhe:* schwarz, Absatz.

12

13

13
## »EIN ALUMNUS IM PRIESTERHAUSE IN JETZIGER TRACHT«

*Gestalt:* nach links gewandt, im Profil, die Linke, mit Hut unter dem Arm, liegt auf Magenhöhe, die Rechte ist ausgestreckt.
*Kopfbedeckung:* wahrscheinlich Dreispitz, eine Spitze ist sichtbar. *Haartracht:* natur, nach hinten gekämmt, Ohrenrolle, Nackenrolle. *Halskragen:* Beffchenkragen. *Rock:* schwarz, talarartig, bodenlang, von der Schulter hängt aus demselben Stoff eine breite Stoffbahn bis in Wadenhöhe herab. Breiter Ärmelaufschlag. *Schuhe:* schwarzer Schnallenschuh mit Absatz.

14
## »DER MAGNIFICUS P. RECTOR UNIVERSITATIS IN EPOMIDE«

*Gestalt:* nach rechts gewandt, die rechte Hand ausgestreckt, die linke am Schulterumhang.
*Kopfbedeckung:* schwarzes Birett. *Haartracht:* natur, kurz, ohrenfrei. *Halskragen:* hellblau, weiß gefaßt, schmal. *Schulterkragen:* schwarz, breit, Schulter, Oberarme und Brust bedeckend. Mit bräunlichem (goldenem?) breitem Besatz als Halskragen und unten herum. Von unten links bis oben rechts als breite Lasche angeordnet. Besatz fransig gerundet und in sich ornamentiert. *Talar:* schwarz, weit, fußlang. Wellenförmige Längsfältelung wie Benediktiner-Flocke. Weite Ärmel in Zipfeln endend. *Rock:* schwarze, enge Ärmel, mehr nicht zu sehen. *Schuhe:* schwarz, mit Schnallen.

15
## »EIN PROFESSOR THEOLOGIAE IN EPOMIDE«

*Gestalt:* nach links gewandt, Hände leicht erhoben.
*Kopfbedeckung:* Birett. *Haartracht:* natur, kurz, ohrenfrei. *Halskragen:* kleiner, hellblau-weiß gefaßter Stehkragen. *Schulterkragen:* schwarz, breit, Schulter, Oberarme und Brust bedeckend. Mit rosafarbenem ebensolchem kleinem Halskragen und Streifen unten rundum, von unten links nach oben rechts als breite Lasche angeordnet. *Talar:* schwarz, fußlang, wellenförmige Längsfältelung, wie Flocke der Benediktiner. Weite Ärmel, in Zipfeln endend. *Rock:* nur schmale schwarze Ärmel sichtbar. *Schuhe:* schwarz.

14

15

16 Tafel 5
## »EIN PROFESSOR JURIS IN EPOMIDE«

*Gestalt:* frontal, Kopf nach rechts, Hände nach links gewandt, mit schwarzem Gegenstand in rechter Hand.

17

*Haartracht:* weiß gepudert mit geschwunger Stirnwelle, zwei Ohrenrollen, schwarze Zopfschleife. *Halstuch:* weiß. *Schulterkragen:* schwarz, Schulter, Brust und Rücken bedeckend. Besatz dunkelkarminrot, am Hals als schmaler Kragen, am Rand als breiter, mit Fransen eingefaßter Streifen, der schräg von links unten bis rechts oben, bis zum Hals heraufreicht und fransig gerandet ist. *Weste:* schwarz, bis zum Oberschenkel reichende Schöße mit Taschenpatten, von schwarzen Knöpfen geschlossen. *Rock:* schwarz, unter dem Mantel zu sehen, über das Knie reichend, schwarze Knöpfe, offen getragen. *Hemd:* Ärmelrüsche am Handgelenk. *Hose:* enganliegende Knieform, schwarz. *Mantel:* schwarz, mit breiten Ärmelstulpen, offen getragen, wadenlang, weit faltig. *Strümpfe:* schwarz. *Schuhe:* schwarz, flach.

17
## »EIN PROFESSOR PHILOSOPHIAE IN EPOMIDE«

*Gestalt:* frontal, Gesicht nach rechts gewandt.
*Kopfbedeckung:* schwarzes Birett. *Haartracht:* kurz, natur. *Schulterkragen:* schwarz mit mittelblauem Besatz, klei-

nem Halskragen, ebenso blauem breitem Einfaßstreifen unten und Lasche vorne, von links nach rechts oben verlaufend sowie Schulter, Oberarme und Brust bedeckend. *Talar:* schwarz, weit, gefältelt, bis zu den Schuhen reichend, mit weiten, ebenso gefältelten Ärmeln, flockenartig. *Schuhe:* schwarz, mit kleinem Stöckel.

18 Tafel 6

»EIN PRAEFECT DER KLEINEREN STUDENTEN CONGREGATION S. ANGELI CUSTODIS«

*Gestalt:* nach rechts gewandt, mit Prozessionsstange, Marienmonogramm im Strahlenkranz, in der Rechten. Schwarzer Hut unter dem linken Arm.
*Haartracht:* Perücke, einfach weiß gepudert, steile Stirnumrandung, einfache Ohrenrolle, Nackenschleife mit Zopf. *Halstuch:* weiß, Jabot mit Tragband rund um den Hals. *Mantel:* Kutte, hellblau, von unten bis oben dicht mit Knöpfen und Litzen – Knopflöchern – (Silberborte) besetzt. Körpermitte mit hellgrauer Schleife und Gürtel abgebunden, fußlang, weit und faltig. Auf der linken Brustseite ein ovales Emblem in Silbergrau, mit Schleifen oben und unten. *Hemd:* Ärmelspitzen. *Strümpfe:* weiß. *Schuhe:* spitz, schwarz, mit flachen Stöckeln.

19 Tafel 7

»EIN PEDELLUS UNIVERSITATIS CUM SCEPTRO ACADEMICO«

*Gestalt:* nach rechts blickend, das Zepter rechts geschultert, am unteren Teil haltend.
*Haartracht:* natur, glattes Haar, Ohrenrolle, wahrscheinlich Zopf. *Hemd:* Halsjabot, ohne Spitze, am Ärmelrand Rüsche. *Weste:* hellblau, Goldborte an Rändern und Taschenpatten, mit vielen Knöpfen (elf sichtbar) geschlossen, oben offen. *Rock:* wadenlang, hellgrau, offen getragen, links Knopflöcher, Ärmelaufschlag. *Hose:* schwarze, knappe Kniehose. *Mantel:* Umhang mit kleinem schulterbedeckendem Kragen, rechts Knöpfe. *Zepter:* päpstliche Tiara, andere Verzierungen. *Strümpfe:* schwarz. *Schuhe:* schwarze Schnallenschuhe mit gelber, viereckiger Schnalle.

20

22

20

»EIN PEDELLUS UNIVERSITATIS CUM SCEPTRO ACADEMICO«

*Gestalt:* nach links gewandt, Zepter in der Rechten, Hut links unter dem Mantel tragend.
*Haartracht:* gepudertes Naturhaar, Ohrenrolle, Nackenrolle. *Hemd:* Halsbinde oder Halstuch, Jabot, Ärmelrüsche. *Weste:* mit Rock und Mantel aus hellgrauem Stoff, reich bordiert mit Goldborten, obere Mitte geknöpft (sechs sichtbar); goldbordierte Taschenpatten an kleinen Schoßteilen. *Rock:* hellgrau, offen getragen, mit langen Schößen, bis unter das Knie reichend, sieben sichtbare Knöpfe, Taschenpatte in Hüfthöhe, zwei Knöpfe sichtbar. *Hose:* schwarz, Knieform. *Mantel:* kleiner Schulterkragen auf weitem Umhang mit zwölf gelben Knöpfen und großen verzierten Knopflöchern, fast schuhlang. *Strümpfe:* dunkelgrau. *Schuhe:* schwarze Schnallenschuhe, viereckige gelbe Schnallen. *Zepter:* kaiserlich, mit Krone und zwei Löwen am Stab.

21 Tafel 8

»EIN COLLEGII LODRON:RUPERTINI ALUMNUS«

*Gestalt:* nach rechts schreitend und blikkend, die Rechte im Mantel verborgen, die Linke hält einen Dreispitz unter dem Arm.
*Kopfbedeckung:* grauer Dreispitz. *Haartracht:* Perücke weiß-grau, hoher Gesichtsrand, Ohrenrolle, Zopfschleife schwarz. *Hemd:* weiß mit Halsbinde, ganz kleines Jabot. Armrüsche. *Weste:* tailliert, hochgeschlossen, gesäßlang mit Faltenschößen sowie acht großen Knöpfen; am Ärmel hellroter Aufschlag; graugrün wie Hose und Mantel. *Hose:* knappe Knieform. *Mantel:* Umhang um rechte Schulter und Arm, mit kleinem Kragen, hellrot, alle Kanten eingefaßt, vorne innen breit rot besetzt. *Strümpfe:* weiß. *Schuhe:* schwarz, flach, spitze Halbschuhform, schwarze Schleife.

Bemerkung: Laut R. Hübner nur Weste, kein Rock.

22

»EIN COLLEGII LODRON:MARIANI ALUMNUS«

*Gestalt:* nach links gewandt, Hut in der Rechten, zum Grüßen geschwenkt, Linke in Brusthöhe in den Rock gesteckt.

*Kopfbedeckung:* dunkelgrauer Dreispitz. *Haartracht:* weiße Perücke mit hoher Gesichtsumrahmung, Ohrenrolle, Zopfmasche im Rücken, schwarz. *Hemd:* weißer, schmaler, umgelegter Halskragen mit Jabot, Ärmelrüsche. *Weste:* stark tailliert, kurze Schöße, Knöpfe von der Körpermitte bis nach oben, zum Teil geöffnet (neun sichtbar), hellroter breiter Ärmelaufschlag mit zwei Knöpfen, Knopflochverzierungen. Mittelgraublau wie Hose und Mantel. *Hose:* enge Knieform. *Mantel:* Halskragen und Vorderteil hellrot gefüttert, bis zur Wade reichend. *Strümpfe:* blaugrau. *Schuhe:* dunkelbraunschwarz mit großen gelben, rechteckigen Schnallen.

Bemerkung: Nur Weste, kein Rock, wie Nr. 21.

23 Tafel 9

»EIN STUDIERENDER CAVALIER IN DEM ADELICH VIRGIL. STIFTE«

*Gestalt:* nach links gewandt, die Linke in die Weste auf der Brust gesteckt, die Rechte liegt in der Körpermitte, Dreispitz unterm linken Arm.
*Haartracht:* gepuderte weiße Perücke, breite Stirnumrahmung mit seitlicher Ohrenrolle, Zopfschleife schwarz. *Halstuch:* weiß, eng um den Hals geschlungen oder Hemdrand. *Hemd:* Jabot am Hals, Ärmelrüschen. *Weste:* dunkelrotbraun, bis zum Oberschenkelansatz reichend, breit mit goldener Borte besetzt, desgleichen die Taschen im unteren Teil. Vier Knöpfe sichtbar. *Rock:* gleiche Farbe, tailliert, etwas länger als knielang, ohne Kragen, offen getragen. Goldener Bortenbesatz am Hals und an den Vorderkanten, den Taschen auf den Schößen, hinten geteilt, vier Knöpfe sichtbar. Am Vorderteil sechs Knöpfe, goldbetreßt. Kleiner betreßter Ärmelaufschlag. *Hose:* knielang, aus demselben dunkelrotbraunen Stoff. *Strümpfe:* hellblau. *Schuhe:* knöchelhoch, schwarz, mit großen viereckigen gelblichen Schnallen. *Degen:* unter dem Rock auf der linken Körperseite.

24

»EIN EDELKNABE IN TEUTSCHER TRACHT«

*Gestalt:* nach rechts gewandt, Rechte auf der Weste, Linke auf die Körpermitte gelegt, Hut unter den linken Arm geklemmt.

24

*Kopfbedeckung:* schwarzer Dreispitz, silber- oder goldbordierte Ränder. *Haartracht:* weiß gepuderte Perücke, hohe Stirnumrandung, zwei Ohrenrollen, Zopfschleife im Nacken schwarz. *Hemd:* weißer Halsrand, eventuell Halstuch, Jabot, Ärmelrüschen. *Weste:* wie Rock und Hose aus hellbraunrotem Stoff, an allen Rändern reich silberbordiert (oder Altgold?). Ab der Mitte reicher Tressen-Knopfverschluß, Knopflöcher wie die Taschenpatten bortenumrahmt. Schößchenschnitt, Länge bis zum Oberschenkel. *Rock:* gleiche Farbe, gleiche Bordüre an Halsteil, Vorderrändern, Knopflöchern, an Taschenpatten im Vorder- und Unterteil, geöffnet getragen, durch betonte Schoßteile stark abstehend. *Hose:* knappe Kniehose, unten Bortenrand Gold und Silber. *Strümpfe:* weiß, mit Zwikkeln in hochdreieckiger Form am Knöchel. *Schuhe:* schwarze, flache Schnallenschuhe.

25 Tafel 10

»EIN EDELKNABE IN SPANNISCHER KLEIDUNG«

*Gestalt:* verkehrt stehend, nach links gewandt, mit einer langen Kerze in der rechten Hand.
*Haartracht:* Allongeperücke mit hoch geschwungenem Stirnansatz, zwei Ohrenrollen, über die Schultern bis zur Körpermitte reichend, in vier Rollenstufen und zwei Hauptteilen endend. *Hemd:* Ärmelrüsche und enger Halsteil oder Halstuchrand. *Wams:* Ärmellos mit Schößen, alle Nähte und Schulterteile mit weiß-schwarz-roter Litze abgesetzt. Hüftlang. *Untergewand:* nur tief lachsroter enger Ärmel mit schwarzer Manschette und gleichem Litzenbesatz wie am Wams sichtbar. *Hose:* spanische Ballonform, am Oberschenkel endend, gepufft, geschlitzt, rot unterlegt, dieselbe Tressenbesetzung mit weiß-rot-schwarz gedrehter Schnur. *Strümpfe:* tief lachsrot wie der Ärmel, weit über das Knie hinaufreichend. Gleichfarbiges Band unter dem Knie, Knopfreihe (sechs Silberknöpfe?) oder kettenartiger Schmuck zwischen Hosenrand und Strumpf rechts herabhängend. *Schuhe:* flach mit rotem Stöckel, roter Sohle, rechteckige Schnalle.

Bemerkung: Der Charakter der Kleidung erscheint sehr altertümlich.

26 Tafel 11

»EIN HEYDUK IN DERMALIGER GALLA LIVREE«

*Gestalt:* nach rechts schreitend, Linke am Säbelgriff, Rechte erhoben. Erzbischöflicher Diener.
*Kopfbedeckung:* vorne hochaufgestellter goldbordierter schwarzer Zweispitz, links seitlich großes, braun-schwarz-weißes rundlich geschwungenes Federgesteck mit grauer Kokardenschleife. *Haartracht:* grau gepudert, Ohrenrolle, Zopfschleife im Nacken. *Halstuch:* weißer Streif am Hals. *Hemd:* kleines Jabot am Hals, kleine Rüschen am Handgelenk. *Rock:* anliegendes, eng geschnittenes Kamisol mit Ärmeln, vorne bis oben Knopfverschluß, kleiner Ärmelaufschlag, alle Kanten, die Ärmelnähte und die Knopflöcher breit goldbordiert, mit schwarzem Zackenmuster darin. *Hose:* lange anliegende Hose mit demselben Goldbortenbesatz innen und außen. *Gürtel:* weiße, goldbordierte Leibbinde um Hüfte und Unterleib. *Säbelgehänge:* breites goldenes Bandelier mit schwarzem Wellenmuster, von der Schulter zur linken Hüfte herabhängend. *Säbel:* schwarze Scheide, goldener Griff, Wappentuch des Landesfürsten daran, mit schwarzen Bändern an der linken Schulter befestigt. *Schuhe:* über die Knöchel heraufreichende schwarze Halbstiefel, an der Hinterseite gelbe (Gold?) Zackenverzierung.

28

29

27 Tafel 12

»EIN HOFLAQUAI IN DERMALIGER GALLA LIVREE«

*Gestalt:* nach links schreitend und nach rechts zurückblickend, Linke in die Weste gesteckt. Erzbischöflicher Diener.

*Kopfbedeckung:* schwarzer Dreispitz, goldbordiert. Links Zierknopf. *Haartracht:* gepuderte Zopffrisur, schwarze Schleife, Ohrenrolle. *Hemd:* Halsbinde und Jabot, Ärmelrüsche weiß. *Weste:* hellbraunrot, goldbordiert mit schwarzem Zackenmuster an den Rändern und Taschenpatten; Knopfbesatz, Stehkragenansatz. Bis zur Oberschenkelmitte reichend. *Rock:* offene Form mit reichem Schoßteil; Taschen- und Schoßteile, die Ränder vorne, Hals und Ärmel reich mit schwarz-weiß-roter Borte besetzt; goldbordierter Ärmelbesatz. *Hose:* ebenso hellbraunrot, knappe Kniehosenform mit unterem Bortenrand. *Strümpfe:* weiß. *Schuhe:* schwarz, spitze Form, rechteckige Schnalle.

28

»EIN HOFLAQUAI IN VORIGER SPANNISCHER TRACHT«

*Gestalt:* nach rechts gewandt, die Rechte steckt im Wams, die Linke am Degengriff, Dreispitz unter dem Arm. Erzbischöflicher Diener.

*Haartracht:* grau gepuderte Perücke, Stirnumrahmung, seitlich ohrenbedeckend zwei Reihen und hinten mehrere Lockenreihen, die im Nacken bis zur Schulter reichen. *Hemd:* Hals-Bündchen mit Rand und Beffchen; Ärmelrüschen. *1. Wams:* dunkelziegelrote Ärmel mit schwarzem großem bogenförmigem Aufschlag, mit rot-weißer Borte besetzt und mit zwei Knöpfen mit Litze versehen. *2. Wams:* ärmellos, schwarz, von der Körpermitte bis oben geknöpft; drei Knöpfe geschlossen, vier offen (fünf Knöpfe sichtbar); alle Ränder mit rot-weißer Litze gefaßt, auch Knöpfe und Knopflöcher in diesen Farben. Von der Achsel hängende breite Bänderteile, hüftlang, wie das Wams. *Hose:* schwarz, ballonförmig, ober dem Knie endend, rot gefütterte Längsschlitze, mit rot-weißen Litzen eingefaßt. *Strümpfe:* gleiches Rot, über das Knie hinauf reichend bis zum Hosenansatz. *Schuhe:* schwarze Knöchelschuhe mit roter, viereckiger Spange. *Degen:* schwarze Scheide; an der linken Hüfte hängend.

29

»EIN HOFLAQUAI IN DERMALIGER CAMPAGNE LIVREE«

*Gestalt:* die Linke auf Brusthöhe in die Weste gesteckt, die Rechte weist nach unten. Erzbischöflicher Diener.

*Kopfbedeckung:* grau bordierter Dreispitz, schwarz. *Haartracht:* weiß gepudert, Ohrenrolle, hinten Zopfschleife. *Halstuch:* eng um den Hals gelegt. *Hemd:* Jabot und Ärmelrüschen. *Weste:* wie Rock und Hose aus hechtgrauem Stoff, nur den Unterleib mit Schoßteilen bedeckend; kleine Taschenpatten mit zwei Knöpfen; obere Mitte, bis zum Hals, Knopfverschluß, zum Teil offen, sieben Knöpfe mit dunklen Zentren sichtbar. *Rock:* wadenlang, hechtgrau, hellrot gefüttert, schmale Schöße, geöffnet getragen, kragenlos; größere Knöpfe ab Mitte bis oben (acht sichtbar), als graue Rosetten mit dunklem Zentrum. Schulterborte rotgold, über Achseln mit Epauletten endend. Kleiner Ärmelaufschlag mit drei Knöpfen. *Hose:* hechtgrau, enge Knieform. *Strümpfe:* weiß, mit angedeuteten Zwikkeln über den Innenknöcheln. *Schuhe:* schwarz, flach, spitze Form.

30 Tafel 13

»EIN LEIBKUTSCHER IN VORIGER SPANNISCHER TRACHT«

*Gestalt:* nach rechts gewandt, Peitsche in der Rechten, Kappe mit Federgesteck unter den linken Arm eingeklemmt. Linke Hand am Bandgürtel.

*Haartracht:* natur, grau gepudert, Ohrrolle und (wahrscheinlich) Zopf. *Hemd:* Halsbinde, kleines Jabot, Ärmelbündchen, weiß. *Rock:* schwarz, dunkellachsroter Besatz am Ärmel, an den Vorderteilen bis zur Körpermitte und als Futter der Schöße. Überknielang. Kleiner, ebenso roter Halskragen und Ärmelaufschlag, gelber Bortenbesatz, ebenso an den Kanten, rote Schärpe, links gebunden, herabhängend. *Hose:* schwarz, anliegende Knieform. *Strümpfe:* weiß, bis über Knie und Hose bis zur Oberschenkelmitte reichend, oberhalb des Stiefels sichtbare Scharawaden. *Schuhe:* bis über die Knie reichende Stulpenstiefel, schwarz. *Kappe unterm Arm:* schwarz, oben und unten goldgerandet, roter Boden, großer Federstoß, sehr lang, rötlich.

Bemerkung: Die Peitsche ist mit einem roten Griff versehen.

31 Tafel 14

»EIN HOFTROMPETER«

*Gestalt:* nach links gewandt, Rechte mit Trompete, kleines erzbischöfliches

Wappentuch daran, die Linke erhoben. Degen links. Erzbischöflicher Diener.
*Kopfbedeckung:* schwarzer Dreispitz, unter dem linken Arm getragen. *Haartracht:* weiß gepudert, Gesichtsumrahmung, zwei Ohrrollen, hinten Zopfschleife, schwarz. *Halstuch:* glatt um den Hals gewunden, weiß. *Hemd:* Jabot ohne Spitze, Ärmelrüsche. *Weste:* hellrot, Goldborte an den Vorderkanten, neun goldene Knöpfe, Schöße und Taschen daran dreifach bordiert, gesäßlang. *Rock:* schwarz oder dunkelblau, tailliert, offen getragen, ohne Kragen, rot gefüttert wie die Weste; die rechte Vorderseite mit acht Bortenknöpfen und rot unterlegten silber-roten Bortenschlingen sowie Zierknopflöchern besetzt. Ärmel ebenso, am Aufschlag mit einer solchen silber-roten Borte am Rand, mit drei Knöpfen und Zierknopflöchern verziert. Vom Rücken hängen Flügelteile, weiß gefüttert und ebenso bordiert, bis zur Hüfte herab. *Hose:* eng anliegend, schwarz oder dunkelblau, Knieform. *Strümpfe:* weiß. *Schuhe:* schwarzer Schnallenschuh. *Degen:* mit gedrehtem Silbergriff und schwarzer Scheide, links durch die Weste gesteckt. *Trompete:* kleines Parade-Instrument.

32
»EIN FELDSCHERER«

*Gestalt:* nach links gehend, den Kopf nach vorne gedreht, die Rechte hält den Stock, die Linke ist frei, leicht erhoben. Militärarzt.
*Kopfbedeckung:* schwarzer Dreispitz, links Federtuff, schwarz. *Haartracht:* natur, gepudert, Ohrenrolle, Zopfschleife im Nacken. *Hemd:* weiße Halsbinde mit Jabot und Ärmelrüschen. *Weste:* gelb, bis etwas über die Körpermitte reichend, mit Knöpfen geschlossen (vier offen, sechs geschlossen sichtbar). *Gürtel:* über unterem Ende der Weste liegend, deren zwei Zipfel noch sichtbar sind, Metallschnalle; daran Säbel links befestigt. *Rock:* hellblau-grau, offen getragen, mit (sieben) Knöpfen rechts versehen. Die Schoßteile unten mit den Zipfeln von vorne und hinten zusammengehängt, weiß gefüttert. Schwarzer kleiner Kragen und schwarzer Ärmelaufschlag mit zwei Knöpfen. *Hose:* gelb, straff. *Schuhe:* schwarze Stiefel, flache Sohle, über die Knie reichend und trichterförmig erweitert. *Stock:* dünn, nach unten verlaufend, eckiger Knauf. *Degen:* am Gurt über der Weste, links unter dem Rock befestigt, schräg nach hinten hängend.

33
»EIN OBEROFFIZIER VON DEM BÜRGERL. FÄHNLEIN ÜBER DER BRÜCKE«

*Gestalt:* nach rechts gewandt, die Rechte hält die Partisane, die Linke den Dreispitzhut.
*Kopfbedeckung:* dreifach aufgestülpter, schwarzer Hut, dunkelroter Federschmuck, an den Rändern goldbordiert, schwarz-gelbe längliche Masche. *Haartracht:* weiße Perücke, mit Stirnwelle, zwei Ohrenrollen, Zopfschleife und sehr langer Zopf. *Halstuch:* weiße Halsbinde. *Hemd:* kleines Jabot mit Rüschen und Ärmelrüschen. *Weste:* dunkelrot, lang, von der Körpermitte bis nach oben hin dichter Knopfverschluß, 13 Knöpfe sichtbar; goldbordiert wie die Rockkanten, Hals- und Schoßenden vorne, Taschenpatten am unteren Schoßteil. Acht Knopflöcher, goldbordiert. *Feldbinde:* aus goldenem Stoff. *Rock:* mittelblau, kragenlos, tailliert, unten sehr weite Schöße, gleich der Weste rot gefüttert, rote Ärmelaufschläge. Offen getragen, elf sichtbare goldene Knöpfe rechts, goldbordierte Knopflöcher links, ebensolche auf den Ärmelaufschlägen. *Hose:* schwarz, knappe Knieform. *Strümpfe:* weiß. *Schuhe:* schwarz, flach mit gelben Schnallen. *Degen:* in schwarzer Scheide, gelbmontiertes Gefäß. *Partisane:* vergoldete Klinge und goldene Seidenquasten.

34 Tafel 15
»EIN UNTEROFFIZIER VON DEM BÜRGERL. FÄHNLEIN ÜBER DER BRÜCKE«

*Gestalt:* frontal stehend, die Linke hält die Hellebarde, die Rechte ist gesenkt.
*Kopfbedeckung:* schwarzer Dreispitz, gelb gerandet, mit Kokarde silber und schwarz im linken Aufschlag. *Haartracht:* natur, Schläfenlocke, drei Nackenlocken. *Hemd:* Bündchen am Hals und Handgelenk. *Weste:* oberschenkellang, mittelrot, breite Goldbordüren an den Rändern und Taschenpatten, hochgeschlossen (elf sichtbare Knöpfe). *Rock:* mittelblau, geöffnet getragen, rechts blaue Knopfreihe (zehn); links Knopflöcher ab der Mitte. Rot gefüttert, rote Aufschläge am Ärmel mit drei Knöpfen; kragenlos, oberhalb der Knie endend. *Hose:* schwarze Knieform. *Strümpfe:* rot. *Schuhe:* flache, schwarze Schnallenschuhe. *Degen:* links durch Weste gesteckt, Griff links sichtbar, Ende rechts unterm Rock sichtbar.

32

33

35

35
»EIN GEMEINER DES BÜRGERL. FÄHNLEIN ÜBER DER BRÜCKE«

*Gestalt:* nach links gewandt, Gewehr links haltend, die Rechte zeigt nach unten.
*Kopfbedeckung:* dreifach aufgeschlagener schwarzer Hut, gelbe Randborten, schwarze Hutmasche. *Haartracht:* natur, Ohrenrolle, Nackenlocke. *Halsbinde:* weiß. *Weste:* weiß, hochgeschlossen mit acht weißen Knöpfen, zwei Taschen auf den vorderen Schößen. *Rock:* mittelblau, hellblaurot gefüttert, ebensolche breiten Ärmelaufschläge mit drei weißen Knöpfen daran. Bis zum Knie reichend, offen getragen, ohne Kragen, tailliert. Acht weiße sichtbare Knöpfe, an den Rocktaschen ebenfalls drei weiße Knöpfe. *Hose:* schwarze Kniehose, eng. *Strümpfe:* weiß. *Schuhe:* schwarz, flach, mit rechteckiger Schnalle. *Gürtel:* von der linken Schulter zur rechten Hüfte gelblicher Überschwung mit viereckiger Schnalle oberhalb der Brust. *Degen:* mit gelb montiertem Gefäß unter dem Rock links getragen. *Steinschloßgewehr:* ohne Bajonett (n. Seefeldner S. 157).

37

36 Tafel 16
»EIN OBEROFFIZIER VON DEM BÜRGERL. FÄHNLEIN HERÜBER DER BRÜCKE«

*Gestalt:* nach links gewandt, mit Sponton in der Linken. Säbel links. Rechte mit braunem Gegenstand in der Hand.
*Kopfbedeckung:* Dreispitz abgerundet, schwarz-silberbordiert am Rand, mit roter Straußenfeder zwischen Krempe und Gupf. Kleine schwarze Schleife. *Haartracht:* weiß gepudertes Haar, zwei Ohrenrollen, Zopfschleife schwarz, mit langem Zopf bis über Körpermitte. *Halstuch:* weiß, um den Hals geschlungen. *Hemd:* Jabot ohne Spitze, Ärmelrüsche. *Weste:* blaurot, reich silberbordiert, zwölf Knöpfe und Zierknopflöcher mit Borte sichtbar, hochgeschlossen bis zum Jabot, gesäßlang. *Feldbinde:* goldfarbener Stoff, um den Leib geschlungen. *Rock:* dunkelblau, kragenlos, tailliert, unten reich ausschwingend; 13 sichtbare, von oben bis unten am rechten Rand angebrachte Knöpfe mit Litzen, drei Knöpfe auf Taschenpatte, drei am hinteren Schoßteil, vier mit Litzen auf dem blauroten Ärmelaufschlag. *Hose:* schwarz, Knieform. *Strümpfe:* weiß. *Schuhe:* Schnallenschuhe, schwarz. *Säbel:* links unter Feldbinde befestigt.

37
»EIN UNTEROFFIZIER VOM BÜRGERL. FÄHNLEIN HERÜBER DER BRÜCKE«

*Gestalt:* nach links gewandt, die Rechte Partisane weit oben haltend. Die Linke hält einen auf den Boden gestützten Stock neben dem Säbel.
*Kopfbedeckung:* dreimal aufgestülpter schwarzer Hut, silberbordiert, mit schwarzer Kokardenschleife. *Haartracht:* Naturhaar, Ohrenrolle, drei Rollen schräg abwärts zum Hals angeordnet. *Hemd:* weißes Halsrändchen, Jabot, Ärmelbündchen. *Weste:* hellrot, mit silberner Litze eingefaßt, auch die Taschenpatten der gesäßlangen Weste, Knöpfe (neun sichtbar). *Rock:* mittelblau, offen getragen, kragenlos, Schöße mit Pattentaschen und drei Knöpfen, Zierknöpfe am rechten Rand, blau, hellroter Ärmelaufschlag mit weißer Borte, knielang, hellrot gefüttert. *Hose:* schwarze Kniehose, knapp, mit seitlicher kleiner Schnalle am Knie. *Strümpfe:* weiß. *Schuhe:* schwarz, flach, rechteckige gelbe Schnalle. *Partisane:* breite braune Holzstange mit Metallteil, auch bräunlich, vielleicht vergoldet. *Säbel:* links an der Hüfte, schräg nach hinten. *Stock:* braun.

38
»EIN GEMEINER DES BÜRGERL. FÄHNLEINS HERÜBER DER BRÜCKE«

*Gestalt:* frontal, nach links blickend, in der Rechten das Gewehr oben am Lauf haltend, die Linke am Degengriff.
*Kopfbedeckung:* dreifach aufgestülpter schwarzer Hut mit grauer Bordierung am Rand. *Haartracht:* Naturhaar, Ohrenrolle, Nackenlocke. *Hemd:* weißer Halsrandsteg. *Weste:* weiß, hochgeschlossen (zehn Knöpfe sichtbar). Ab der Körpermitte Schoßteile mit Taschenpatten, je ein Knopf sichtbar, gesäßlang. Der Degen steckt links, ohne daß ein Koppel sichtbar wäre. *Rock:* mittelblau, offen getragen, ohne Kragen, mit Knöpfen rechts (sieben sichtbar) und Knopflöchern links. Knielang. Taschenpatten im unteren Teil, rote Ärmelaufschläge, breit, mit Knöpfen (zwei) und Litzenknopflöchern; ebenso hellrot gefüttert. *Hose:* schwarze Kniehose. *Strümpfe:* weiß. *Schuhe:* schwarz, flach. *Gewehr:* schulterhoch, Holz, braun, metallgrau. *Säbel:* links unter dem Rock, schräg nach links hängend, befestigt.

38

Bemerkung: Die Schoßteile sind nicht wie sonst beim Militär an den Zipfeln zusammengehängt.

39
»EIN ARTILLERIEOFFIZIER«

*Gestalt:* nach links gewandt, die Rechte hält einen Stock, die Linke ist in die Weste gesteckt. Hut unter dem linken Arm. Degen links.
*Kopfbedeckung:* schwarzer Hut, wahrscheinlich dreifach aufgestülpte Form. *Haartracht:* weiß gepuderte Perücke mit Stirnrolle, zwei Ohrenrollen, Zopfmasche im Nacken schwarz, langer Zopf. *Halstuch:* als Halsbinde angebracht. *Hemd:* Halsjabot und Ärmelrüschen. *Weste:* wie Hose und Rock, starkes Blau, goldbetreßte Ränder und Taschen, lange Form mit Schößen und Taschenpatten, goldene Knöpfe und ebenso gefaßte Knopflöcher. Sieben sichtbare Knöpfe. *Schärpe:* aus goldenem Stoff. *Degen:* mit Portepee darübersteckend links angebracht. *Rock:* starkes Blau, tailliert mit überknielangen Schößen und Pattentaschen, bläulichroten Aufschlägen vorne und an den Ärmeln; ebensolches Futter, Goldtressen und Knöpfe, am Revers fünf, am Ärmel zwei, an den Taschen vier. *Hose:* Knieform, eng. *Strümpfe:* weiß oder hellblau. *Schuhe:* schwarz, mit kleiner Lasche und gelber rechteckiger Schnalle. *Stock:* in der Rechten, als Rangabzeichen. *Degen:* in schwarzer Hülle, weiß, gefaßter Korbgriff, vielleicht Silber.

39

40
»EIN ARTILLERIST«

*Gestalt:* nach rechts schreitend, Blick nach links gerichtet. In der Rechten einen Stock, in der Linken Säbelgriff haltend.
*Kopfbedeckung:* schwarzer, dreifach aufgestülpter Hut, braun bordierter Rand, schwarze Masche, seitlich links ein schwarzer Federstutz. *Haartracht:* natur, Ohrenrolle, Nackenzopf mit schwarzem Band. *Hemd:* weißes schmales Rändchen am Hals mit Jabot und Ärmelrüschen. *Halstuch:* schwarzer Stoff zwischen dem Jabot? *Weste:* Kamisol aus dunkelblauem Tuch, so wie Rock und Hose. Knopfverschluß (sieben hellgraue Knöpfe sichtbar). Unter dem Gürtel Schößchen mit Taschen und drei Knöpfen. *Gürtel:* weißer Leibriemen mit gelbbraunen Metallplatten. *Rock:* dunkelblau, auf der Brust mit einem Knopf geschlossen, sonst offen, knielang. Taschenpatten mit vier Knöpfen, kleiner roter Halskragen, rote Ärmelaufschläge, drei gelbe Knöpfe. Eine rote Kante links und rechts an den Vorderteilen und rotes Futter an den aufgeschlagenen Schößen, deren vordere und hintere Zipfel durch ein Bändchen verbunden sind. *Hose:* dunkelblau, wie Kamisol und Rock, von weißen Strümpfen oberhalb der Knie bedeckt. *Strümpfe:* weiß, zwischen Hose und Stiefel sichtbare Scharawaden. *Schulterband:* Tragschnur für das Artilleriebesteck, als rotgelbe Kordel mit einer Schleife auf der linken Schulter. *Säbel:* unter dem Rock an der linken Hüfte, Eisengefäß, schwarze Scheide mit Herzl und Ortband. *Stock:* gelber Riemengriff und ebensolches Bändchen, wahrscheinlich Luntenstock oder Chargenzeichen.

41
»EIN BÜRGERL. ARTILLERIST«

*Gestalt:* frontal, in der Rechten Gewehr, in der Linken Säbelgriff, Luntenstock hinter Säbelgriff in Rockzipfrolle steckend.
*Kopfbedeckung:* dreifach aufgestülpter schwarzer Hut, hellgrau bordiert, am Rand Kokarde links aus drei Maschen.

40

41

Haartracht: natur, Ohrenlocke. *Hemd:* weißes Halsrändchen, Jabot, Ärmelrüsche. *Weste:* bläulichrot, goldbordiert, Haftelverschluß, keine Knöpfe sichtbar, kleine Schoßteile mit bordierten Pattentaschen. *Patronentasche:* vorne am Bauch, braun rechteckig mit Emblem. *Rock:* dunkelblau, kragenlos, offen getragen, Zierknöpfe, acht Stück sichtbar, knielang, große bläulichrote Aufschläge am Ärmel, vier Knöpfe mit Zierknopflöchern, vorderer und hinterer Schoßzipfel zusammengefaßt. *Hose:* schwarz, knielang. *Strümpfe:* weiß. *Schuhe:* schwarz, mit gelben rechteckigen Schnallen. *Luntenstab:* mit weißer Umwickelung (Lunte) im oberen Teil.

42
»EIN FOURIERSCHÜTZ«

*Gestalt:* nach links gewandt, nach rechts blickend.
*Kopfbedeckung:* schwarzer, dreifach aufgestülpter Hut mit schwarzem Federstoß links und roten Quasten an den Seitenenden. *Halsbinde:* weiß. *Hemd:* kleines Halsjabot, kleine Ärmelrüschen. *Weste:* weiß, oberschenkellang mit kleinen Schößen, hochgeschlossen mit zehn Knöpfen. Pattentaschen an den Schößen links und rechts. *Gürtel:*

42

43

weißer Leibriemen mit gelber rechteckiger Schließe. *Säbel:* links unter dem Rock befestigt, kurze und schwarze Scheide. *Rock:* kräftiges Rot, tailliert, den halben Oberschenkel bedeckend, offen getragen, neun silberne Knöpfe rechts. Kleiner schwarzer Kragen und kleine schwarze Aufschläge am Ärmel mit zwei Knöpfen. Rechts Achselspange, schwarz, mit Fransen-Epaulette. Die weißgefütterten Schoßteile sind mit weißen Bändchen zusammengehängt. *Hose:* weiß, enganliegend bis unters Knie reichend. *Strümpfe:* weiß, Innenzwickel, am Knöchel dunkel abgegrenzt. *Schuhe:* schwarze Halbschuhe, flach.

43
»EIN GRENADIER VOM REGIMENT«

*Gestalt:* frontal, etwas nach rechts blikkend, die Rechte hält ein Bajonettgewehr, die Linke gestreckt am Krummsäbel.
*Kopfbedeckung:* schwarzes hohes Kaskett, vorne mit Metallemblem als Regimentsabzeichen. Hinten, über niedrigen Rand ragend, rote Federnraupe mit schwarz-rot-weißer Kokarde. *Haartracht:* gepudert, Ohrenrolle, schwarze Zopfschleife im Nacken. *Hemd:* weißer Rand am Hals. *Halstuch:* schwarzer, schmaler Halsflor. *Rock:* weiß, zugeknöpft bis auf den obersten Knopf, dort weißes Hemd sichtbar. Fünf Knöpfe. Unter dem Gürtel Koppel, Schoßteile mit aufgeschlagenen blau-rot gefütterten Schößen, Zipfel zurückgebunden, etwa oberschenkellang. *Gürtel:* weiß, nicht sehr breit, Metallplattenverschluß. Daran hängt auf der Hüfte der schwarze Krummsäbel. *Bandelier:* weiß, breit, von der linken Schulter zur rechten Hüfte, mit Beschlag an der linken Schulter, vorne auf der Brust ein rollenartiger Gegenstand mit Bogengriff. *Hose:* weiß, straff. *Gamaschen:* übers Knie reichend, schwarz, Knöpfe von unten bis oben seitlich sichtbar. *Schuhe:* schwarz, flach. *Gewehr:* mit Bajonett, braun, mit Metallspitze.

Bemerkung: Weißer Hemdrand unter dem schwarzen Halstuch. Nicht umgekehrt!

44 Tafel 17
»EIN HAUBOIST DES LÖBLICHEN REGIMENTS«

*Gestalt:* nach rechts gewandt, in der Linken großes Horn, die Rechte in die Weste gesteckt.

*Kopfbedeckung:* dreifach aufgestülpter schwarzer Hut mit Silberzackenbordüre, grauem Federstoß links sowie großer schwarzer Masche. *Halstuch:* weiß. *Hemd:* glatter Rand und Jabot am Hals, Ärmelrüschen. *Weste:* gelb, unter dem Gürtel; kurze Schößchenteile, mit doppelten weißen oder silbernen Tressen besetzt. *Leibriemen:* schmal, weiß, mit Metallverschluß, rechteckig. *Säbel:* daran befestigt, unter dem Rock ist die schwarze Hülle sichtbar. *Rock:* hellrot, tailliert, oberschenkellang mit gerafften Schößen. Schwarzer schmaler Kragen; vorne Revers, schmale Ärmelaufschläge und Schoßenden schwarz mit silbergrauer Borte eingefaßt, ebenso gestickte Knopflöcher. Weißes Futter innen, offen getragen. *Hose:* gelb wie die Weste, anliegend. Mit Silberborte gefaßte Längstaschen links und rechts. *Gamaschen:* schwarz, bis übers Knie reichend, seitlich mit vielen Knöpfen (14). Unten Steg und Lasche. *Schuhe:* schwarz, flach. *Horn:* großes jagdhornartiges Instrument.

45

47

45
»EIN TRABANT«

*Gestalt:* nach rechts gewandt, Linke in der Weste steckend, die Rechte hält den Stock eines Spontons. Erzbischöfliche Leibwache.
*Kopfbedeckung:* schwarzer, dreimal aufgestülpter Hut, hell gerandet. *Haartracht:* grau gepudert, zwei Ohrenrollen, hinten Zopfschleife, langer, abstehender Zopf mit offenem Haarende. *Hemd:* Jabot, kleine Ärmelrüschen. *Weste:* gelb (vielleicht irchenes Rauhleder?), Schöße und Taschenpatten, drei Knöpfe darauf, ab der Mitte Knöpfe bis zum Hals, zum Teil vom Jabot verdeckt, oberschenkellang. *Gürtel:* hellgelbe, breite Metallschließe, der Degen hängt links daran unter dem Rock. *Rock:* scharlachrot, offen getragen, mit Knopf- und Knopflöcherseite links und rechts ab der Mitte bis oben. Taschenpatten am Schoßteil mit drei Knöpfen; schwarzer Kragen und schwarze Ärmelaufschläge mit drei sichtbaren Knöpfen. *Hose:* schwarz, Knieform, vom Schaftstiefel über das Knie hinaus bedeckt. *Schuhe:* Stiefel mit Schaft, über das Knie bis zum Westenrand reichend, etwas unklar.

46 Tafel 18
»DER REGIMENTS TAMBOUR«

*Gestalt:* frontal, nach rechts blickend, die Rechte präsentiert einen Stock, die Linke in die Hüfte gestützt.
*Kopfbedeckung:* schwarzes Kaskett mit Wappenemblem, rot-weißer Straußenfederraupe von hinten bis oben vorne. *Haartracht:* weiß gepudert, Ohrenrolle, im Nacken schwarze Zopfmasche. *Halstuch:* schwarze Binde. *Hemd:* weißes Halsrändchen, kleines Jabot, Ärmelrüsche. *Rock:* weiß, hochgeschlossen, weiße Knöpfe, fünf sichtbar; tailliert mit Schößen, oberschenkellang. Hellroter, kleiner Kragen, Ärmelaufschläge und Schößchenfutter in derselben Farbe. Am Ärmel zwei Knöpfe. Acht waagrechte Reihen schwarzer und weißer Tressen auf der Brust, ebensolche, je sechs, auf dem Ärmel. *Gürtel:* weißer Leibgurt, viereckige gelbe Schließe. *Bandelier:* von der rechten Schulter zum linken Oberschenkel; breites hellrotes Band mit grauer (silberner?) Tresse gerandet, aufgelegtes Wappenemblem des Landesfürsten und andere Ornamente, unten zwei Quasten, daran zwei Trommelschlegel. *Säbel:* links in schwarzer Scheide, Kurzform. *Hose:* weiß, anliegende Kniehose. *Gamaschen:* bis übers Knie, seitlich acht Knöpfe, Lasche über dem Schuh. *Schuhe:* schwarz, flach.

47
»EIN TAMBOUR«

*Gestalt:* frontal, nach rechts blickend, Trommel auf der linken Hüfte, mit beiden Händen trommelnd.
*Kopfbedeckung:* schwarzes Kaskett. Vorne Metallemblem mit landesfürstlichem Wappen, von hinten herauf, den Kopf überragend, weiße Federrolle. *Haartracht:* weiß gepudert, Ohrenrolle, schwarze Zopfschleife. *Halstuch:* schmaler schwarzer Streifen am Hals. *Hemd:* weißer Halsrand, ganz kleines Jabot am oberen Rockteil. *Rock:* weiß, hochgeschlossen, sechs Knöpfe sichtbar, Ärmel mit sechs hellblauen Bortenreihen, darauf weiße Zackenmuster. Hellroter kleiner Halskragen, ebensolche kleine Ärmelaufschläge und Futter in den Rockschößen, die Vorder- und Hinterzipfel zusammengebunden, Oberschenkellänge. *Hose:* weiß, straff. *Bandelier:* breit, weiß, von der rechten Schulter zur linken Hüfte hängend, daran Trommel mit Schnalle auf der Brust befestigt. *Gürtel:* weiß, rechteckige Metallplatte. Auf dem Rock an der Schoßteilung herumgelegt. *Schuhe:* flacher schwarzer Schuh. *Gamaschen:* schwarz, bis über das Knie reichend, mit Knöpfen (sieben seitlich sichtbar). *Trommel:* braun, mit Zackenbespannung auf Zarge.

48

48
»EIN SOLDAT VOM SCHLOSSKOMMANDO«

*Gestalt:* frontal, Linke in Weste gesteckt, die herabhängende Rechte trägt einen Krug am Henkel.
*Kopfbedeckung:* dreifach aufgestülpter schwarzer Hut, weiß bordiert an den Rändern, ganz links Aufschlag, schwarzer Federnstoß in roter Kokarde und Litzenbehälter. *Haartracht:* Naturhaar, Ohrenrolle, Oberlippen-Schnurrbart mit langen Enden nach oben, mit ganz kurzen nach unten weisend. *Halstuch:* kleiner schwarzer Halsflor, eng um den Hals gelegt. *Weste:* weiß, hochgeschlossen, sieben Knöpfe sichtbar, endet über der Körpermitte mit kleinen Schößchen, darauf Taschenpatten mit zwei Knöpfen. *Gürtel:* weiß, breit, mit rechteckigem Metallblattverschluß, links daran, an Schlaufe hängend, Gegenstand mit zweimal rechtwinkelig gebogenem Griff. *Rock:* weiß, nicht ganz knielang, offen getragen. Geraffte Schöße. Acht Knöpfe am rechten Vorderteil, links die entsprechenden, mit Litzen verzierten Knopflöcher. Roter kleiner Halskragen, ebenso hellrote kleine Ärmelaufschläge mit zwei Knöpfen. *Hose:* weiß, knapp, zwei Knöpfe an seitlichem Knieverschluß. *Strümpfe:* weiß. *Schuhe:* schwarz, knöchelhohe Schnallenschuhe. *Krug:* hellbräunlich, birnenförmig mit Henkel, Ausgußdelle und Standring.

Bemerkung: 1. Martialisch mit aufgewichstem Schnurrbart. 2. Seltsamer Gegenstand, unter dem Rock am Gürtel links hängend. 3. Die militärische Weste ist auch hier etwas kürzer als die modische.

49 Tafel 19
»EIN KAPELLMEISTER IM CHORROCKE«

*Gestalt:* nach rechts gewendetes Profil, die Rechte mit Notenrolle erhoben, die Linke nach unten weisend.
*Haartracht:* weiß gepudert, Gesichtsumrahmung, über dem Ohr Lockentuff, hinten große schwarze Schleife, Haarbeutel? *Hemd:* Halsrand, Ärmelrüsche. *Rock:* dunkellachsfarbig. Großer Ärmelaufschlag, zwei schmale Goldborten und drei Knöpfe dazwischen; Goldborte auch am Halsrand. *Chorrock oder Talar:* langer schwarzer Rock, bis zu den Schuhen reichend, vorne mit vielen schwarzen Knöpfen geschlossen. *Chorhemd:* weiß, kleiner Spitzenrand am Hals und Jabotteil, weiter am Oberarm endender Ärmel, gleichfalls Spitzenrand wie am unteren hüftlangen Ende. *Schuhe:* schwarze Schnallenschuhe.

50
»EIN DOMKORALIST IM KORROCKE«

*Gestalt:* nach rechts gewandt, mit erhobener Rechten, die Linke hält ein Notenblatt.
*Haartracht:* bräunliche Perücke, Gesicht von flacher Rolle umrahmt, oberhalb der Ohren zwei, hinten drei Reihen Locken bis zum Nacken. *Halskragen:* weiße Beffchen, roter schulterbreiter Kragen rundum. *Hemd:* Ärmelrüsche. *Rock:* lehmgelbe Ärmelaufschläge und Teil eines Ärmels bis zum Ellbogen sichtbar, zwei Knöpfe mit Litze als Knopflochverzierung, rund, gelb. *Chorhemd:* weiß, faltig, weit, bis unter das Gesäß reichend, Ärmel weit faltig bis zum Ellbogen. *Chorrock:* stahlblau, fußlang, mit gelben Knöpfen und Knopflöcherlitzenreihe, von unten bis oben hinaufreichend. Acht Knöpfe sichtbar. *Schuhe:* schwarz, mit rechteckiger Schnalle aus gelbem Metall.

50

51 Tafel 20
»EIN ENGEL MIT BLECHERNEN GEMAHLENEN FLÜGELN, WIE SELBER NEBEN DEM HOCHWÜRDIGEN GUT MIT DER KLINGEL AM FRONLEICHNAMS TAGE MITGEHT«

*Gestalt:* zum Teil nach links gewandt. Die Linke auf die Brust gelegt, in der Rechten Klingel mit Handgriff. Blecherne bemalte Flügel, Prozessionsfigur.
*Haartracht:* weiß gepudert, Gesichtsumrahmung, nackenlange vierfache Lockenreihe. *Hemd:* am Hals anliegend, glatte lange Ärmel, bis zu den Schuhen herabreichend, weiß. *Chorhemd:* rosa, glatt, mit kurzen weiten Ärmeln. *Schuhe:* goldfarben, flach, über den Knöchel heraufreichend.

Bemerkung: Es handelt sich dabei um eine Art Maske.

52 Tafel 21
»EN DOMMINISTRANT«

*Gestalt:* nach links gewandt, mit Kerze in der Linken, die Rechte in Brusthöhe.
*Haartracht:* grau gepudert, Gesichtsumrahmung, seitlich und hinten zwei Rollen, nackenlang. *Halskragen:* Beffchen hellblau, weiß gefaßt, roter breiter Schulterkragen. *Chorrock:* blau, fuß-

lang, hellroter Besatz, von oben bis unten rote Knöpfe und Knopflöcher (sieben sichtbar); rote breite Ärmelaufschläge. *Hemd:* Ärmelrüschen. *Chorhemd:* weiß, bis zum Oberschenkel reichend, weit; tief angesetzte, sehr weite Ärmel, am Ellbogen mit Zipfeln endend. *Schuhe:* schwarz, flach.

53 Tafel 22

»EINER VON JENEN 8 BEGLEITERN BEY PROVIDIERUNG DER KRANKEN DES HOCHWÜRDIGSTEN GUTS«

*Gestalt:* nach rechts blickend, Fackel mit Stockgriff und Tellerschutz in der Rechten, die Linke in Weste gesteckt.
*Haartracht:* weiß gepudert, oben glatt, seitlich eine Rolle, vom Ohr nach hinten zum Hals abbiegend. *Halstuch:* weiß, eng um Hals geschlungen. *Hemd:* Jabot ohne Spitzen, Ärmelbündchen. *Weste:* dunkelgrau, mit Schößen, gesäßlang, ab der Mitte, nach oben zu 13 Knöpfe, oben offen; links Knopflöcher angeordnet, unten links und rechts Taschenpatten sowie je zwei Knöpfe auf den Schößen. *Rock:* ebenso dunkelgrau, etwas länger als das Knie, links Knopflöcher ab der unteren Mitte bis oben. Großer kantiger Ärmelaufschlag, ohne Kragen. *Mantel:* Umhang ohne Ärmel mit Schulterkragen, hellrot, Kragen goldbortenbesetzt, unten wadenlang, weit ausschwingend. *Strümpfe:* weiß, mit schmalen Zwickeln am Knöchel. *Schuhe:* schwarz, knöchelhoch, Metallschnalle.

54 Tafel 23

»HUNDSAUSPEITSCHER VOR DER DOMKIRCHE«

*Gestalt:* nach links gewandt, Linke in Muff, die Rechte hält den Stab, auf dem, über den Kopf ragend, eine stachelige Kugel (ein ausgestopfter Igel?) steckt.
*Kopfbedeckung:* flacher, schwarzer Dreispitz. *Haartracht:* graue Perücke, eine Ohrenrolle, zwei Nackenrollen angeordnet. *Halstuch:* weiß oder ein Hemdrand. *Weste:* hellgelbgrün, hochgeschlossen, gleichfarbige Knöpfe, kurze Schöße, rechts Taschenpatte sichtbar. Gesäßlang. *Rock:* dunkelrotbraun, kragenlos, knielang, rechts Knopfreihe ab unterer Mitte (zehn Knöpfe sichtbar). Links unten Taschenpatte mit drei Knöpfen und Zierknopflöchern. Breiter Ärmelaufschlag, leicht geschlitzt. Im Vorderteil graugrün gefüttert. *Hose:* schwarze Kniehose. *Strümpfe:* hellgrau, mit gelblichgrauen waagrechten Ringeln sowie Punktmuster. *Schuhe:* schwarzer Schnallenschuh. *Muff:* grauweiß, langhaarig mit schwarzen, regelmäßigen Haarbüscheln.

Bemerkung: Muff, gemusterte Strümpfe!

55

»HAUPTKLAGE DER HOCHFÜRSTL. RÄTHE«

*Gestalt:* nach links blickend, Profil, Hände ineinander gelegt. Trauerkleidung.
*Kopfbedeckung:* schwarzer, flachkrempiger breiter Hut mit flachem breitem Gupf, zwei Trauerflorbänder mit Schleife hinten am Gupfrand befestigt, über Krempe und Rücken bis in Hüfthöhe herabhängend. *Haartracht:* ungepudert, natur, eine Ohrrolle, sonst offen, lang über Schulter hängend. *Hemd:* weißer Halsrand und Jabot, Ärmelrüsche. *Weste:* schwarz, mit Knöpfen bis oben (fünf sichtbar), gesäßlang. *Rock:* knielang, schwarz, offen getragen mit vielen Knöpfen, schwarz (vier oben sichtbar). Taschenpatte unten rechts mit drei Knöpfen. Am Ärmelaufschlag weißer Besatz. *Handschuhe:* weiß, mit kleiner Stulpe. *Hose:* schwarze Kniehose. *Mantel:* Umhang ohne Ärmel mit kleinem Kragen, vorne etwas zurückgeschlagen, fast knöchellang. *Strümpfe:* schwarz, senkrechte Streifenmuster angedeutet. *Schuhe:* schwarz, mit viereckiger Schnalle.

Bemerkung: Offenes Haar statt Zopf! Trauerflorschleier vom Hut hängend. Ärmelrand weiß, weiße Handschuhe.

56 Tafel 24

»HAUPTKLAG DER CAVALIERS UND LANDLEUTE«

*Gestalt:* nach rechts gewandt, Profil, ganz schwarz gekleidet, mit weißem Tuch über den Händen. Trauerkleidung der Adeligen.
*Kopfbedeckung:* großer, flacher Hut, breite Krempe; niedriger, flacher, breiter Gupf und darum gebundener Trauerflor, hinten eine Schleife und zwei lange, bis zum Oberschenkel herabhängende durchsichtige Florteile. *Haartracht:* natur, nach hinten gekämmt und lang über den Rücken herabfallend. *Mundtuch:* schwarz, schurzförmig, unter der Nase. Gesicht bis zu den Ohren, den Hals und die Brust (bis zur Körpermitte) bedeckend. *Weste:* schwarz, gesäßlang. *Rock:* schwarz, fast knielang, großer Ärmelaufschlag mit weißem Rand. *Handschuhe:* weiße Fingerhandschuhe, kleine Stulpe. *Hemd:* Ärmelrüsche. *Hose:* schwarz, knielang. *Strümpfe:* schwarz. *Schuhe:* schwarze Schnallenschuhe. *Tuch:* weiß, größeres Taschentuch? Trauertuch? *Mantel:* schwarz, langer Umhang, mit kleinem Halskragen, um Schultern gelegt, nachschleppend.

Bemerkung: Offene Haare, Handschuhe, Mundtuch! Weißer Ärmelrand.

57

»EIN BÜRGER IN DER KLAG«

*Gestalt:* nach rechts gewandt, gefaltete Hände mit Rosenkranz. Trauertracht.
*Kopfbedeckung:* Hut, mittelbreite flache Krempe, schwarz, leicht aufgebogen; flacher mittelbreiter Gupf, von breitem Trauerflor umgeben, der hinten bis zur Körpermitte herabhängt. *Hemd:* weißer Rand am Hals oder ein Halstuch. *Rock:* schwarz, schwarze Aufschläge, sonst nichts zu sehen. *Handschuhe:* schwarz. *Mantel:* Umhang ohne Ärmel, Kragen, linker Teil etwas umgeschlagen, wadenlang. *Strümpfe:* schwarz. *Schuhe:* sehr

55

57

flache, schwarze Schnallenschuhe. *Rosenkranz:* kleine graue Perlen und Kreuz.

58 Tafel 25

»EINE BÜRGERIN IN DER KLAG«

*Gestalt:* nach vorne gewandt, Hände mit Rosenkranz gefaltet, Trauertracht. *Kopfbedeckung:* breiter, flachkrempiger, mit schmalem spitzen Gupf versehener schwarzer sogenannter Nebelstecher. Darunter weiße Bundhaube mit geschwungenen Rändern an den Ohren und an der Stirn, und wiederum darunter die schwarzen Ohrenspitzen einer Visierhaube. *Umhang:* unter der Nase, Mund, Hals, Rücken, Brust, Schultern, die Oberarme bedeckend, vorne zur Leibesmitte, hinten bis unter die Körpermitte reichend, in Falten angeordnetes weißes Trauertuch. *Rock:* schwarz, reich gefältelt, bis zu den Schuhen reichend. *Handschuhe:* lange, bis zum Ellbogen reichende schwarze Fingerhandschuhe. *Schürze:* schwarz, vordere Körperhälfte bedeckend, reich gefaltet, gleich lang wie der Rock. *Schuhe:* schwarz, spitz. *Rosenkranz:* aus schwarzen Perlen.

59 Tafel 26

»EIN KAUFMANN«

*Gestalt:* nach rechts gewandt, im Profil, die Rechte in Weste gesteckt, die Linke auf die Leibesmitte gelegt. *Haartracht:* Perücke weiß gepudert, Gesichtsumrahmung, seitlich drei Ohren-Lockenreihen, nach hinten, zu den Schultern, in zwei Reihen verlaufend. *Halstuch:* weiß oder Hemdrand. *Hemd:* Jabot mit Spitzen auf der Brust, Spitzenkrause an den Ärmeln. *Weste:* schwarz, ohne Kragen, oberschenkellang, in der Mitte geschlossen, oben offen. *Rock:* aus gleichem schwarzem Stoff, knielang, offen getragen, mit großem Ärmelaufschlag, links fünf Knopflöcher im oberen Teil sichtbar. *Mantel:* hellroter ärmelloser Umhang mit breitem Kragen, bis über die Waden reichend. *Hose:* schwarze Kniehose. *Strümpfe:* schwarz. *Schuhe:* Schnallenschuh mit Lasche, Sohle durchlaufend zu Absatz verdickt.

60 Tafel 27

»EINE LEDIGE KAUFMANNS TOCHTER«

*Gestalt:* frontal, mit übereinandergelegten Händen, in der Rechten ein Fächer. *Kopfbedeckung:* Berghaube, ein schwarzer Rüschenwulst auf schwarzem geschwungenem Ohrenspitzenhäubchen. *Haartracht:* an Stirnansatz weiß gepudert. *Ohrenschmuck:* Rosettchen mit dunklem Stein. *Halsschmuck:* zweireihige Kette aus Perlen. *Halstuch:* weißes, halsfern umgelegtes, die Schultern bedeckendes Spitzenstofftuch mit Spitzenrand, vorne gekreuzt, in den Brustlatz der Zierschürze eingesteckt. *Hemd:* reiche lange Ärmelspitzen am Ellbogen. *Kleid:* eng geschnürte Taille mit hüftlangem Schößchen, Ärmel glatt, eng, Flossenaufschlag, goldbordiert. Hellblauer, mit Blumensträußchen broschierter Stoff für Taille und Rock. *Rock:* weiter Reifrock aus demselben blauen, mit Blumensträußchen versehenen Stoff, bis zu den Schuhen reichend, unten grünliche Borte. *Handschuhe:* Handstitzeln schwarz (Samt?), fingerfrei mit dreieckiger dunkelrotgoldener Zierklappe auf dem Handrücken. *Schürze:* Latz und Vorderteil weiß, mit Rüschen gerahmt, Taschenschlitze ebenso angedeutet, vorne weiße Bandschleife, rocklang. *Schuhe:* rosa, spitz. *Fächer:* zusammengeklappt, braun, in der Rechten gehalten.

Bemerkung: Berghaube, obwohl ledig!

61 Tafel 28

»EINE BRAUERS FRAU IM WAMS«

*Gestalt:* nach links gewandt, nach rechts blickend, Hände verschränkt, in der Rechten ein Rosenkranz. *Kopfbedeckung:* Haube mit vorne hoch aufstehendem und auch hinten wieder seitlich abstehendem Pelzrand, schwarz, weiße Ohrenspitzen links sichtbar. *Halsschmuck:* schwarzes dünnes Kettchen oder Bändchen eng um den Hals. *Halstuch:* schwarz, etwas halsfern gelegt, vorne übereinander und in den Hemdausschnitt gesteckt. *Hemd:* weiß, um das Halstuch gelegter Ausschnitt mit Spitzenbesatz, breite Ärmelspitze. *Spitzenkragen:* breit viereckig, ein weißer Stoffstreifen im Rechteck unter den Hemdausschnitt gelegt, außen breite durchsichtige Spitze angesetzt. Weit über die Schulter ragend und die Brust bedeckend. *Leib:* schwarz, auf Taille geschnitten und vorne geschlossen. Großer schwarzer Flossenärmel, sogenanntes »Wams«. *Handschuhe:* fingerfreie Samtstitzeln mit lachsrotem Besatz und Goldtresse. *Garnierband:* lachsrosa, vorne über die Schürze gebunden. *Schürze:* weißer, zarter Spitzenstoff, fast kleidlang. *Wamsschöße:* schwarz, bis auf die Schuhe reichend, seitliche Schlitze, Goldbortenrand. *Unterkleid:* hellgrün, durch die Schlitze leuchtend. *Frauengürtel:* aus vergoldeten Plättchen, längliche vergoldete Besteckscheide, seitlich rechts über Schürze und Rock herabhängend. *Schuhe:* schwarz, spitz, mit rotem Stöckel. *Rosenkranz:* lang herabhängend, schwarze Perlen, dazwischen größere Goldperlen, unten Kreuz und Schaumünze.

62

»EIN SIEBENSTÄDTLER IN SEINER VORIGEN TRACHT«

*Gestalt:* nach links gewandt, die Rechte erhoben, die Linke in die Weste gesteckt, den Hut unter dem Arm eingeklemmt. Student aus einer der sieben Salzburger Städte. *Kopfbedeckung:* die Spitze eines schwarzen Dreispitzes ist sichtbar. *Haartracht:* braun, natur, mit Ohrenrolle, Nackenrolle. *Halskragen:* weiße Beffchen. *Weste:* mittelblau wie Rock und Mantel, Knopfverschluß (acht sichtbar), zum Teil geöffnet. Schoßteile mit Taschenpatte, ein Knopf darauf sichtbar, oberschenkellang. *Hemd:* Ärmelrüsche. *Rock:* ebenso mittelblau, Knopfreihe

62

von der unteren Mitte bis oben (zehn sichtbar). Schoßteile mit Taschenpatte, knielang. Ärmelaufschlag breit mit drei Knöpfen und Zierknopflöchern. *Mantel:* Umhang mit Kragen. *Strümpfe:* weiß, mit angedeutetem Quermuster, Streifen und Punkte. *Schuhe:* dunkelgraue Halbschuhe, spitzformig, flach.

Bemerkung: Es scheint sich um eine ältere, zum Zeitpunkt der Anfertigung der Zeichnung also bereits abgeschaffte Tracht zu handeln.

63 Tafel 29

»A) EIN WAISENKNABE IM ORDINAIRE KLEIDE UND B) IM PROZESSIONS KLEIDE«

*Gestaltung:* Darstellung zweier Figuren.
*Figur A):*
*Gestalt:* nach links gewandt, mit der Linken mit dem Finger zeigend, mit der Rechten den Hut unter dem Oberarm einklemmend. Zugleich Beispiel der einfachsten Stadttracht.
*Kopfbedeckung:* schwarzer Dreispitz. *Haartracht:* Naturhaar, gescheitelt, Ohren bedeckend, auf den Schultern eingerollt. *Hemd:* weißes Rändchen am Hals oder Halstuch? Weiße Bündchen am Ärmel. *Weste:* scharlachrot, hochgeschlossen, ab der Mitte mit sieben bordierten gleichfarbigen Knöpfen. Oberschenkellang. *Rock:* gleichfarbig scharlachrot, kragenlose taillierte Form, unten Falten, weit, offen getragen, mit acht bordierten Knöpfen am vorderen rechten Teil. Drei Knöpfe am Ärmelaufschlag, ebenso bordiert. Nicht ganz knielang. *Hose:* schwarze Kniehose. *Strümpfe:* mittelblau. *Schuhe:* schwarze Halbschuhe, flach.
*Figur B):*
*Gestalt:* nach links gewandt, nach rechts blickend, linke Hand hält Dreispitz, Rechte (mit Sammelbüchse?) am Bügelgriff.
*Kopfbedeckung:* schwarzer Dreispitz. *Haartracht:* Naturhaar, gescheitelt, ohrenfrei, Nackenrolle. *Hemd:* weißes Halsbündchen, Ärmelbündchen. *Chorrock:* mittelblau, glatt, unter die Waden reichend, mit glatten Ärmeln und Ärmelaufschlag, ganz geschlossen; mit extra abhängendem Schulterteil, beinahe ebenso lang wie der Rock, Art Talar oder Chorrock. *Strümpfe:* weiß. *Schuhe:* schwarzer flacher Halbschuh.

64 Tafel 30

»EIN STUBENMÄDCHEN«

*Gestalt:* nach rechts gewandt, im Profil, Linke in der Schürzentasche, Rechte hält einen Fächer?
*Kopfbedeckung:* kleines Salzburger Goldhäubchen der Zeit mit weißen Ohrenspitzen, links hinten Teil einer rotgoldenen Zierschleife sichtbar. *Haartracht:* auf der Stirn weiß gepudert, im Nacken Flechtennest. *Hals:* weiß gepudert. *Halsband:* lose um den Hals geschlungenes dünnes schwarzes Halsbändchen mit Mascherl, lang herunterhängend. *Hemd:* weiße Spitzen, ovale Rüschenumrandung des Taillenausschnitts, vielleicht Hemdspitze, am Handgelenk ebenfalls Stoffrüsche, weiß. *Taille:* Corsage, blau, spitzoval ausgeschnitten, mit Rüsche aus demselben Stoff am Ausschnitt und am schmalen Ärmelende versehen, vorne sehr spitze Schneppe, hinten bis über die Hüfte reichende faltige Schößchen in Einzelteilen. *Garnierband:* rosa, am Ende der Schneppe zur Schleife geknüpft. *Schürze:* unter die Taille gebunden, seitlich der Schneppe zwei Täschchen, hellgelb, etwas kürzer als der Rock. *Rock:* reich faltig, wahrscheinlich kein Reifrock, fast bis zum Schuh reichend, rosa. *Strümpfe:* hellblau. *Schuhe:* gelber gebundener Halbschuh, spitz, mit Stöckel.

Bemerkung: Die Figur hält wahrscheinlich einen Fächer in der Rechten und ist viel moderner gekleidet als die ledige Kaufmannstochter.

65 Tafel 31

»EINE KÜCHENMAGD MIT DEM FISCHKESSEL«

*Gestalt:* nach rechts gewandt, unter dem rechten Arm Holzscheite, am linken Arm Kupferkessel mit Deckel, darin Fische.
*Kopfbedeckung:* schwarzes Ohrenspitzenhäubchen, offene Visierhaube, hinten brauner Haarknoten. *Halsflor:* schwarz, schmal, ovale Florschnalle, grau, vielleicht Silber. *Halstuch:* Dreieckform, rötlich-bläulich gemustert, in Miederstecker eingesteckt. *Hemd:* weiß, unter dem Halstuch etwas zu sehen, weite Ärmel, am Ellbogen aufgeschlagen. *Miederstecker:* hellrot, breiter Dreieckskeil mit Silberborte am oberen Rand, einfach schwarz verschnürt. *Mieder:* stärker rot, vier Miederösen, Achselspangen mit grauschwarzen Schleifchen gebunden. *Rock:* violettbraun, fast knöchellang, reich gefaltet. *Schürze:* mittelblau, den vorderen Rockteil abdeckend, nicht ganz so lang wie der Rock. *Strümpfe:* grau. *Schuhe:* schwarz, Stöckel rot, graue (Silber?) Schnalle, rechteckig.

Bemerkung: Haubenform (Visierhaube!), rote Stöckel an den Schuhen, die Miederart ist sichtbar!

66 Tafel 32

»EIN BÄCKERKNECHT AM TUNZELTAGE«

*Gestalt:* nach rechts gewandt, in der Rechten Deckelpokal, in der gesenkten Linken Degenknauf. Zunftfestgewand für den Zunftjahrestag.
*Kopfbedeckung:* stark aufgebogener Dreispitz, schwarz, mit dunkelkarminrotem Straußenfederputz garniert. *Haartracht:* Naturhaar, halb ohrenfrei, Nackenlocke. *Hemd:* Halssteg oder Halstuch, weiß. Jabotrüschen am Hals zwischen den Westenrändern, Ärmelbündchen. *Weste:* kräftiges Hellblau, 29 Knöpfe, sichtbar geschlossen, oben zwei offen, Schöße mit Taschenpatte und zwei Knöpfen. *Rock:* hellgrau, kragenlose Form mit sieben sichtbaren, flachen, großen, ebenso grauen Knöpfen rechts und neun sichtbaren Knopflöchern links versehen. Reiche Faltenschöße im unteren Teil, Taschenpatte

links mit zwei Knöpfen. Großer Ärmelaufschlag mit drei Knöpfen. Blaues Futter wie der Westenstoff. *Hose:* schwarze Kniehose, eng. *Degen:* unter dem Rock links an der Weste befestigt, vorne ist der Griff sichtbar. Hinten das Scheidenende unter dem Rock hervorstehend. *Strümpfe:* hellblau mit hohen dreieckigen Zwickeln oberhalb des Innenknöchels. *Schuhe:* Schnallenschuh, schwarz.

Bemerkung: Zunftgefäß Deckelpokal, Paradesäbel, Plumage am Hut.

67 Tafel 33

»EIN METZGERKNECHT BEY DEM VORMALIGEN METZGER IN BRUNNSPRINGEN«

*Gestalt:* nach rechts schreitend, die Rechte mit dem Säbel erhoben, die Linke an Bandelier angelegt.
*Kopfbedeckung:* Kappe, Art Schlägelkappe oder Kaskett, hellgrün mit steilem hohem Rand, links Schleife bräunlich, größeres Blumengesteck haltend. *Hemd:* kleines Rändchen beim Hals. *Rock:* hellrot, hochgeknöpfte Schößchenform, nur gesäßlang, ober der Körpermitte geschlossen, geknöpft mit weißen Kugelknöpfen, Taschenpatten im unteren Vorderteil mit drei Knöpfen, glatte Ärmel mit einem Knopf am Schlitzverschluß. *Schärpe:* von der rechten Schulter zur linken Hüfte gelegt und unten in einer Schleife geknüpft, mit Spitzenbesatz, weiß. *Hose:* schwarze Kniehose. *Säbel:* leicht gekrümmt. *Strümpfe:* weiß. *Schuhe:* flacher schwarzer Schuh mit breitem flachem Absatz.

Bemerkung: Säbel, Kappe, Schärpe, »vormalig« = abgeschafft. Im 20. Jh. wieder eingeführter Brauch.

68

»EIN LEDERERKNECHT IM GOLLER VON VORNE«

*Gestalt:* frontal, unter der Rechten den Säbel eingeklemmt, in der Linken ein Paar gelbe Handschuhe. Festkleidung an Zunftfeiertagen.
*Kopfbedeckung:* schwarzer Dreispitz. *Haartracht:* ohrenfrei, Locke im Nakken. *Hemd:* Halsrand weiß, mit kleinem Beffchenkragen. *Rock:* gelb, unterknielang, die Hose fast verdeckend. Hochgeschlossen; glatter Ärmel mit blaugrauer Stulpe und graugelber Einfassung. *Goller:* blaugrün, langes, bis ober Knie reichendes, offen getragenes Wams mit zwei- und dreifachem heller

68

schattiertem Bandbesatz, Ärmelloch von Rüschenrand umgeben. *Hose:* schwarze Kniehose. *Säbel:* Kurzform, in schwarzer Scheide. *Strümpfe:* weiß. *Schuhe:* schwarz, flach, mit Schleifen.

Bemerkung: Seltener gelber geschlossener Rock und Überrock, alter Name Goller! Säbel als Repräsentationsobjekt.

69 Tafel 34

»EIN LEDERERKNECHT IM GOLLER VON HINTEN«

*Gestalt:* Rückenansicht, die Rechte erhoben. Festkleidung wie bei Kat. Nr. 68.
*Kopfbedeckung:* schwarzer Hut, Dreispitz. *Haartracht:* natur, Nackenrolle. *Goller:* blaugrün, langes, mit Schoßteilen bis über Knie reichendes ärmelloses Wams; breiter Miedergürtel, frei bis unter das Knie herabhängende Achselstreifen; heller schattierter Bandbesatz mit Doppelwirkung an allen Nähten und Kanten. Ebensolche Rüschen an Ärmelloch, Gürtel, Achselstreifen. *Rock:* gelb, unter das Knie reichend, unter dem Goller getragen. *Strümpfe:* weiß. *Schuhe:* schwarz, flach, kleiner Stöckel.

Bemerkung: »Goller« im Gegensatz zu früheren Definitionen »enges Brustkleid« bei Geramb. Hier eine Art Wams ohne Ärmel mit langen Schößen.

70 Tafel 35

»EIN BÜRGERL. ZUNFT- ODER ZECHMEISTER BEY DER FRONLEICHNAMSPROZESSION VORMALS«

*Gestalt:* frontal, ein großes Zunftkreuz mit der Rechten am Schaft tragend, mit der Linken am Sockel haltend.
*Haartracht:* natur, seitlich gelockt, die Ohren verdeckend. *Hemd:* Ärmelbündchen, bauschig. *Chorhemd:* weiß, über den Rock gezogen, den Oberkörper bis ober das Knie bedeckend, ärmellos, aber mit spitzengefaßten Flügelrüschen am eingerahmten Ärmelloch, unterer Rand mit derselben Spitze besetzt. *Rock:* braunrot, Ärmel mit breitem Ärmelaufschlag, drei Kugelknöpfen und Litzenknopflöchern. *Chorrock:* talarartig, schwarz, fußlang, reich gefältelt, dichter Knopfverschluß von unten bis oben. *Schuhe:* schwarz, wenig sichtbar. *Zunftkreuz:* metallischgolden, je drei rote Steine und Filigran an den drei Armen und Strahlenbüscheln, gestufter Sockel.

Bemerkung: »Vormals«, also auch in dieser Zeit abgeschafft!

71

»DIE HIESIGE POSTAMTS UNIFORM«

*Gestalt:* nach rechts gewandt, in der Rechten Peitsche, die Linke an der Brust am Schulterband des Posthorns. Arbeitstracht.
*Kopfbedeckung:* schwarzer breiter Dreispitz mit breiter, glatter, silberner Borte am Krempenrand. *Haartracht:* natur, Ohren freilassend, Halslocken. *Halstuch:* hellrot, weiß gerandet, mit Mascherl und zwei Zipfeln am Hals. *Weste:* weiß, bis zum Hals geknöpft (sieben sichtbar), kleine Schößchen mit Taschenpatten, unterhüftlang. *Rock:* dunkelscharlachrot, offen getragen, mit sieben Knöpfen rechts und Knopflöchern links. Schwarzer kleiner Kragen am Hals und schwarze, nicht breite Ärmelaufschläge; Schoßteile schwarz gefüttert, die Spitzen der Vorder- und Rückseite zusammengehängt, schwarz gefüttert. Armbinde am linken Oberarm mit Wappenemblem. *Hose:* gelbbraun, von weißen breiten Streifen, sogenannten

Scharawaden (Unterstrümpfen) bedeckt. *Strümpfe:* weit über die Knie heraufgezogen, Scharawaden. *Schuhe:* hoch über das Knie heraufreichende, dunkelbraunschwarze Stiefel mit flachem Absatz, am Knie breiter Aufschlag, Sporen. *Peitsche:* mit roten Ringelchen oben, in der Mitte und unten verziert. *Posthorn:* kleine, einfache Hornform. *Wappenemblem:* am linken Oberarm auf schwarzer Binde und mit farbiger Schnur, rotweißgelb gefaßt, das landesherrliche Wappen des Eb. Hieronymus Colloredo.

72 Tafel 36

»EIN KELLNER«

*Gestalt:* nach links gewandt, Rechte mit Weinkrüglein, in der Linken ein Servierteller mit zwei Glasbechern. Arbeitstracht.
*Kopfbedeckung:* Haube, apfelgrün, mit kleiner Aufschlagrolle vorne, seitlich größerer Aufschlag, runder Haubenkopf. *Haartracht:* natur, ohrenfrei, nakkenlang. *Halsbinde:* gelblichrosa. *Weste:* hochgeschlossen, grün wie die Haube und der Rock, dunkelgrüner Besatz an der Verschlußkante und ebensolche Knöpfe (zehn sichtbar). *Schurz:* weiß, ein Zipfel über Weste und Hose rechts hinunterhängend. *Rock:* ebenso apfelgrün, glatt, offen getragen, ohne Kragen, mit Knöpfen rechts (zwölf sichtbar). Ärmel glatt, zwei Knöpfe am Ärmelschlitz, knielang. Unterer Rockteil rechts eine Taschenpatte mit drei Knöpfen. *Hose:* schwarz, Knieform. *Strümpfe:* weiß. *Schuhe:* knöchelhohe Schnallenschuhe.

73 Tafel 37

»EIN HAUSKNECHT«

*Gestalt:* nach rechts gewandt, Stiel eines Besens mit beiden Händen haltend. Arbeitstracht.
*Kopfbedeckung:* Haube, apfelgrün, vorne schmaler, hinten breiterer brauner Pelzrand am weichen runden Kopfteil. *Halsflor:* dünn, schwarz, vorne geknüpft und in die Weste gesteckt. *Hemd:* Ärmelbündchen. *Weste:* hellrot, hochgeknöpft (acht Knöpfe sichtbar), drei oben offen. *Schürze:* mittelblau, über Weste und Hose gebunden, nach links seitlich weggesteckt. *Rock:* apfelgrün, glatt, ohne Kragen, am Ärmelaufschlag vier Knöpfe, fast knielang. *Hose:* schwarze Kniehose. *Strümpfe:* mittelblau, am Knie mit Schleifchen gebunden. *Schuhe:* schwarzer Schnallenschuh, flach.

71

76

74 Tafel 38

»EIN FASSZIEHER ODER SOGENANNTER KROPPER«

*Gestalt:* etwas nach rechts gewandt, Hände in den Schurz gesteckt. Arbeitstracht.
*Kopfbedeckung:* Hut, schwarz, breit, mit aufgebogener Krempe. *Halsflor:* schwarz, vorne gebunden, in zwei Teilen herabhängend. *Rock:* weiß (Leinen?), knielang, unten faltig, weit, Ärmel glatt angesetzt, links Knopf am Schlitzverschluß. *Schurz:* hellbraun (Leder?) mit Brustteil, an schwarzen Bändern um Hals gelegt. Etwas länger als der Rock, wadenlang herunterhängend. *Riemen:* in der Leibesmitte, schwarz, mit Messerscheide und Greifhaken links behängt. *Strümpfe:* mittelblaue Stoff-Beinlinge. *Schuhe:* schwarze, flache Halbschuhe, Schnalle.

75 Tafel 39

»EIN RAUCHFANGKEHRER«

*Gestalt:* frontal, nach rechts blickend, Leiter mit der Rechten auf der Schulter haltend, kleiner Besen in der Linken unten. Arbeitstracht.
*Kopfbedeckung:* wie Rock und Hose, aus demselben braunen Stoff, eine Guglkappe mit schulterbreitem Halskragen, Gesicht freilassend, Ohren und Hals abdeckend. *Rock:* Kittel mit sechs Knöpfen, geschlossen, oberschenkellang, mit weitem Schoßteil unten. Enge Ärmel, am Schlitz zwei Knöpfe als Verschluß. *Gürtel:* schmal, wahrscheinlich aus dem gleichen Stoff. *Hose:* ebensolcher Stoff, dunkelbraun, anliegend, Knieform. *Strümpfe:* hellbraune, faltige Beinlinge aus Stoff zwischen Knöchel und Knie, zwischen Beinling und Schuh wird seitlich bloße Haut sichtbar. *Schuhe:* schwarz, flach, helle runde Schnallen.

76

»EIN GERICHTSDIENER«

*Gestalt:* nach rechts gewandt, die Rechte hält einen Stock, die Linke ist leicht erhoben. Säbel unter dem Rock links. Arbeitstracht.
*Kopfbedeckung:* schwarzer Dreispitz. *Haartracht:* ohrendeckend, schulterlang. *Halstuch:* eng um den Hals geknoteter Halsflor. *Weste:* rot, hochgeschlossen (acht Knöpfe sichtbar), unten auseinanderklaffende Schößchen. *Säbelträger:* breites gelbes Band von der rechten Schulter nach links unter den Rock verlaufend. *Rock:* hellgelbbraun, offen ge-

77

tragen, unten durch Schöße erweitert, Ärmel glatt eingesetzt (sieben Knopflöcher sichtbar). Blaues Futter und blaues Rändchen am Ärmelaufschlag, drei Zierknopflöcher. *Hose:* schwarze Kniehose. *Strümpfe:* hellblau, längsgestreift. *Schuhe:* schwarz, flache Schuhe, rechteckige Schnallen. *Stock:* braun, gleichmäßig dick, etwa armhoch.

77
»EIN STADTBOTHE«

*Gestalt:* frontal, mit Brief in der Rechten und Stab mit Spitze in der Linken. Arbeitstracht.
*Kopfbedeckung:* schwarzer Dreispitz. *Haartracht:* natur, ohrenfrei, Halslocke. *Halstuch:* schwarz, eng um den Hals gelegt. *Weste:* wie der Rock ganz dunkelgrau, hochgeschlossen mit Knöpfen (sechs sichtbar), Schöße mit Taschenpatten. *Täschchen:* vielleicht am nicht sichtbaren Gürtel vorne in der Körpermitte befestigt. Braun, mit Klappe und Verschluß. *Rock:* knielang, ebenso dunkelgrau wie Weste, mit Knöpfen ab der unteren Körpermitte rechts und Knopflöchern links; oberer Revers lang, Schulterkragen. Kleiner Ärmelaufschlag, drei Knöpfe. Auf der linken Brustseite vielleicht Stadtwapppenemblem. Am Rock senkrechte Taschenpatte mit drei Knöpfen rechts. *Hose:* schwarz, über dem Knie von Strümpfen, Scharawaden, bedeckt. *Strümpfe:* sogenannte Scharawaden, hellrötlichgrau gestreift. Zwischen Hose und Stiefel ober dem Knie breiter Streifen. *Schuhe:* braune Stiefel, brauner Schaft bis in Kniehöhe. *Stab:* dünn, braun, schulterhoch, mit scharfer Spitze. Botenstab?

78 Tafel 40
»EIN NACHTWÄCHTER«

*Gestalt:* nach rechts schreitend, im Profil, in beiden Händen eine Lanze haltend, singend. Arbeitstracht.
*Kopfbedeckung:* 1. flacher, schwarzer aufgebogener breiter Hut mit ganz flachem breitem Gupf. 2. darunter brauner, die Ohren freilassender Pelzrand einer Mütze. *Haartracht:* schulterlang. *Hemd:* Halsbündchen weiß. *Rock:* nur grauer Rand beim Hals und untere zwei Enden der Vorderteile unter Mantel sichtbar. *Hose:* schwarze Kniehose. *Mantel:* hellbraungrau mit glatten Ärmeln, vielleicht die Lederseite eines Pelzes; Ränder am Hals, vorne, untenherum sowie an den Ärmeln weißer zottiger Pelz. *Gürtel:* Schnur, darüber gebunden. *Strümpfe:* blau, Knöchelzwikkel. *Schuhe:* schwarz, mit kleiner Schnalle und breitem Stöckel, flach. *Lanze:* höher als die Figur, Metallspitze, Holzstab.

79 Tafel 41
»EINE PFRÜNDNERINN IM BÜRGERSPITALE«

*Gestalt:* nach links schreitend, im Profil. Stock in der Linken, Rosenkranz in der Rechten, unter dem rechten Arm dikkes schwarzes Gebetbuch mit rotem Schnitt haltend.
*Kopfbedeckung:* schwarze Pelzhaube, schwarze Ohrenspitzen, mit kleinem Aufschlag hinten, vorne wie Berghaube stark gebogener Rand mit Stirnschneppe. *Halstuch:* dunkelgrau, schwärzlich, Halsausschnitt bedeckend. *Halskragen:* weiß, groß, viereckig, innen runder Spitzenrand, dann durchsichtig bläulicher Stoff, außen breiter weißer Besatz, vorne auf Rechteck abgepaßt, schulterbreit und Brust bedekkend. Darunter *Wams:* Taillenleib, hellgelbroter Stoff wie der Rock, vorne geschlossen, mit stark abstehendem kurzen Schößl, Flossenärmelbesatz am Ellbogen. *Hemd:* Ärmelspitze. *Schürze:* weiß, über Rock und Schößchen gebunden, so lange wie Rock. *Rock:* weit, fußlang bis auf die Schuhe reichend, Reifrock? *Stock:* mit eckigem Knauf, handhoch. *Rosenkranz:* schwarz, größere und kleinere Perlen, Kreuz.

Bemerkung: Gegensatz von winterlicher Pelzmütze und eher sommerlichem Kleid ohne Handstitzeln oder Handschuhen. Anstaltskleidung im Bürgerspital oder noch Gewand aus eigenem Besitz?

80 Tafel 42
»EIN STERNSINGER«

*Gestalt:* nach links gewandt, mit der Rechten, Hut unter den Arm geklemmt, den Stab des Sterns haltend; mit der Linken die Schnur zum Drehen des Sternes ziehend. Brauchtumsfigur.
*Kopfbedeckung:* schwarzer Dreispitz. *Haartracht:* Naturhaar, Ohr halb frei, im Rücken schulterlang. *Halstuch:* schwarz, schmal, vorne geknotet und in die Weste gesteckt. *Weste:* hellrot, mit gelben Knöpfen (vier sichtbar), bis an die Hose reichend. *Rock:* gelbbraun, knielang, einfach, ohne Kragen, offen getragen, besonders schmale Vorderteile, faltige Schöße, kein Ärmelaufschlag. *Hose:* schwarze, enge Kniehose, dreieckiger Latzverschluß mit zwei Knöpfen. *Strümpfe:* hellblau. *Schuhe:* schwarze Halbschuhe mit Bandverschluß und Mascherl. *Stern:* achtstrahliger Drehstern mit Schnur, auf einer Holzstange, im Zentrum Scheibe mit Darstellung des Christkinds, kleines schwarzes Kreuz in der Rechten.

Bemerkung: Ein ähnliches Sternexemplar im Salzburger Museum Carolino Augusteum stammt aus dem Kloster der Barmherzigen Schwestern, um 1800.

81 Tafel 43
»EIN WEIB AUS DEM SIECHENHAUSE, WIE ES SAMMELT«

*Gestalt:* nach links gewandt, in der Rechten eine braune Gabenzange, in der Linken hellrote viereckige Sammeldose. Anstaltskleidung?
*Kopfbedeckung:* 1. Hut: mittelbreiter, schwarzer Hut mit leicht abwärtsgebogener Krempe, flacher, kantiger, breiter Gupf. 2. Haube: Ohrenspitzen-

83

85

haube schwarz (Visierhaube). *Halstuch:* schwarz, in Röcklausschnitt über Kreuz gesteckt. *Wams:* Taillenleib, hellrotbraun, vorne geschlossen, mit weitem Halsausschnitt, breiter, in Falten gelegter Flossenärmelaufschlag. *Halskragen:* über Röckl gelegter runder, mit abgesetztem glattem Rand versehener Kragen, weiß. *Rock:* dunkelbraun, nicht sehr weit, fußlang. *Schürze:* mittelblau, vordere Körperhälfte bedeckend, etwas kürzer als der Rock. *Mantel:* schwarzer Umhang mit Schulterkragen, ungefähr knielang. *Schuhe:* schwarzer Stöckelschuh.

Bemerkung: Ähnlichkeit mit Nr. 79 in Schnitt und Farbe des Röckls; nur ist alles noch einfacher, ärmlicher.

82 Tafel 44
»DIE HEIL. CREUTZ BRUDERSCHAFT IM BÜRGERSPITALE«

*Gestalt:* nach rechts schreitend, Kreuzstab in der Rechten auf der Schulter tragend, die Linke hält großen Rosenkranz. Bruderschaftskutte.
*Kopfbedeckung:* grüne, weiche Haube mit schmalem, braunem Pelzrand rundum. *Halsflor:* sehr schmal, um den Kropf gebunden. *Kutte:* mittelrotbraun, von unten bis oben mit roten Knöpfen geknöpft (neun sichtbar). Rote Gürtelmasche vorne. Breiter hellroter Ärmelaufschlag, nur knielang, weit, zipfelig. *Hemd:* Ärmelbündchen, weiß. *Hose:* schwarze Kniehose. *Strümpfe:* blau, über die Hose gebundene Beinlinge aus Stoff. *Schuhe:* dunkelgrau, knöchelhohe Schnürschuhe mit breitem Absatz. *Kreuzstab:* dunkelbraun, mit rotem Kreuz am oberen Ende.

Bemerkung: altmodische Beinlinge, grüne Haube ähnlich wie bei Nr. 72 und Nr. 73.

83
»DIE TEUTSCHE CONGREGATION«

*Gestalt:* nach links gewandt, in der Linken Hut, die Rechte hält den Stab der Prozessionsstange.
*Kopfbedeckung:* schwarzer Dreispitz. *Haartracht:* weiße Perücke mit kleinem Stirnwulst, Ohrenrolle, doppelte Hals- und Nackenlocken-Reihe. *Hemd:* Halsrändchen oder Halstuch, Jabot, Ärmelrüschen. *Prozessionsrock:* langer, blauer, unten mit weiten Schoßfalten versehener Rock, mit 14 sichtbaren weißen Knöpfen und Knopflöchern vorne geschlossen, ohne Kragen. Große weiße Ärmelaufschläge. *Schuhe:* schwarze Schnallenschuhe mit gelber viereckiger Schnalle, spitz, flach, kleiner Absatz. *Prozessionsstange:* schwarz, mit Marienmonogramm in strahlenkranzförmigem Aufsatz.

84 Tafel 45
»DIE S. CORPORIS CHRISTI BRUDERSCHAFT«

*Gestalt:* nach rechts schreitend, Prozessionsstange auf der rechten Schulter, mit der Rechten in der Mitte Stange haltend, Linke auf Leib und Brust gelegt.
*Haartracht:* weiße Perücke, Gesichtsumrahmung, seitlich drei Lockenreihen bis in den Nacken. *Halskragen:* weiße Beffchen. *Kutte:* scharlachrot, von oben bis unten geknöpft, 18 Knöpfe sichtbar, rote Kugelknöpfe. *Gürtel:* vorne unter dem Leib gebundene Schleife, rot. *Hemd:* mit Ärmelrüsche sichtbar. *Schuhe:* schwarze Schnallenschuhe. *Prozessionsstab:* dunkelbrauner Stiel, wie üblich Metallstrahlenkranz mit Emblem.

85
»DIE ST. JOSEPHI BRUDERSCHAFT«

*Gestalt:* nach rechts schreitend, die Rechte leicht erhoben, in der Linken Prozessionsstange.
*Kopfbedeckung:* Kapuze hellrot wie die Kutte, Haupt und Rücken bedeckend. *Haartracht:* natur, bei den Ohren sichtbar. *Kutte:* hellrot, wadenlang, gegürtet, mit Knöpfen von oben bis unten geschlossen (zwölf davon sichtbar). *Hemd:* weiß, Halsbündchen und Ärmelbündchen. *Strümpfe:* weiß, der linke merkwürdig aufgeblasen, Beinling aus Stoff? Fußverletzung? *Schuhe:* flacher schwarzer Schnallenschuh. *Prozessionsstange:* braunes Holz, oben ovales Emblem, wahrscheinlich der hl. Joseph, gezackter Strahlenkranz.

86
»DIE ST. ANNA BRUDERSCHAFT«

*Gestalt:* nach links schreitend, mit Prozessionsstange in der Linken, in der Mitte Stab haltend, die Rechte mit Rosenkranz.
*Kopfbedeckung:* Kapuze, dunkelgraues viereckiges Tuch, dessen einer Zipfel

86

87

88

ober der Stirn umgeschlagen ist, blau gefüttert. *Haartracht:* natur, unter der Kapuze verdeckt. *Hemd:* schmaler Halsrand, grauweiß. *Kutte:* dunkelgrau, gegürtet, faltenreich, wadenlang, blaue große Knöpfe und Knopflöcher (16 sichtbar). Blauer Gürtel, blaue Ärmelaufschläge. *Strümpfe:* hellgrau. *Schuhe:* schwarz, flach. *Rosenkranz:* schwarze Perlen. *Prozessionsstange:* wie üblich mit Strahlenkranz oben und Emblem.

87
»DIE ST. SEBASTIANS BRUDERSCHAFT«

*Gestalt:* nach rechts gebeugte Figur, in der Rechten Prozessionsstange, in der Linken Rosenkranz haltend.
*Kopfbedeckung:* Kapuze aus dem gleichen Stoff wie die Kutte, sienabraun.
*Haartracht:* natur, Gesicht umrahmend.
*Halsflor:* schwarz, ganz schmal, vorne zur Schleife gebunden. *Hemd:* Bündchen beim Ärmel sichtbar. *Rock:* Kutte, sienabraun, 16 Knöpfe, zwei oben offen, glatte Ärmel, breiter Ärmelaufschlag. In der Mitte bandartiger Gürtel. Schuhlang. *Schuhe:* schwarz, mit breitem Stöckel. *Rosenkranz:* schwarz, kleine Perlen, schwarzes Kreuz.

89

88
»DIE SCHWARZE BRUDERSCHAFT«

*Gestalt:* frontal, Kopf nach rechts gewandt, in der Linken rotbraune Prozessionsstange oben haltend, rechte Hand am Gürtel.
*Hemd oder Halstuch:* weißer Halsrand.
*Kutte:* schwarz, mit Kapuze, die das Haupt bedeckt, vorne bis unten mit schwarzen Knöpfen geknöpft (14 sichtbar), nicht ganz knöchellang, weite Ärmel, gegürtet. *Weste:* am Hals, wo die Kutte geöffnet ist, sichtbar, hellrot, mit schmaler gelber (Gold?) Borte Kanten eingefaßt, Knöpfe. *Strümpfe:* blau. *Schuhe:* schwarz, flach. *Prozessionsstange:* mit Strahlenkranzscheibe und einer Figur darin.

89
»DIE ST. FRANCISCI BRUDERSCHAFT«

*Gestalt:* nach rechts gewandt, sich mit beiden Händen an der Prozessionsstange stützend.
*Kopfbedeckung:* Kapuze, hellgraubraun wie die Kutte, in zwei großen Zipfeln über Haupt und Schulter gelegtes Tuch.
*Haartracht:* Strähne auf der Stirn,

ohrenfrei, schulterlang. *Hemd:* am Hals und an den Ärmeln Bündchen. *Kutte:* schuhlang, gegürtet, von oben bis unten geknöpft, hellbraune Knöpfe (14 sichtbar), Aufschlag am Ärmel, Emblem an der linken Brust. *Strümpfe:* dunkelblau? *Schuhe:* schwarz, flach, gebundene Halbschuhe. *Gürtel:* Strick. *Stange:* Holz, oben Emblem mit ausgezacktem Strahlenkranz.

90 Tafel 46
»DIE ST. MONIKA BRUDERSCHAFT«

Eine große Figur, eine kleine an der Hand führend, beide mit Prozessionsstangen.
*1. Figur:* nach rechts schreitend, nach links zur kleineren Gestalt gewandt, diese an der Hand führend. Prozessionsstange in der Rechten. *Hemd:* weißes Halsrändchen. *Kutte:* weiß, schuhlang, schwarz gegürtet, mit Kapuze, die das Haupt wie ein Tuch bedeckt. Großer Ärmelaufschlag, von oben bis unten geknöpft (19 weiße Knöpfe sichtbar). *Schuhe:* braun, flach.

*2. Figur:* Kindergestalt, nach rechts gewandt, Rechte zur Figur 1 erhoben, um geführt zu werden, die Linke hält Prozessionsstange. *Hemd:* Halsrändchen und Ärmelbündchen. *Kutte:* weiß, mit Kapuze, weiter Ärmel, mit schwarzem Gürtel geschürzt, elf Knöpfe sichtbar. Kapuze mit rotem Scheitelband gebunden. *Schuhe:* gelbbraun. *Prozessionsstange:* beide Prozessionsstangen wie üblich oben mit Emblem und Strahlenkranz verziert.

91
»EIN GEISSLER IN DER CHARWOCHE, WELCHER GEBRAUCH EBENFALLS ABGESCHAFFT IST«

*Gestalt:* verkehrt stehend, in der Rechten eine Geißel haltend.
*Kopfbedeckung:* Kapuze, weiß wie die Kutte, Kopf, Hals, Schultern und Rükken oben bedeckend, zwei Löcher ausgeschnitten. *Kutte:* lang, weit, faltenreich, bis unter die Waden reichend. Rückenklappe rechteckig, geöffnet, den blutigen Rücken zeigend. *Gürtel:* schwarz. *Strümpfe:* dunkelblau. *Schuhe:* schwarze, flache Halbschuhe.

91

92

92
»EIN KREUTZZIEHER VON DER WEISSEN BRUDERSCHAFT, WELCHES EINSWEILEN IN DER CHARWOCHE GEWÖHNLICH WAR, NUNMEHR ABER VERBOTHEN IST«

*Gestalt:* nach rechts gehend, ein großes Kreuz mit beiden Händen haltend, das auf der rechten Schulter aufliegt.
*Kopfbedeckung:* weiß wie die Kutte, Gesicht, Kopf, Hals und Rücken bedekkend, zwei Augenöffnungen. *Kutte:* weiß, gegürtet, wadenlang. Ärmel mittelweit mit Umschlag. Von oben bis unten geknöpft. *Gürtel:* schwarz mit herabhängendem Ende. *Hemd:* Handrüsche weiß. *Schuhe:* schwarzer Stiefel, flache Sohlen. *Kreuz:* groß, hellbraunes Holz, breite Balken.

93 Tafel 47
»EIN KREUTZZIEHER VON DER SCHWARZEN BRUDERSCHAFT«

*Gestalt:* nach rechts gehend, die Rechte hält das Kreuz auf der Schulter fest, die Linke trägt einen Rosenkranz.
*Kopfbedeckung:* Kapuze, schwarz wie die Kutte, die Kopf, Gesicht, Rücken, Hals und Brust bedeckt. *Kutte:* knöchellang, von unten bis oben geknöpft. Ärmel mittelweit. Aus gleichem Stoff gegürtet. *Strümpfe:* weiß. *Schuhe:* schwarze, flache Spangenschuhe. *Kreuz:* dicke, hellbraune Balken.

94 Tafel 48
»EIN BÜSSER WIE SELBER IN DER CHARWOCHE DIE HEIL. GRÄBER BESUCHTE, WELCHES ABER NUNMEHR ABGESTELLET IST«

*Gestalt:* nach rechts gehend, in der Rechten die Geißel über die linke Schulter schwingend, in der Linken ein Kruzifix mit Weltkugel haltend.
*Kopfbedeckung:* braune Fellkapuze, Kopf, Hals, Schultern bedeckend, zwei Augenlöcher. *Kutte:* braun, in sich mit gestreiften Karos gemusterter zottiger Stoff, mit langen Ärmeln. *Füße:* unbekleidet. *Ketten:* um die Fußgelenke befestigt, nachgezogen.

95
»EIN AUSGESPANNT GEHENDER – EINE GLEICHFALLS VERALTETE CHARWOCHS SITTE, DIE NICHT MEHR GESTATTET WIRD.«

*Gestalt:* frontal, Arme durch in die Ärmel eingezogenen Stock in Schulterhöhe fixiert.

95

*Kopfbedeckung:* Kapuze, die Gesicht, Hals, Kopf und Schultern bedeckt, mit Augenausschnitten, schwarz wie die Kutte. *Hemd:* Handkrause. *Kutte:* wadenlang, von oben bis unten durchgeknöpft, schwarze Knöpfe, schwarz gegürtet. Ärmelaufschlag mittelbreit. *Strümpfe:* schwarz. *Schuhe:* schwarz, mit weißen, rechteckigen Auflagen.

## LAND

96 Tafel 49

### »EIN BÜRGER VON LAUFEN IM FEYERTAGS KLEIDE«

*Gestalt:* nach rechts gewandt, rechts Hut, links Stock haltend.
*Kopfbedeckung:* schwarzer Dreispitz. *Haartracht:* natur, Ohrenrolle, Halslokke. *Hemd:* Weißer Halsrand. *1. Weste:* hochgeschlossen, mit Knöpfen bis zum Hals, grünlich. *2. Weste:* braun, neun Metallknöpfe bis zum Hals, drei unten geschlossen, Taschenpatten. Länge bis zum halben Oberschenkel. *Rock:* braun, knielang, offen getragen, Ärmelaufschläge, Taschenpatten in Hüfthöhe, darauf je drei Knöpfe, aus demselben braunen Stoff wie die zweite Weste. *Hose:* Schwarze Kniehose. Am rechten Bein Stickerei oder eine Berloque oder Uhrkette zu sehen. *Strümpfe:* grünschwarz, schmal längsgestreift. *Schuhe:* flache, schwarze Halbschuhe mit rechteckiger Schnalle. *Stock:* etwas höher als Körpermitte, flacher Knauf mit Metallkopf, braunes Holz, unten spitz.

97

### »EINE BÜRGERS FRAU VON LAUFEN IM FESTTÄGLICHEN GEWANDE«

*Gestalt:* nach links gewandt, Hände übereinander vor Leib und Brust haltend.
*Kopfbedeckung:* typische Salzburger Berghaube mit Ohrenspitzen, Rüschenberg, beide schwarz, Goldspitzenböndelrand und Haarpfeilspitze rechts hinten. Geschwungene, weit ausladende Form der Zeit. *Haartracht:* grauer Stirnansatz. *Halsband:* schwarz, mittelbreit, liegende Florschnalle (Silber?). *Halstuch:* etwas halsfern umgelegt, durch Tüchlring mit Stein gezogen, unter dem Zierkragen in die Kleidung gesteckt. *Hemd:* schwarzer Rand und weißer Spitzensaum zwischen Halstuch und Kragen, Ärmelspitzen. *Miederstekker:* zwischen Kragenende und Röckl hellrot mit Goldborte und gelber Verschnürung. *Wams:* schwarz, abstehende Schößchen hüftlang; Flossenärmel eng, weiter, weiß gefütterter Ärmelumschlag. *Spitzenkragen:* weiß über Röckl, rechteckig, Schulter überragend, gelegt. Den Hemdrand und Halstuch freilassender Ausschnitt, mit weißem Saum, schwarzem, breitem Spitzenbesatz rundum, vielleicht Trauerform; dann weißer, schmaler, rechteckiger Stoffteil und daran sehr breite gemusterte durchsichtige Spitze, wahrscheinlich Klöppelspitze. *Rock:* reich gefaltet, rötlichviolett, knöchellang, mit breitem Goldbortenbesatz unten. *Schürze:* weißer blumenrankenähnlich gemusterter durchsichtiger Spitzenstoff, rocklang, reich gezogen, mit Binde- und Garnierbandschleife vorne auf dem Leib in Grün. *Strümpfe:* weiß. *Schuhe:* schwarzer Schnallenschuh mit weißem, geschwungenem Stöckel. *Handschuhe:* netzartig, schwarz, fingerfrei, Hand und Arm bis Ellbogen bedeckend. *Rosenkranz:* große rote und goldene Perlen, Goldgehänge in Medaillenform an der rechten Hand hängend.

97

Bemerkung: Über Klöppelspitzenerzeugung im Land Salzburg siehe S. 29.

98 Tafel 50

### »EIN ALTER SCHIFFMANN VON LAUFEN, WIE SIE SICH VOR 50 JAHREN DA GETRAGEN HABEN«

*Gestalt:* etwas nach links gewandt, Linke am Gürtel, Rechte in Zeigegebärde erhoben, Feiertagstracht um 1730.
*Haartracht:* natur, vorne kurz und gescheitelt, seitlich Rolle hinten nackenlang. *Halskragen:* weiße Beffchen. *Halstuch:* schwarz, unter Beffchen gebunden herabhängend. *Hemd:* weiß, Hals, Ärmelbündchen. *1. Weste:* weiß, geschlossen (vier Knöpfe sichtbar). *Hosenträger:* V-Form, breite grüne Bänder, Bruststpange, Seitenträger. *2. Weste:* hellrot, viele (neun) Knöpfe, offen getragen, mit Ärmel, weiß gefüttert, fast knielang. *Gürtel:* Doppelschnalle, darübergeschlagen braunes Tuch mit grünen Fransen. *Rock:* rotbraun, offen getragen, vorne neun Knöpfe sichtbar. Ärmelstulpen mit drei Knöpfen, alle stoffüberzogen. Knielang. *Hose:* hellbraune Kniehose. *Umhang:* schwarz, reich gefaltet, ohne Ärmel, Schulterkragen, fast knöchellang. *Strümpfe:* grünlich. *Schuhe:* flache Halbschuhe mit kleinen Maschen und rotem flachem Absatz.

Bemerkung: alte Hosenträgerform V, alte Beffchen.

99 Tafel 51

»EIN ALTES BÜRGERL. SCHIFFWEIB IN LAUFEN, WIE SIE SICH VOR 50 JAHREN GETRAGEN HABEN«

*Gestalt:* nach rechts gewandt, in der Rechten Gebetbuch, in der Linken Taschentuch. Feiertagstracht um 1730. *Kopfbedeckung:* schwarzer breitkrempig nach unten gebogener Nebelstecher mit kegelförmigem hohem Gupf. Über der Krempe hinten zwei schwarze Bänder herabhängend. *Haube:* schwarze Visierhaube mit schwarzen Ohrenspitzen. Links hinten Rand eines breitenBöndels aus goldenen Borten. *Halsband:* schmal, schwarz, vorne ovale Brosche oder Florschnalle. *Halstuch:* schwarzes, durch Ring gezogenes Flortuch. *Hemd:* weißer Rand und schwarzer Spitzenbesatz am Halsausschnitt, Ellenbogenrüsche. *Wams:* Taillenleib, schwarz, mit hellem, quergestreiftem, keilförmigem Steckereinsatz, daran oben Goldbortenbesatz. Von der Mitte herabhängende lange geschlitzte Schöße, fast rocklang. *Rock:* hellbraun, reich gefältelt, unten Besatz aus drei schwarzen schmalen Querstreifen. *Schürze:* weißer Spitzenstoff, akanthusartiges Rankenmuster, ziemlich breit, oben schmäler. *Garnierband:* hellgrün, vorne auf dem Leib Schleifen. *Schulterkragen:* weiß, über Taillenleib und Mantel, groß, breit, rechteckig geschnitten, mit glattem Innen- und Außenrand und gefälteltem Mittelteil. *Umhang:* schwarz, unter den Kragen geschoben, Unterärmel und Ellbogen freilassend, etwa knielang, Fransenrand. *Strümpfe:* rot. *Schuhe:* schwarze Halbschuhe mit Stökkeln, Lasche und runder Silberschnalle. *Handschuhe:* schwarz, Finger freilassende rotverzierte Handstitzeln. *Gürtel:* aus goldenen und silbernen Metallrosetten und Blättchen, mit ebensolchem Besteckköcher, über Rock und Schürze, über die linke Hüfte, fast bis in Kniehöhe weit herabhängend. *Rosenkranz:* dunkle Perlen mit größeren goldenen abwechselnd. Medaillengehänge als Abschluß. *Gebetbuch:* rosa eingebunden, mit Goldschnitt. Die gelbe Leiste könnte auch einen zusammengelegten Fächer oder Wachsstock bedeuten. Undeutlich. *Taschentuch:* rosa gestreift und gemustert.

100 Tafel 52

»EIN SCHIFFBUB AM KRÄNZLTAG VON LAUFEN«

*Gestalt:* frontal, Ganzfigur mit Bajonettgewehr. Festkleid am Fronleichnamstag.
*Kopfbedeckung:* flachgupfiger, mittelbreiter schwarzer Hut mit etwas aufgebogener Krempe; breites grünes Band, hinten über den Rand hinunterhängend. Rechts vorn aufstehendes Federgesteck rot-weiß-rot. *Haartracht:* natur, nackenlang. *Halstuch:* schwarz, vorne geknoteter Flor. *Hemd:* weiß, unter Halstuch und Gürtel. *Weste:* weiß, einfach, bis oben weiße Kugelknöpfe, oberster Knopf offen (sieben sichtbar). *Hosenträger:* Querspange grün, über Weste, links und rechts Längsteile am Hosenknopf befestigt. *Gürtel:* hellgelb, mittelbreit mit gelber Rechteckschnalle, über Weste und Hosenträger. *Rock:* hellrot, ohne Kragen, am Hals rund abschließend, 14 sichtbare Kugelknöpfe, grau, am Ärmel drei gleichartige. Knielang, unten weiter. *Hose:* schwarze Kniehose, zwei Latzknöpfe, zwei für die Hosenträger. *Strümpfe:* weiß, außen am Knie mit Bändern gebunden. *Schuhe:* flach, schwarz, etwas ausgeschnitten, Bändermaschen.

101 Tafel 53

»EIN SCHIFFMANN IN DER ARBEIT VON LAUFEN«

*Gestalt:* nach links gewandt, Ruder und Enterhaken links auf linker Schulter haltend, Rechte nach unten gesenkt. Arbeitstracht.
*Kopfbedeckung:* schwarzer, mittelbreiter Hut mit niederem flachem Gupf, etwas aufgebogener Krempe, vorne rechts runde Metallschnalle. *Halstuch:* schwarz, vorne geknüpft. *Hemd:* weiß, etwas unter dem Halstuch sichtbar. *Weste:* rot-grün-weiß, längsgestreift mit acht sichtbaren Kugelknöpfen, oben zwei offen; am Hals einfach rund, rot eingefaßt. *Hosenträger:* grüne Querspange, Längsteil mit Zackenmuster, sich unten in zwei Teile teilend. *Gürtel:* schwarz, schmal, Verzierungsstickerei. *Rock:* weiß, fast knielang, am Hals rund abschließend, Halsteil und Längsteile vorne braun schmal eingefaßt. Längsgestreiftes bräunliches Futter. Am Ärmel außen Schlitz. *Hose:* Kniehose, schwarz, Dreiecklatz mit zwei Knöpfen links und rechts. Tief angesetzt. *Strümpfe:* weiß, am Knie mit dunklen schmalen Bändchen gebunden. *Schuhe:* braune flache Halbschuhe, dunkle Maschen.

102 Tafel 54

»ZWEI LAUFNER SCHIFFBUBEN IN WIRTHSHÄUSERN WINTER UND SOMMER SPIELEND«

*Gestalten:* Zwei zum Teil maskierte Figuren, die miteinander kämpfen – mit Rechen der Sommer, mit Schneescharrer der Winter. Figuren eines Brauchspieles.

*A) Winterfigur:*
*Kopfbedeckung:* Pelzmütze, bräunlich weiß, halbkugelig. *Haartracht:* Vollbart-Maske, Kinn, Hals bedeckend. *Halstuch:* schwarzer Flor am Hals, vorne geknöpft in die Weste gesteckt. *1. Brustfleck:* hellrot, unter dem Rock. *2. Brustfleck:* Pelzbrustfleck auf Rock gebunden. *Rock:* weißgrau, knielang, glatte Ärmel. Leinen? *Hose:* schwarze anliegende Kniehose. *Fäustlinge:* hellbraun, über den Ärmelansatz reichend. *Strümpfe:* blau, am Knie mit dunkelroten Maschen gebunden. *Schuhe:* schwarze, knöchelhohe Halbschuhe.

*B) Sommerfigur:*
*Kopfbedeckung:* schwarzer Hut, leicht aufgebogen, mittelbreit, niedrig. *Haartracht:* natur, nackenlang. *Halstuch:* grünlich, vorne gebunden, in Weste gesteckt. *Weste:* hellrot. *Rock:* weißgrau wie Winter, glatter Ärmel, knielang. *Hose:* schwarze enge Kniehose. *Strümpfe:* blau. *Schuhe:* schwarze Halbschuhe.

Bemerkung: Schuhe, Strümpfe, Röcke, Westen gleich, also üblich.

103 Tafel 55

»EIN SCHIFFMANNS WEIB VON LAUFEN ÜBER LAND«

*Gestalt:* nach rechts gewandt, Brief in der Rechten, die Linke erhoben.
*Kopfbedeckung:* hellgraublauer Hut, breit, sich nach innen biegend, flachgupfige Form, außen schmal, innen breit mit hellrotem gefälteltem Band besetzt. *Haube:* unter dem Hut, schwarze Visierhaube mit schwarzen Ohrenspitzen. Mehrere rote Bändchen im Nacken. *Halsband:* schwarz, mit ovaler Florschnalle. *Halstuch:* den Hals etwas freilassendes, hellrotes Halstuch, vorne mit Brosche in Fältchen gesteckt. *Röckl:* in Taille geschnitten, hellgrün, vorne mit vier stoffüberzogenen Knöpfen geschlossen. Angeschnittenes hüftlanges

104

Schößchen, an den nicht ganz bis zu den Händen reichenden Ärmeln und am Hals Rüschen aus demselben Stoff. *Garnierband:* Ein hellviolettes Garnierband zwischen den Schößchenteilen des Röckls vorne. *Rock:* hellrot-violett, reich gefaltet, wadenlang. *Schürze:* dunkelblau, in Längsstreifen in sich gemustert. *Strümpfe:* weiß, mit Zwickeln am Knöchel. *Schuhe:* schwarz, flach mit Lasche und runder Schnalle.

Bemerkung: Geschlossene Röcklform auf dem Land zu dieser Zeit selten.

104

»EIN ALTER BAUER ZU ASTEN IN DER LAMPRECHTSHAUSENER PFARR PFLEGGERICHTS LAUFEN«

*Gestalt:* leicht links gewandt, die Linke erhoben, die Rechte in Hosenträger gesteckt. Alltagstracht?
*Kopfbedeckung:* flacher Hut, mittelbreit, leicht aufgebogen, mit breitem niedrigem Gupf. *Haartracht:* nackenlang. *Bart:* Vollbart, Oberlippenbart, links und rechts herabhängend. *Hemd:* weiß, Rand oben zwischen Bart und Rockrand. *Brustfleck:* hellrot, unter Bauchgurt und Hosenträger, oben breiter Goldbortenrand, leicht abgerundet. *Hosenträger:* V-Form, mit Brustspange, Grün in Grün gestreift. *Leibgurt:* dunkelbraun, mittelbreit über Brustfleck und Hosenträger und oberhalb der Hose so getragen, daß noch ein Streifen vom Hemd freibleibt. *Rock:* dunkelgrau, kragenlos, bis ober die Knie reichend, offen getragen, weit geschnitten, knopflos. Hellgrün gefüttert, Ärmelschlitz gefüttert. *Hose:* tief sitzend, braunschwarze Kniehose, knapp, am Knie gebunden. *Strümpfe:* dunkelblaue Beinlinge in Falten. *Schuhe:* schwarz, flacher Schnürhalbschuh.

105 Tafel 56

»EIN ALTES WEIB ZU ASEN IN DER LAMPRECHTSHAUSENER PFARR GERICHTS LAUFEN«

*Gestalt:* nach rechts gewandt, mit Knaufstock in der Rechten.
*Kopfbedeckung:* brauner Pelzhut, vorne und hinten aufgebogen, schwarzer flacher Gupf aus Stoff. *Haube:* schwarze Visierhaube mit Ohrenspitzen, hellgraues Stoffböndel als Haarknotenbehälter. *Halsband:* schwarz, rechteckige Silberschnalle. *Hemd:* Spitzenrand am Hals, Stoffrüsche am Ellbogen. *Mieder:* graue Trägerteile unter dem Halstuch, vorne roter, geschnürter Brustlatz mit Goldbortenbesatz. *Röckl:* braunes Wams mit seitlich und hinten reichfaltigem Schößchen, Flossenärmel am Ellbogen, sehr knapp. Mitte geschlossen, gegen oben schmal geöffnet. *Rock:* schwarz, wadenlang, reich faltig. *Schürze:* dunkelblau, reich faltig. Bandverschluß vorne. *Strümpfe:* weiß mit Zwikkeln innen am Knöchel. *Schuhe:* Halbschuhe, Lasche und Schleife.

106 Tafel 57

»EIN BRÄUTIGAM, VOM LAMPRECHTSHAUSEN GERICHTS LAUFEN«

*Gestalt:* etwas nach rechts gewandt, mit gefalteten Händen. Hut links unter dem Arm. Hochzeitstracht.
*Kopfbedeckung:* gelber Hut, flacher Gupf, leicht aufgebogen, breite Krempe, grünes breites Band um Gupf und als faltiger Randbesatz. Hochzeitliches Gesteck mit Rosmarinfedern, weißroten Blümchen und dunkelroten Bandmaschen. *Haartracht:* natur, vorne kurz, ohrenfrei, nackenlang, lockig. *Hemd:* weiß, Rändchen am Hals, ober und unter Halsflor, Ärmelrand. *Halsflor:* schwarz, schmal, vorne geknotet, in die Weste gesteckt. *Weste:* kräftig rot, neun sichtbare weiße Kugelknöpfe, hochgeschlossen, darüber: *Hosenträger:* H-Form, grün, Brustspange. *Gürtel:* schwarz, weiß besteppt, darauf zwei weiße ovale Schließen. *Rock:* dunkelbraun, tailliert, knielang, hellgrün gestreift, gefüttert, glatter, geschlitzter Ärmelabschluß, hellgrün besetzt, drei Knöpfe. *Hose:* tief sitzend, schwarz, Knie bedeckend, Dreieckklappe, zwei weiße Knöpfe, je ein Hosenträgerknopf. *Strümpfe:* weiß, schwarzes Band und Masche am Knie. *Schuhe:* flach, schwarz, mit kleiner Masche gebunden.

Bemerkung: Rosmarinzweige heißen »Federn«.

107 Tafel 58

»EINE BRAUT. VON LAMPRECHTSHAUSENER GERICHTS LAUFEN«

*Gestalt:* nach links gewandt, Hände gefaltet. Hochzeitstracht.
*Kopfbedeckung:* Silberbortenböndel auf dem Hinterkopf mit welligem Rand und größerem Gupf; grüner Kranz darum. *Haartracht:* glatt zurückgekämmtes Haar, die Ohren freilassend, leicht lokkig. *Halsband:* schwarz, mit ovaler Florschnalle. *Halstuch:* schwarz, den Ausschnitt leicht freilassend, vorne gefältelt, in den Halskragen gesteckt, Silberbrosche mit rotem Stein. *Halskragen:* groß, weiß, am Hals runder gefältelter Abschluß, daran glatte Ecken, außen herum Schultern und Brust bedeckend, breiter Spitzenbesatz. *Hemd:* reiche Ärmelspitze, am Ellbogen hervorschauend. *Röckl:* dunkelgrau-braun, stark tailliert, reich gefältelte hüftlange Schößchen und Flossenärmel. *Mieder:* roter Stecker, geschnürt, oben mit Goldborte verziert, als dreieckiger Keil unter dem Kragen und geöffnetem Röckl. *Rock:* reich gefaltet, unten breiter dunkelroter Bandbesatz. *Schürze:* weiß, vorne Schleife, rocklang. *Gürtel:* vorne über den Leib herabhängender Metallgürtel, rechteckige weiße und gelbe Plättchen und Rosetten, unten große gelbe Rosette mit rosa Bändchen statt des sonst üblichen Besteckköchers. *Strümpfe:* weiß, mit Zwickelverzierung an den Knöcheln. *Schuhe:* schwarze Halbschuhe mit schmaler Bandschleife.

Bemerkung: Fast städtische Kleidung (Kragen), altertümlich, siehe »Laufen vor 50 Jahren«.

108 Tafel 59

»EIN ALTER BAUERSMANN VON ÖHING GERICHTS LAUFEN IN DER ST. GEORGNER PFARR«

*Gestalt:* nach links gewandt, mit Stock rechts, die Linke in die Hosenträgerspange gesteckt. Wohl Sonntagstracht. *Kopfbedeckung:* schwarzer Hut, etwas aufgebogen, breite Krempe, mittelhoher breiter Gupf. *Haartracht:* natur, in den Hals reichend. *Halstuch:* schwarz, nicht ganz schmaler Flor, vorne geknüpft, unter Hosenträgerspange gesteckt. *Hemd:* grauweiß, unter dem Halsflor links und rechts, unter dem Gürtel und ober der Hose. *Weste:* hellrot, weiße Kugelknöpfe (fünf sichtbar), zwei oben offen, halshoch geschnitten. *Hosenträger:* H-Form, hellgrün mit dunkelgrünem Strichmuster, Hose mit je einem Knopf befestigt. *Gürtel:* schwarzbraun, breit, eine rundliche kleine Schnalle rechts. *Rock:* mittelbraun, Haftelrock, ohne Kragen, fast knielang, enger, glatter Ärmel, drei Knöpfe am Schlitzverschluß. Grünes längsgestreiftes Futter. *Hose:* tief angesetzt, schwarz, über dem Knie gebunden. Zwei Latzknöpfe. *Strümpfe:* ebenso mittelbraun wie der Rock, am Knie gebundene Schleifen, Zwickel innen, dreiecksförmig. *Schuhe:* fester dunkelbrauner Halbschuh, gebunden. *Stock:* braun, bis über Körpermitte reichend.

109

»EINE ALTE BÄUERIN IN DER ÖHINGER PFARR GERICHTS LAUFEN«

*Gestalt:* nach rechts gewandt, Hände über den Leib gelegt, Deckelkorb rechts am Arm.
*Kopfbedeckung:* flacher Hut, dunkelgrau, abgebogen, mit ganz flachem breitem Gupf. *Haube:* schwarze Ohrenspitzenhaube (Visier), unter dem Hut, hinten silbernes Böndel mit kleinem, schwarzem, durchflochtenem Rand oder Haarbundhaube. *Haartracht:* grauer Haaransatz an den Schläfen. *Halsband:* schwarz, schmal mit Florschnalle, flach, oval, Stein in der Mitte. *Halstuch:* dunkelrot-violett, mit lichteren Streifen am äußeren Rand, in das Röckl gesteckt. *Hemd:* Ärmelrüsche. *Schürze:* mittelblau, rocklang, vorderes Drittel bedeckend, stark gefaltet. *Rock:* kräftig grün, dunkler schmaler Zierstreifen am unteren Rand, reich gefaltet bis unter Wade reichend. *Röckl:* dunkelgrau, tailliert mit abstehendem Schößchen, weitem Halsausschnitt, faltig angesetzten Ärmeln mit Flossenstulpe am Ellbogen; vorne glatt, mit Kanten geschlossen. *Strümpfe:* weiß, faltige Beinlinge. *Schuhe:* schwarz, flach mit Lasche und Bandmasche. *Korb:* Deckelkorb gelbbraun geflochten, leicht oval mit Henkel.

109

110

110

»EIN BAUERS SOHN VON ANSCHIERGEN GERICHTS TITTMONING«

*Gestalt:* nach vorne blickend, die Linke erhoben. Pfeifchenrauchend.
*Kopfbedeckung:* breiter Hut, schwarz, nach unten gebogen, breiter flacher Gupf. *Haartracht:* lockig, Ohren etwas bedeckend, Nackenlocke. *Halstuch:* schmaler, schwarzer Halsflor, vorne gebunden, in die Weste gesteckt. *Hemd:* weißer Rand unter dem Halstuch, ebenso zwischen Hose und Bauchgürtel. *Weste:* hellrot, hochgeschlossen, ein Knopf von neun offen, weiße Kugelknöpfe. *Hosenträger:* H-Form, grün, mit weißen Innen- und Außenstreifen, Bruststpange, Seitenträger. *Gurt:* schwarz, über Weste, über Hosenträger, zwei ovale aufstehende Schnallen. Zwei Zier-Stepplinien. *Rock:* mittelgrau, tailliert, unten reich faltig, offen getragen, schwarzer bandförmiger Halsbesatz bis Brusthöhe, je vier weiße (silberne?) Kugelknöpfe, ebensolcher Besatz am Ärmel und Patte mit drei solchen Knöpfen, ungefüttert. *Hose:* kurze tiefangesetzte, schwarze Kniehose, eng, zwei Latzknöpfe, je ein Hosenträgerknopf links und rechts. *Strümpfe:* dunkelblau, Bandmaschen am Knie. *Schuhe:* schwarze, gebundene Halbschuhe.

Bemerkung: Braunes Pfeiferl mit kurzem Stiel, Deckel und Kettchen, daran paffend; üppiger Knopfschmuck.

111

»EINE BAUERSTOCHTER ZU ANSCHIERING GERICHTS TITTMONING«

*Gestalt:* etwas nach rechts gedreht, mit Rosenzweig rechts, die Linke bei Röcklschluß auf den Leib gelegt.
*Kopfbedeckung:* gelber (Stroh oder Filz?) Hut, mittelbreit, leicht nach abwärts gebogene Krempe, ganz flacher breiter Gupf. Innenrand mit grün gefälteltem Band besetzt. Hinten eine grüne Schleife. *Haube:* geschwungene Ohrenspitzen-Visierhaube, schwarz, unter dem Hut. *Haartracht:* Zopfbund, Ziernadel am Hinterkopf. *Halsband:* schwarzes Florband mit Florschnalle am Hals. *Halstuch:* rot-weiß gemustert, frei um Hals gelegt, vorne Ring, in Miederstekker gesteckt. *Hemd:* weiß, schmaler Rand zwischen Halstuch und Unterröckl, Ärmelspitzen. *Unterröckl:* blauer, breiter Rand zwischen dem obe-

ren Röcklrand und dem Halstuch. *Miederstecker:* dunkelrot, oben zwei goldene und ein blauer Bortenstreifen zwischen Röcklrändern. *Rock:* rot, zur mittleren Wade reichend, weit faltig. *Schürze:* stahlblau, reich faltig, nicht ganz vordere Körperhälfte deckend. Masche vorne, in Körpermitte. *Röckl:* zimtbraun, stark tailliert mit Schößchen, weitem Ausschnitt und kleinen Flossenärmeln. In der Mitte geschlossen. *Strümpfe:* stahlblau mit weiß gerandeltem Zwickel oberhalb der Innenknöchel. *Schuhe:* schwarz, flach, gebunden.

112
»EIN HOCHZEITER ZU BALLING GERICHTS TITTMONING«

*Gestalt:* von links nach rechts gewandt, die Hände gefaltet, Hut unter dem linken Arm. Hochzeitstracht.
*Kopfbedeckung:* flacher Hut, schwarz mit rot-weiß-grünem Blumensträußchen sowie roten und grünen Bändern. *Haartracht:* ober der Stirn glatt geschnittenes schulterlanges Haar. *Hemd:* weiß, Halsbündchen mit zwei roten Knöpfchen am Verschluß. Unter Flor und Gürtel und zwischen Hose und Weste. *Halstuch:* schwarzer Flor, schmal, vorne gebunden und über die Weste herabhängend. *Weste:* hochgeschlossen, die obersten drei Knöpfe offen (acht Kugelknöpfe sichtbar). *Hosenträger:* H-Form, Querspange und rechter Träger sichtbar, grün mit hellem Streifenmuster, mit Knopf an der Hose befestigt. *Gürtel:* schwarzbraun, längsgestreiftes Steppmuster in drei Linien, rundovale Schließe, über der Weste getragen. *Rock:* schwarz, kragenlose Haftelrock-Form, hellrotes Futter und kleiner Ärmelaufschlag, zwei Zierknöpfe. *Hose:* sehr tief angesetzte, enge Kniehose, Latzverschluß, zwei Knöpfe. *Strümpfe:* dunkelblau, am Knie mit schwarzen Bändern und Schleifen gebunden. *Schuhe:* schwarze, flache Halbschuhe mit Bandrosetten.

113
»EINE HOCHZEITERIN ZU BALLING GERICHTS TITTMONING«

*Gestalt:* nach links gewandt, die Hände faltend. Hochzeitstracht.
*Kopfbedeckung:* Brautschmuck, Böndel aus Silberspitze, grüner Rosmarin vom Kranz und Spitze eines Haarpfeils. *Haartracht:* ohrenfrei zurückgekämmt, etwas lockig. *Halsband:* schwarzer Flor

111

113

112

mit ovaler Silberschnalle. *Halstuch:* schwarz, vorne von Brosche zusammengehalten, unter den Schulterkragen gesteckt. *Hemd:* weiß, Ellbogen-Spitzen. *Schulterkragen:* breit, rechteckig, mit breiter Lochspitze, kleine glatte Ecken und innen gefalteter runder Halsrand gearbeitet. *Mieder:* wenig Verschnürung auf rotem Stecker und Goldbortenrand. *Röckl:* bräunlichrot mit Taillenschluß und reichen Schößchen. Flossenärmelaufschlag am Ellbogen. *Schürze:* blau, reich gezogen, Bandschleife in der Mitte des Röcklverschlusses, gleich lang wie der Rock. *Rock:* hellgrün, unten schwarzer Bandbesatz ober dem Rand, wadenlang, reich gefaltet. *Strümpfe:* weiß, Innenzwickel am Knöchel. *Schuhe:* flache, schwarze Schnallenschuhe mit Lasche und runder Schnalle.

114 Tafel 60
»EINE ALTE BÜRGERIN VON TITTMONING«

*Gestalt:* von links nach rechts blickend, in der Linken ein Gebetbuch, Rechte an der Brust. Rosenkranz. Sonntagstracht.
*Kopfbedeckung:* schwarze Berghaube mit Schneppe, Ohrenspitzen, Böndel aus Goldborten hinten darauf, mit Nadelkopf. *Halsband:* schwarz, mit rechteckiger Florschnalle. *Halstuch:* schwarz, vorne durch Ring gezogen. *Hemd:* unter dem schwarzen Halstuch wenig sichtbar, Ärmelspitzen am Flossenärmel unter dem Ellbogen. *Halskragen:* groß und breit, rechteckig vorne über der Brust und am Rücken endend. Aus rund liegendem Spitzenbesatz am Hals, glatten Ecken, breitem gefälteltem Einsatz aus durchsichtigem Material und weißer Randborte bestehend. *Wams:* Taillenleib, schwarz, mit Flossen-

ärmeln, vorne heller Miederstecker, verschnürt, mit Goldbortenbesatz. Fast rocklange, seitlich geschlitzte Taillenschöße. *Rock:* rot, unten breite Goldborte. Reifrock? Knöchellang. *Schürze:* weiß, breit, gefältelt, die Vorderseite des Körpers bedeckend, durchsichtig gemustertes Spitzenmaterial, rocklang. *Garnierband:* über der Schürze grünliches Garnierband vorne in Schleife gebunden. *Schuhe:* schwarz, wahrscheinlich Halbschuhe, zum Teil von Rock bedeckt. Geschwungener kleiner Stökkel und kleine runde Metallschnalle sichtbar. *Gürtel:* breite, kettenartige, rechteckige, silberfarbige Metallteile mit Goldrosetten abwechselnd, unter der linken Hüfte herabhängend, ebensolcher Besteckköcher daran. *Handschuhe:* fingerfrei, schwarz, Goldbortenbesatz. *Rosenkranz:* schwarz, einige Silberperlen, großes silbergerahmtes Kreuz. *Gebetbuch:* hellrot, silberbeschlagen, Goldschnitt.

### 115
### »TALGAU. EIN BRÄUTIGAM«

*Gestalt:* nach links gewandt, die Hände gefaltet, Hut unter dem rechten Arm. Hochzeitstracht.
*Kopfbedeckung:* gelber Hut, flach, nicht sehr breit, mit grünem Band und Einfassung, rote Bändchen und Blumensträußchen. *Haartracht:* Stirn und Ohren frei, nackenlang. *Hemd:* weißes Halsrändchen, Ärmelbündchen. *Halstuch:* schmaler schwarzer Flor zwischen Hemd und Weste, vorne gebunden sichtbar. *Weste:* hellrot, hochgeschlossene Form, oben drei Knöpfe offen. *Hosenträger:* H-Form, grüne Bruststpange. *Gürtel:* schwarz, mittelbreit, über der Weste. Helle Stick-Ornamente darauf. *Rock:* schwarz, schlichte, kragenlose Form, unten weit, offen getragen, rechts von unten bis oben Stoff-Knopfreihe (zwölf sichtbar). Ärmel eng endend, vier Zierknöpfe der Länge nach. *Hose:* schwarz, enge Kniehosenform. *Strümpfe:* weiß, mit schwarzen Bändchen am Knie. *Schuhe:* dunkle flache Laschenschuhe mit Bandmasche.

### 116 Tafel 61
### »TALGAU. EINE BRAUT«

*Gestalt:* Figur von links nach rechts gewandt, die Hände gefaltet. Hochzeitstracht.
*Kopfbedeckung:* Goldbund, eine Art Hochzeitskranz aus Goldborten, roten Blumen, grünem Rosmarin oder so aus-

116

117

sehendem künstlichem Material. *Haartracht:* glatt zurückgekämmt, die Ohren freilassend. *Halstuch:* schmal, schwarz, straff um Hals gelegt, vorne Brosche oder größerer Schmuckring. *Hemd:* am Hals weiterer runder spitzengesäumter Ausschnitt. Ärmelspitze. *Halskragen:* groß, weiß, viereckig, innen am Halsausschnitt schwarz schmal besetzt, dann weißer, runder, liegender Spitzenbesatz, glatter Stoff, weiß, außen breiter, rechteckig über der Brust abschließender Spitzenbesatz. *Röckl:* schwarz, auf Taille geschnitten, mit reichem Schößchen in Hüfthöhe, hellgrün gefüttert, kleiner Flossenärmel. *Brustlatz:* unter dem Röckl, rot mit gelber Verschnürung. *Gürtel:* abwechselnd weiße (silberne) und gelbe (goldene) Rosetten locker als Kette halbkreisförmig auf dem Leib liegend, vorne größerer ovaler Abschlußteil. *Rock:* schwarz, bis unter die Waden reichend, reich gefaltet. *Schürze:* schwarz, seidig glänzend, breit. *Strümpfe:* weiß. *Schuhe:* schwarz, glatt, mit Lasche und kleiner runder Schnalle.

Bemerkung: Städtischer Kragen, altertümlich, Hinweis auf Spitzenindustrie im Flachgau der zweiten Hälfte des 18. Jahrhunderts.

### 117
### »TALGAU. EINE KRÄNZLJUNGFER«

*Gestalt:* nach rechts gewandt, den Hut in den Händen haltend.
*Kopfbedeckung:* mittelbreiter, flacher, gelber (Stroh oder Filz) Hut, grüner Faltbandbesatz am Innenrand, im Gupf himbeerrotes Futter, grünes Trageband. *Kopfputz:* Goldbund, Kranz, vierteilig in gelb-rot-grün-roten Reifen angeordnet, kleiner Zackenrand in Gelb, künstliches oder zum Teil Natur-Material. *Haartracht:* ohrenfrei zurückgekämmt, glatt. *Halstuch:* schwarz, halsfrei aufgelegt, vorne durch einen Ring gezogen, mit großem gelbem Stein, über dem Hemd in Miederlatz gesteckt. *Hemd:* weiß, Spitzenrand unter dem Halstuch, Ärmelrüschen. *Miederlatz:* hellrot, schmaler Keil zwischen den Röcklrändern, gelb verschnürt. *Halskragen:* schulterbreiter, weißer, am Innen- und Außenrand mit Spitze besetzter viereckiger Kragen über dem Röckl. *Röckl:* schwarz, stark tailliert, abstehender breiter blaugefütterter Schößchenrand; in der Mitte geschlossen, oben offen, kleine Flossenärmelstulpe. *Rock:* schwarz, reich gefaltet und wadenlang. *Schürze:* weiß, reich gefaltet, die halbe Körperbreite einnehmend, gleich lang wie der Rock. *Strümpfe:* weiß, oder Beinlinge? faltig. *Schuhe:* flache schwarze Schnallenschuhe mit Lasche.

Bemerkung: Im Unterschied zur Braut (Nr. 116) nur: weiße Schürze, Hut.

118

119

120

118
»TALGAU. EIN BAUERS SOHN AUF HOCHZEITEN«

*Gestalt:* nach links gewandt, Hände etwas erhoben, rechte Hand in Gurt gesteckt. Festtagstracht als Hochzeitsteilnehmer.
*Kopfbedeckung:* gelber flacher Hut, flacher Gupf, hellgrüner faltiger Bandbesatz am Innenrand, Gesteck rechts hinten oben, Schildhahnfedern, Blumen, Rosmarin. *Haartracht:* zum Teil vor den Ohren, halslang, lockig. *Hemd:* Halsrand, weißer Ärmelrand, unter dem Bauchgurt oberhalb des Hosenrandes sichtbar. *Halstuch:* schwarzer schmaler Flor, geknöpft, in die Weste gesteckt. *Weste:* hellrot, hochgeschlossen mit neun sichtbaren blanken Kugelknöpfen, oberhalb der Brustspange drei offene Knöpfe. *2. Weste oder Rock:* weiß, offen, zwei Ecken mit Knopflöchern links und rechts bei der Brustspange sichtbar. *Bauchgurt:* nicht sehr breit, schwarz, über der Weste, helle Längssteppverzierung. *Rock:* schwarz, kragenlos, tailliert, mit vielen (zwölf) schwarzen Knöpfen bis oben besetzt, offen getragen, am schmalen Ärmel vier Knöpfe, nicht ganz knielang. *Hose:* schwarze, knappe Kniehose, etwas höher angesetzt, am Knie gebunden. *Strümpfe:* hellblau. *Schuhe:* flach, mit Latz und Bandschleife.

119
»TALGAU. EIN ALTVATER«

*Gestalt:* nach vorne gewandt, mit leicht gehobenen Händen. Pate bei der Hochzeit.
*Kopfbedeckung:* schwarzer Hut, mittelbreit, flach, mit flachem breitem Gupf. Hinten ein kleines Gesteck, pflanzlich, vielleicht Rosmarin. *Haartracht:* halslang. *Halstuch:* schwarz, schmal, vorne unter die Weste gesteckt. *Hemd:* weiß, unter Halstuch und zwischen Weste, Ärmelbündchen. *Weste:* hellrot, halshoch, acht sichtbare Kugelknöpfe, oben drei offen, unten in den oberen Hosenrand gesteckt. *Hosenträger:* H-förmig, grüne Brustspange, rechts Träger sichtbar. *Gürtel:* sehr schmal, dunkelbraun mit Zickzackmuster bestickt, über der Weste getragen. *Rock:* ober dem Knie endend, glatt, unten etwas weiter, kragenlos, 14 Knopflöcher an der linken Seite. Glatter enger Ärmel. *Hose:* kurz im Schritt, am Leib etwas weitere Kniehose. *Strümpfe:* hellblau, am Knie dunkle Maschenbänder. *Schuhe:* flache, dunkelgraue, gebundene Halbschuhe.

120
»TALGAU. EINE ALTMUTTER«

*Gestalt:* nach rechts gewandt, Hände etwas erhoben. Patin bei der Hochzeit.
*Kopfbedeckung:* breiter, flacher, hellgrauer, nach unten gebogener Hut, innen schwarzer Bandbesatz, ganz flacher breiter Gupf. *Haube:* schwarze Ohrenspitzen der Visierhaube, roter und hellblauer Bandbesatz am Haubenrand. *Halstuch:* schwarzes Tuch, durch Ring gezogen. *Hemd:* Spitzen zwischen Halstuch und Kragen, Ärmelspitze. *Miederstecker:* hellrot, mit sechsfacher Verschnürung, gelb. *Röckl:* schwarz, nicht geschlossen, Schöße und Ärmelstulpen. *Schürze:* schwarz-bläulich schillernd, rocklang, auf die Schöße gebunden. *Rock:* schwarz, reich gefaltet, überwadenlang. *Gürtel:* Frauengürtel, weiß, Metallkette (Silber?), vorne über den Leib hängend. *Strümpfe:* weiß. *Schuhe:* flache schwarze Spangenschuhe mit Laschen.

Bemerkung: Gürtel, Haube blaurot geschmückt.

121 Tafel 62
»TALGAU. EIN BAUERS SOHN IN GEMEINER KLEIDUNG«

*Gestalt:* frontal, beide Hände etwas hebend.
*Kopfbedeckung:* mittelbreiter Hut, leicht nach unten gebogene Krempe, flacher Gupf, von links nach rechts seitlich mit Band überspannt, schwarz, rechts auf der Krempe grüne Rosmarinfeder. *Haartracht:* ohrenfrei, Nackenlocke; leichter Hals- und Kinnbart. *Halstuch:* schwarz, vorne geknotet.

*Hemd:* weiß, unter dem Halstuch, Ärmelrändchen. *Weste:* weiß, bis zum Hals reichend, die oberen zwei Knöpfe offen, kugelig (sieben sichtbar). *Hosenträger:* H-Form, breite grüne Querspange über der Brust, seitlich mit rotgelben Ecken zu Längsträgern übergehend. *Gürtel:* breiter Ranzen, braun, Kielfederstickerei, drei Fische andeutend, Randmuster. *Rock:* mittelbraun, knielang, offen getragen, acht Knopflöcher links, ohne Kragen. Ärmel am Handgelenk glatt endend. *Hose:* schwarzgrau, längere Knieform, seitliche Kniebändchen, Latz und zwei Knöpfe. *Strümpfe:* weiß. *Schuhe:* schwarz, flach, Lasche und Schnürband.

122 Tafel 63

»TALGAU. EIN BAUERNKNECHT VON DER FAISTENAU«

*Gestalt:* frontal, linke Hand am Gürtel, die Rechte leicht ausgestreckt. Sonntagstracht?
*Kopfbedeckung:* mittelbreiter, gelber (Stroh- oder Filz-)Hut, flachkrempig, mit flachem, breitem, kantigem Gupf. Grün schmal gefaßt, breites, ebensolches Band, seitlich rechts Schleifenabschluß. *Haartracht:* ohrenfrei, seitlich etwas ins Gesicht, hinten nackenlang herabreichend, fransig. *Halstuch:* schwarz, schmal, vorne gebunden, zwei fransige Zipfel. *Hemd:* weiß, Halsbündchen, reich faltig, bis zur Brust offen. *Hosenträger:* H-Form, Querspange grün. *Gürtel:* schwarz, über dem Hemd, schmal, die Ränder längsverziert. *Rock:* gelb-grünlich, einfacher Schnitt, vorne offen, unten weiter, ohne Knöpfe und Taschenpatten. Ärmel einfach. Nicht ganz knielang. Ungefüttert. *Hose:* grauschwarz, tief angesetzte Kniehose, Dreieck-Klappe. Etwas Haut zwischen Hose und Strümpfen sichtbar. *Strümpfe:* weiß, unter dem Knie gebunden, Bandmasche. *Schuhe:* geschnürt, über die Knöchel hinaufreichend, grauschwarz, kleine Schleife.

123

»TALGAU. EINE BAUERS TOCHTER VON DER FAISTENAU«

*Gestalt:* etwas nach rechts gewandt, Hände unter die Schürze gesteckt. Alltagstracht?
*Kopfbedeckung:* gelber (Stroh- oder Filz-) Hut, mittelbreit, flach, nach unten gebogen, niedriger breiter Gupf, schmales hellgrünes Einfaßband am Krempenrand, Gupf mit Schleife. Bindeband

123

über Haar mit Schleife hinten links. *Haartracht:* glatt, ohrenfrei, hinten aufgesteckt. *Halstuch:* schwarz, eng um den Hals, durch Ring gezogen, in Miederstecker gesteckt. *Hemd:* weiter, mit Spitzen gesäumter Ausschnitt am Röcklrand, Ärmelrüsche. *Miederlatz:* hellrot, oben breiter Goldbortenbesatz, fünffache Schnürgänge, gelb. *Rock:* hellgrün, reich gefaltet, bis ober die Wade reichend. *Schürze:* reich faltig, blau, vordere Körperhälfte bedeckend. *Röckl:* kurz, tailliert, vorne Schößchenzipfe, in der Mitte und am oberen Ende geschlossen, kleiner Ärmelaufschlag, schwarz. *Strümpfe:* weiße Beinlinge aus Stoff. *Schuhe:* ganz flache, schwarze Halbschuhe, Lasche und Bindband.

124

»TALGAU. EIN BAUERN KLAGEWEIB«

*Gestalt:* nach rechts gewandt, Hände unter dem Klagetuch verborgen, zur Brust erhoben. Trauerbrauchtum.
*Kopfbedeckung:* mittelbreiter, ganz flacher schwarzer Hut, flacher breiter Gupf. *Haube:* vorne schwarze Ohrenspitzen-Visierhaube, weiße, mit schwarzem Band abgesetzte Haar-Bundhaube am Hinterkopf. *Klagetuch:* groß, weiß, die Figur bis über Körpermitte bedekkend, auch Hals und Mund bis zur Nase und zum Nacken einschließend. *Schürze:* schwarzschillernd, faltenreich, die Vorderseite des Rockes gleich lang

124

fast bedeckend. *Rock:* schwarz, schwere Falten, unterwadenlang. *Strümpfe:* weiße Beinlinge, Stoff. *Schuhe:* flache Latzschuhe, gebunden.

Bemerkung: Trauerfarbe weiß. Auch die Haar-Bundhaube ist weiß!

125

»GOLLING. EIN BAUER ZU ADNET«

*Gestalt:* nach links gewandt, Rechte im Hosenträger eingeklemmt, die Linke erhoben. Sonntagsgewand.
*Kopfbedeckung:* schwarzer Hut, breit, geschwungene Form, mit ganz flachem rundem Gupf, Seitenteile etwas aufgebogen, am Gupf mit feinem Bändchen befestigt. Zwei Quasten hinten herabhängend. *Halstuch:* schwarz, am Halsrand unter der Weste. *Weste:* hochgeschlossen, rot, mit gelber (goldener) Borte vorne und am Halsausschnitt besetzt. 15 gelbe Kugelknöpfe sichtbar. *Hosenträger:* H-Form, Brustspange und rechts Träger, links etwas sichtbar, grün-weiß-grün länggestreiftes Muster, je ein Knopf an der Hose vorne zur Befestigung. *Rock:* Latz, zwei Knöpfe, dunkelgrau, kragenlos, knielang, drei Schoßfalten rechts, 14 Stoffknöpfe, drei an schmaler Armpatte, am linken Rockteil Knopflöcher, offen getragen. Hellgrünes Futter. *Hose:* schwarz, kurz angesetzt, Kniehose, knapp geschnitten, Latz, zwei Knöpfe. *Strümpfe:* dun-

125

126

127

kelgrau, am Knie gebunden. *Schuhe:* flach, schwarz, Halbschuhe, mit Schleifchen gebunden.

Bemerkung: Hemd weder am Hals noch am Ärmel sichtbar.

126
»GOLLING. EIN BRÄUTIGAM ZU ADNET«

*Gestalt:* nach rechts gewandt, beide Hände gefaltet, Hut unter dem linken Arm.
*Kopfbedeckung:* dunkler Hut, flach, gelbes Hutband, Hochzeitsstrauß, Rosmarinrosette und hellblaues Bändchen. *Haartracht:* stirn- und ohrenfrei, Nakkenlocke. *Hemd:* weiß, Ärmelrand, ein Knöpfchen. *Halstuch:* schwarz, Halsrand ober der Weste. *Weste:* hellgrün, hochgeschlossen mit vielen (zwölf) gelben Knöpfen, Zierlitzen, gelb (goldene Borte?), vorne und am Halsausschnitt. *Hosenträger:* H-Form, mehrfach längsgestreift in Grün, Schwarz und Weiß, Brustspange. *1. Rock:* hellrot, mit vielen (22) Knöpfen rechts, Knopflöcher links, kragenlos, offen getragen, oberschenkellang. *2. Rock:* dunkelbraun, knielang, rechts (18) Knöpfe, offen getragen, hellbräunlich, grau gefüttert, kleine Ärmelpatte. *Hose:* dunkelbraunschwarze Kniehose, zwei Latzknöpfe, tief angesetzt. *Strümpfe:* hellblau, längsgestreifter Strickmodel, Kniebandl. *Schuhe:* flach, dunkel, mit Schuhbandschleife.

127
»GOLLING. EINE BRAUT ZU ADNET«

*Gestalt:* nach links gewandt, betend erhobene Hände. Hochzeitstracht.
*Kopfbedeckung:* Brautschmuck, am Hinterkopf Böndel, Krempe aus Goldborte, darüber Kranz, grün, mit kleinen Blümchen um den Gupf. *Haartracht:* glatt, ohrenfrei zurückgekämmt. *Halsflor:* schwarzes schmales Bändchen, rechts hinten in drei Schleifen geknüpft. *Halstuch:* schwarz, halsfrei umgelegt, vorne durch Ring gezogen, mit rotem Stein. *Kragen:* über Schulter ragender gesteifter, sehr breiter rechteckiger Kragen mit breiter Spitze und Lochmuster. Am Halsschluß innen gefältelter weißer Stoffstreifen. *Miederstecker:* hellrot, Goldspitzenrand, unter Kragen und Röckl. *Röckl:* schwarz, kurz, mit kleinem Flossenärmel. *Hemd:* Ärmelspitze. *Rock:* dunkelviolett, reich gefaltet, wadenlang, mit hellen violetten Streifen unten besetzt. *Schürze:* schwarz, die vordere Körperhälfte bedeckend, unten Spitzenrand, etwas länger als der Rock. Vorne Masche. *Strümpfe:* hellblau, Zwickeldreieck am Innenknöchel. *Schuhe:* schwarz, quadratische Schnalle, flache Halbschuhe.

Bemerkung: Durch Flecken beschädigt. Schürze länger als der Rock, Spitze besonders schön!

128 Tafel 64
»GOLLING. EIN BAUERS SOHN ZU ADNET«

*Gestalt:* leicht nach rechts gewandt, mit sprechenden Gesten. Sonntagstracht.
*Kopfbedeckung:* breiter Hut, flach, geschwungene Krempe, grün gefältelt, ausgespannt, aufwärtsgebogen, grünes Band, gelber (Filz?) Gupf flach, vierteiliges Rosmarin-Federgesteck links. *Haartracht:* nackenlang. *Halstuch:* schwarz, eng um den Hals gelegt. *Weste:* grün, hochgeschlossen mit 14 weißen Knöpfen. *Hosenträger:* H-Form, darüber getragen, Mittelspange grün-weiß waagrecht gestreift, rechts Träger sichtbar. *Rock:* scharlachrot, nicht ganz knielang, einfacher, kragenloser Schnitt; vorne offen, 18 Stoffknöpfe rechts, Zierknopflöcher links, eng besetzt. Drei Knöpfe am glatten Ärmelschluß. Ab Mitte seitlich hinten eingearbeitete Faltenschöße. Hellgrau gefüttert. *Hose:* tiefangesetzte knappe Knie-

129

form, schwarz, Latzverschluß, zwei Knöpfe. *Strümpfe:* hellblau gestreifter Strickmodel, Bänder am Knie. *Schuhe:* schwarze, flache, gebundene Halbschuhe.

129
»GOLLING. EINE BAUERS TOCHTER ZU ADNET«

*Gestalt:* nach links gewandt, die Linke aufs Herz gelegt, die Rechte ausgestreckt. Sonntagstracht?
*Kopfbedeckung:* breiter Hut, geschwungen, aufgebogen, flacher gelber Gupf (Filz?), breite grüne, in Falten gespannte Innenfütterung. *Haube:* darunter schwarze Ohrenspitzen-Visierhaube. *Halsflor:* schwarzes, schmales Halsband, hinten Schleife. *Halstuch:* himbeerrot, feines schwarzes Karostreifmuster, vorne durch einen Ring gezogen, etwas gebauscht, in den Miederlatz gesteckt. *Hemd:* Spitzenrand am Halstuch, hellblauer Besatz am Halsausschnitt, Ärmelspitze. *Miederlatz:* breiter Zwickel, hellrot, oben silberne Borte, hellblauer Bandbesatz mit Schleifchen. *Mieder:* Verschnürung am Latz, blau. *Röckl:* dunkelgrau, in der Taille geschlossen, breite Schößchen, kleiner Ärmelaufschlag. *Rock:* hellgrün, unten in Wadenhöhe, noch heller grün abgesetzt, reich faltig. *Schürze:* hellblau, faltig, vorne rocklang. *Strümpfe:* zart hellblau, mit Innenzwickel. *Schuhe:* schwarz, flach mit kleiner viereckiger Schnalle.

130 Tafel 65
»GOLLING. EIN WIRTH«

*Gestalt:* von rechts nach links gewandt, mit bewegten Händen. Alltagskleid.
*Kopfbedeckung:* Haube, flache Form mit grünem rundem Gupf und Pelzbesatz rundum. *Haartracht:* nackenlang. *Halstuch:* schwarzer Flor. *Weste:* braun, hochgeschlossen, mit vielen (zehn) Kugelknöpfen und gelbem Besatz. *Rock:* schwarz, kragenlos, knielang, viele (14) Stoffknöpfe rechts, Ärmelaufschlag wie Rockkante grün besetzt, grün gefüttert. *Hose:* schwarz, tief angesetzt, Knieform, Latzverschluß mit zwei Knöpfen. *Hosenträger:* H-Form, grüne Brustspange. *Strümpfe:* schwarz, am Knie gebunden. *Schuhe:* flache, schwarze Schnallenschuhe, rechteckige Metallspange.

Bemerkung: Siehe Stadtformen, Kellner, Hausknecht.

131 Tafel 66
GOLLING. EINE WIRTHIN«

*Gestalt:* nach rechts gewandt, Armgesten. Alltagskleidung.
*Kopfbedeckung:* Visierhaube, schwarz, mit kleiner Haarknotenhülle, Nadel, Ohrenspitzen reich geschwungen. *Haartracht:* glatter Stirnansatz. *Halsband:* schwarz, mit ovaler Florschnalle. *Halstuch:* dunkelrot, feines Karomuster in Gelb, Blau, Weiß, in Brustlatz gesteckt. *Miederlatz:* hellrot, mit Goldborte, unter Röckl. *Röckl:* dunkelbraun, auf Taille mit reichen kurzen Schößen geschnitten. Mitte geschlossen, oben offen. Weiter Halsausschnitt mit umgelegtem schmalem Kragen. Flossenärmel. Schößchen und Ärmel hellgrünes Futter. *Hemd:* Ärmelspitze. *Schürze:* dunkelblauer Druck, Längsstreif- und Zackenmuster, vorne reich gefaltet und gebunden. *Rock:* dunkelbraun, gleichlang wie Schürze, unter die Wade herabreichend. *Strümpfe:* hellblau. *Schuhe:* flache Schnallenschuhe mit rechteckiger Schnalle.

132 Tafel 67
»GOLLING. EINE BERCHTE«

*Gestalt:* maskierte Figur, mit erhobenen Armen nach links gewandt. Zum Winterbrauchtum gehörend.
*Kopfbedeckung:* dunkelbraune Pelzkappe, flacher breiter Gupf, weit aufgeschlagen, vorne eingeschnittene Krempe. *Haartracht:* natur, kurz. *Gesichtsmaske:* inkarnatfarbig, komisch-trauriger Ausdruck. *Hemd:* weiße, breitere Halskrause. *Oberteil:* weißbräunlich, röcklartig, mit fransigen Schößen, bis zur Mitte geschlossen, glatte Ärmel. *Rock:* graubraun, fetzig, bis unter das Knie reichend. *Schürze:* dunkelblau, zerfetzt, die vordere Körpermitte bedeckend. *Strümpfe:* graue Stoffbeinlinge, faltig. *Schuhe:* schwarz, flach, gebunden. *Hände:* nackt.

Bemerkung: Eine Art »Fetzenpercht«: freundliche Brauchtumsfigur um die Weihnachtszeit.

133 Tafel 68
»GOLLING. EIN ALTER BAUER AUS DER SCHEFAU«

*Gestalt:* nach links gewandt, Hände auf dem Rücken haltend. Sonntagskleid?
*Kopfbedeckung:* Jodlhut, hohe, kegelförmige grünliche Spitze, nicht sehr breiter, aufgebogener Rand in Dunkelgrün (Filz?). *Haartracht:* nackenlang. *Halstuch:* eng um den Hals gelegt, vorne geknotet, schwarz. *Hemd:* Rand über Halstuch, weiß, gefältelt mit Bündchen. *Brustfleck:* himbeerrot, zwei Reihen Silberborte am runden Halsrand. *Hosenträger:* V-förmig, darübergelegt. Bruststpange, Seitenträger links sichtbar, gelblicher Grund, rote und grüne Längsstepperei. *Rock:* einfacher kragenloser Schnitt, eingesetzte Ärmel, ober dem Knie endend, olivgrün, himbeerrot gefüttert, vorne offen, keine Knöpfe. *Hose:* gelb, bis zum Knie reichend, lokker zusammengezogen, vielleicht »irchen«, aus Rauhleder, zwei grünliche Bortenverzierungen im inneren Schritt und Außennaht. *Strümpfe:* grün. *Schuhe:* bis unter die Wade reichend, Schnürschuh mit drei Maschen, der obere Rand rot besetzt, dunkelgrau.

134 Tafel 69
»GOLLING. EINE ALTE BÄUERINN AUS DER SCHEFAU«

*Gestalt:* nach rechts gewandt, mit ausgestreckten Händen. Sonntagskleid?
*Kopfbedeckung:* niedere Haube, pelzbesetzt, schwarzer Boden. *Halstuch:* schwarz, vorne faltig, durch Ring gezogen. *Wams:* scharlachrot, Schößeltaille oberschenkellang, ab Mitte nach oben geschlossen. Flacher, das Halstuch zeigender weiter Ausschnitt mit Wulst-

rand, faltig eingesetzte Ärmel, kleine grüne Stulpe mit Schlitz. *Schürze:* blau, faltig, unter den Schößen gebunden. So lange wie Rock, vordere Körperhälfte bedeckend. *Rock:* grün, mit mehrfacher schwarzer Randborte ober dem unteren wadenlangen Ende. *Strümpfe:* rote Beinlinge? *Schuhe:* geschnürte halbhohe dunkelgraue Schuhe.

Bemerkung: Sehr altertümliche lange Schöße.

135 Tafel 70

»GOLLING. EINE BÄUERINN AUS DER SCHEFAU«

*Gestalt:* verkehrt stehend, die linke Hand erhebend. Sonntagstracht.
*Kopfbedeckung:* gelb-grüner (Filz?) Hut, niedriger runder Gupf, etwas aufgebogen, mittelbreite Krempe, breites grünliches Band mit Schleife hinten. *Haube:* unter Hut schwarze Ohrenspitzen einer Visierhaube, rotgerandetes braunes Böndel oder roter Rand der Visierhaube um braunes Haarnest. *Haartracht:* einige Strähnen im Nacken. *Halstuch:* schwarz, Dreiecksform, in Röcklausschnitt gesteckt. *Hemd:* kleine Spitzenkrause am weiten Halsausschnitt. Ärmelspitze. *Röckl:* schwarz, auf Taille geschnitten, abstehende reich gefaltete rot gefütterte Schößchen. Ärmelstulpe breit, rot gefaßt. *Schürze:* darüber, schwarz, faltig, nur vorne; gleich lang wie der Rock. *Rock:* dunkelbraun, faltig. *Strümpfe:* hellblau, mit hellrotem Zwickel an Außen- und Innenseite der Knöchel. *Schuhe:* schwarz, flach, gebunden.

136

»GOLLING. EIN BRÄUTIGAM AUS DER SCHEFAU«

*Gestalt:* nach links gewandt, gefaltete Hände, Hut rechts unter dem Arm. Hochzeitstracht.
*Kopfbedeckung:* Hut mit Band, grüngefälteltes Bandfutter am Innenrand, Hochzeitsstrauß mit Rosmarinrosette und kleinen roten Blumen. *Haartracht:* halslang, stirnkurz, das Ohr teils bedekkend. *Halstuch:* schwarz, schmal, vorne geknöpft, unter die Hosenträgerspange gesteckt. *Weste:* hellrot, hochgeschlossen, neun kleine Kugelknöpfe. *Hemd:* weißer Rand zwischen Weste und Hose, Ärmelbündchen mit einem roten Knöpfchen. *Hosenträger:* H-Form, Spange und ein Träger mit Hosenknopf

136

links und rechts vorne. *Rock:* mittelgrün, ohne Kragen, einfach, Vorderteil lachsrot gefüttert, unten Falte, knielang, Ärmelaufschlag breit. *Hose:* schwarz, tief angesetzte Kniehose, zwei Latzknöpfe. *Strümpfe:* hellblau, am Knie schwarze Schleifen. *Schuhe:* dunkelgrau, einfach geschnürter Halbschuh.

137

»GOLLING. EINE BRAUT AUS DER SCHEFAU«

*Gestalt:* nach rechts gewandt, gefaltete Hände. Hochzeitstracht.
*Kopfbedeckung:* Goldbund wie Böndel, in Falten gelegter gelber oder goldener Bortenrand, mit Rosmarinfedern besteckter Gupfteil. *Haartracht:* glatt aus dem Gesicht zum Hinterkopf gekämmt, vom Böndel bedeckt. *Halstuch:* schwarzer Flor vorne durch Ring gezogen und zwischen Kragen und Hemd gesteckt. *Hemd:* klein aufstehender Spitzenrand zwischen Flor und Kragen. Ärmelspitzen. *Kragen:* groß, viereckig, am Halsausschnitt in Falten gelegter weißer Stoff, breite Loch-Rankenspitze bis über die Schultern, den Rücken und vorne auf die Brust reichend. Wahrscheinlich geklöppelt und gesteift. *Miederstecker:* mittelrot, schmal, mit blauem Band verschnürt. *Röckl:* schwarzbraun, stark auf Taille geschnitten, seitlich und hinten abstehende faltige

137

Schößchen, vorne Mitte geschlossen. Oben offen, hellblaue Masche. Glatter Ärmel, ellbogenlang. *Rock:* von ebensolcher Farbe, reich faltig, über Waden reichend. *Schürze:* schwarz, vorderes Drittel des Rockes bedeckend, schwarze Garnierschleife an Taillenmitte. Unten schwarzer Spitzenbesatz, über die Rocklänge reichend. *Strümpfe:* weiß. *Schuhe:* flach, dunkelgraue Laschenschuhe, gebunden.

138

»GOLLING. EIN BAUERS SOHN AUS DER SCHEFAU«

*Gestalt:* etwas nach links gewandt, die Linke erhoben. Sonntagstracht.
*Kopfbedeckung:* hellgrauer Hut, breit, leicht aufgebogen, breiter niedriger Gupf, breites grünes Hutband, innen grün gefältelt, mit Band besetzt. Hinten sechsfaches Gesteck, grüne Rosmarinfedern mit roten Blümchen. *Haartracht:* lockig, ohrenlang. *Halstuch:* schwarzer schmaler Flor, vorne geknüpft, unter Querspange des Hosenträgers gesteckt. *Hemd:* weiß, zackige Rändchen unter Halstuch. Ärmelrändchen. Zwischen Weste und Hose weißer Streifen. *Weste:* hochgeschlossen, kräftiges Rot, obere Knöpfe bis zur Hosenträgerspange offen, elf weiße Kugelknöpfe. *Hosenträger:* H-Form, breite gelbgrüne Bruststpange, unten links und rechts seitlich an Hose befestigt. *Rock:* braun, glatte

138

139

140

kragenlose Form, nicht ganz knielang, tailliert, offen getragen, ohne Knöpfe. Ärmelaufschlag breit, rot gepaspelt; innen rot gefüttert. *Hose:* tief angesetzte knappe schwarze Kniehose, zwei Knöpfe am Latzverschluß. *Strümpfe:* hellblau, am Knie feine Bändermasche. *Schuhe:* schwarz, flach, mit kleiner Lasche und Schnürband.

Bemerkung: Großer Hutstrauß wie sonst nur Hochzeiter, tief angesetzte Hose, aber kein Gurt!

139
»GOLLING. EINE BAUERS TOCHTER AUS DER SCHEFAU«

*Gestalt:* nach rechts gewandt, die Rechte erhoben. Sonntagstracht. *Kopfbedeckung:* wahrscheinlich gelber (Filz?) Hut, niedriger runder Gupf, geschwungene breite Krempe, grünes Band um den Gupf, grüne Innenbespannung der Krempe. Beschädigt, daher Beschreibung aus Erfahrung. *Haube:* unter Hut schwarzes Ohrenspitzen-Visierhäubchen. Hinterkopfhaubenart verwischt, daher keine Aussage möglich. *Halstuch:* himbeerrot, fein schwarz gestreift (Karomuster?), vorne leicht gebauscht, im Miederstekker eingesteckt. *Miederstecker:* kräftiges Rot, oben Goldspitze. *Mieder:* blaue Verschnürung mit Schleife auf Miederstecker. *Hemd:* weiß, zwischen Halstuch und Röckl schmaler Spitzenrand, Unterarm breitere Spitzenrüsche. *Röckl:* dunkelgrau, in Taille schließend, Schößl nur links hinten sichtbar, rot gefüttert, vorne keine Schößl, Ärmelstulpe sesselförmig, rot besetzt. *Schürze:* hellblau, reich gefaltet, vorne breit, in der Mitte kleine Schleife so lang wie der Rock. *Rock:* hellgrün, reich gefaltet. *Strümpfe:* hellblau, mit weißem, rotgelb eingefaßtem Zwickel innen und außen am Knöchel. *Schuhe:* schwarz, flach, niedrig, gebunden.

140
»GOLLING. EINE BÄUERINN VON DER TAUGL«

*Gestalt:* nach rechts gewandt, Hände etwas erhoben. Sonntagskleid. *Kopfbedeckung:* grauer Hut, nicht breit, abwärts gebogen, besonders vorne, flacher breiter Gupf. *Haube:* darunter, rot geränderter Haarbund mit grauer Masche, ohne Ohrenspitzen-Visierhaube! *Halstuch:* schwarz, durch Ring mit rotem Stein gezogen, in Miederstecker gesteckt. *Hemd:* ganz kleine Spitzenkante zwischen Halstuch und Unterröckl, Ärmelspitzen. *Unterröckl:* blau, weiß, rot und am oberen Halsrand bandartig mit weißen Spitzen besetzt. *Miederstecker:* hellrot, oberer Rand Silberborte und rotes Maschenbändchen, breit sichtbar unter dem Röckl, vier hellblaue Schnürgänge. *Schürze:* unter dem Röckl, dunkelblau, nicht sehr breit, faltig, so lang wie der Rock, vorne Masche. *Rock:* tiefes Schwarzbraun, reich faltig, bis zur Wadenmitte reichend. *Röckl:* ebenso tiefes Schwarzbraun, auf Taille geschnitten, kleines Schößchen, in der Taille mit roter Masche nicht ganz geschlossen, oben offen. Kurzer Ärmel. Weiter Ausschnitt. *Strümpfe:* weiß. *Schuhe:* schwarze, flache gebundene Halbschuhe.

141
»GOLLING. EIN BAUER VON DER TAUGL«

*Gestalt:* etwas nach links gedreht, die Linke leicht erhoben, die Rechte am Hosenträgerknopf. Sonntagskleid. *Kopfbedeckung:* schwarzer Hut, klein, etwas aufgebogene Krempe, flacher breiter Gupf. Krempe durch dünne Bändchen seitlich mit Gupf verbunden. *Haartracht:* ohrenfrei, bis zum Hals reichend. *Halstuch:* schmaler schwarzer Flor, vorne unter dem Hemdverschluß heraustretend, in die Hosenträgerspange gesteckt. *Hemd:* weiß. Zwei rote Knöpfchen links und rechts vom Bündchenverschluß am Hals. Zwischen der Weste ober Hosenrand. *Weste:* hellrot, mit elf sichtbaren Kugelknöpfen, zwei offen. *Hosenträger:* H-Form, grün, Muster angedeutet. Rechter Träger sichtbar, Brustspange. *Gürtel:* dunkelbraun, nicht breit, drei Schnallen, Zak-

141

kenmuster. *Rock:* dunkelgrau, tailliert mit Faltenschößen, grünem Besatz um Hals bis zur Brust, dort vier grüne Stoffknöpfe, Knopflöcher links. Armbesatz kegelförmig, drei Stoffknöpfe grün. *Hose:* schwarz, sehr tief angesetzt, knielang, kleiner Hautrand sichtbar, zwei Latzknöpfe. *Strümpfe:* weiß, unter dem Knie mit grauer Bandmasche gebunden. *Schuhe:* schwarz, flach, gebundene Schnürschuhe.

142
»GOLLING. EINE TAUGLER EXJUNGFER«

*Gestalt:* nach rechts gewandt, die Hände erhoben. Im schwangeren Zustand. Arbeitskleid?
*Kopfbedeckung:* gelber (Stroh- oder Filz-) Hut, flach, nach unten gebogen, mit sehr niederem breitem Gupf, Innenrand mit grünem gefaltetem Band gefüttert. *Haartracht:* ohrenfrei, lockig. *Halstuch:* schwarzes Tuch, sehr halsfrei umgelegt, vorne durch Ring gezogen, in Miederlatz gesteckt. *Hemd:* gezogener Rand unter Halstuch, Ärmelspitzen. *Unterröckl:* weiß, mit hellblauem Rüschenbesatz an den Schultern zwischen Hemd beziehungsweise Halstuch und Röckl, ebenso links am Miederstecker. *Miederstecker:* in voller Breite, hellrot, oben Silberborte und hellblaues Band mit Masche. Vier Verschnürgänge, gelb. *Mieder:* nicht sichtbar. *Röckl:* kurz, schwarz, mit grünem, ganz schmalem Besatz an der Vorderkante, auf Taille geschnitten, stark abstehendes Schößl, rot gefüttert. Sehr weit offen getragen. *Rock:* hellgrün, knielang, reich gefaltet, seitlich und hinten, vorne unter der herabgerutschten Schürze zwischen Miederlatz und Schürze sichtbar. *Schürze:* dunkelblau, vordere Körperhälfte reich gefaltet bedeckend. Rocklang oder sogar etwas länger, vorne blaues Schürzenband, auf Miederlatz zu Schleife gebunden. *Strümpfe:* dunkelblaue Beinlinge, die nur bis zu den bloßen Waden reichen. *Schuhe:* schwarze, flache Schlüpfer.

Bemerkung: Bloße Waden, hellblauer Bandbesatz am Unterröckl, keine Haube.

142

143
»GOLLING. EIN BRÄUTIGAM VON DER TAUGL«

*Gestalt:* nach rechts gewandt, Hände gefaltet, Hut unter dem Arm. Hochzeitskleid.
*Kopfbedeckung:* unter linkem Arm leicht aufgebogene schwarze Scheibe, dunkelgrünes Band, rotgelbes Gesteck aus kleinen Blumen und Rosmarinfederrosette, rote Bandrosette. *Haartracht:* schulterlang, gerader Stirnschnitt, vor den Ohren, diese freilassend. *Halstuch:* schwarz, schmal, unter Hemdverschluß heraustretend, unter Hosenträgerspange gesteckt. *Hemd:* kleines weißes Halsbündchen, zwei rote kleine Verschlußknöpfe. Unter der Weste und unter dem Gürtel ober der Hose weißer Rand. *Weste:* hellrot, hochgeschlossen mit vielen weißen Kugelknöpfen (elf sichtbar), davon vier oben offen. *Hosenträger:* H-Form, Querspange und links und rechts Befestigungsträger an einem Hosenknopf. *Gürtel:* schwarz, über Hemd zwischen Hose und Weste, nicht sehr breit, längsgesteppt, zwei ovale Schnallen. *Rock:* dunkelbraun, Haftelrock ohne Kragen, drei Knöpfe am Ärmel. Futter weiß, mit dichtem rotem und grünem Längsstreifenmuster. Etwas kürzer als Hose. *Hose:* schwarz, tief angesetzt, sehr kurz, Knie freilassend, zwei Latzknöpfe. *Strümpfe:* dunkelgrau, mit braunem Band unter Knie gebunden. *Schuhe:* schwarzer, flacher Halbschuh, Bandmasche.

Bemerkung: Kniefreie Hose trotz Hochzeit! Also eine Art Festtracht.

143

144

145

144
»GOLLING. EIN BAUERS SOHN VON DER TAUGL«

*Gestalt:* etwas nach links gewandt, nach vorne blickend. Rechte unten, Linke erhoben. Sonntags- oder Festtracht.
*Kopfbedeckung:* gelber (Filz-, Stroh-) Hut, leicht aufgebogene Krempe, grün gefalteter Bandbesatz von innen heraus, grünes Band um flachen breiten Gupf, großer Strauß aus rosmarinartigen, rotblühenden Sprossen. *Haartracht:* Ohr bedeckend, bis Nacken reichend. *Halstuch:* schmal, schwarz, halseng unter Hemdverschluß heraushängend, in Hosenträgerspange eingesteckt. *Hemd:* weiß, schmales Halsbündchen mit zwei roten Knöpfchen geschlossen am Hals; zwischen Weste und Hosenrand. *Weste:* hellrot, mit sechs weißen Kugelknöpfen geschlossen und sechs weiteren oben offen. *Hosenträger:* H-Form, hellgelbgrün, Träger links und rechts am Hosenlatz an der Hose befestigt. *Rock:* mittelgrau, tailliert, unten weit faltig bis zum mittleren Oberschenkel reichend; grüne Patte am Hals bis zur Brust, vier grüne Stoffknöpfe, ebensolcher Ärmelaufschlag und Knopfpatte (drei). *Hose:* schwarz, sehr tief angesetzt, die Knie freilassend. *Strümpfe:* weiß, faltige Beinlinge, unter dem Knie endend, mit Durchzugbändchen gebunden. *Schuhe:* schwarz, flache, kleine Lasche, gebunden.

Bemerkung: Kniefreie Hose! Hemdverschluß mit roten Knöpfchen! Gleiche Kleidung wie Nr. 141, Bauer von der Taugl. Hier Hose noch kürzer, statt schwarzem grüngelber Hut mit Rosmarinfedergesteck. Kein Gürtel, Beinlinge.

145
»GOLLING. EIN PRITSCHENMEISTER VON DER TAUGL«

*Gestalt:* nach links gewandt, mit der Linken ein Pfeifchen an den Mund haltend, die Rechte aufgebogen. Sonntagstracht. Gestalt aus dem Schützenwesen.
*Kopfbedeckung:* gelber flacher, breiter, runder Gupfhut, herabhängende, grün gefütterte beziehungsweise mit Bandrüsche besetzte Krempe. Oben links und rechts neben dem Gupf schmale grüne Bändchen. *Halstuch:* schwarzer schmaler Flor unter Hemdbündchen, vorne aus dem Hemdenverschluß herabhängend, unter Hosenträgerspange. *Hemd:* weiß, schmales Halsbündchen, mit zwei roten Knöpfchen, unten zwischen Weste und Hose. *Weste:* hellrot, hochgeschlossene Form, oben ein paar Kugelknöpfe offen (neun sichtbar). Nur bis zum halben Leib reichend. *Hosenträger:* H-förmige Querspange. *Rock:* fast knielang, hellgrau, grüner Besatz am Hals und bis zur Brusthöhe, dort fünf Stoffknöpfe rechts und fünf Knopflöcher links zur Zierde, offen getragen. Am Ärmel kleiner konischer grüner Aufschlag mit drei grünen Knöpfen. Schnitt leicht tailliert, unten weit faltig, bis zum oberen Hosenrand reichend. *Hose:* schwarz, tief angesetzt, Dreieckklappe mit zwei Knöpfen, tief angesetzt, ober dem Knie endend, es also freilassend. *Strümpfe:* weiß, Beinlinge, leicht faltig, unter dem Knie gebunden. *Schuhe:* schwarz, flacher Schlupfschuh mit Ledermasche. *Pfeiferl:* kurz, gelb.

Bemerkung: Die Figur ist Nr. 141 und 144 sehr ähnlich.

146 Tafel 71
»ABTENAU. EINE BÄUERINN«

*Gestalt:* nach rechts gewandt. Sonntagskleid.
*Kopfbedeckung:* gelb, flachgupfig (Stroh-, Filz-)Hut, mittelbreite, abgebogene, innen mit grünem gefälteltem Band besetzte Krempe. *Haube:* schwarze Ohrenspitzen einer Visierhaube unter dem Hut. *Halstuch:* schwarzes Flortuch, vorne durch Ring gezogen, in Miederlatz gesteckt. *Unterröckl:* hellrot, beim Halsausschnitt schmal blau gefaßt, unter Röckl und Halstuch. *Miederlatz:* hellrot, breit, Silberbortenbesatz am Oberrand. *Mieder:* rechts schwarzer Rand, gelbe Verschnürung ober dem Brustlatz. *Röckl:* grau, auf Taille geschnitten, kleiner Schößlrand rundherum; oben weit offen. An den Rändern vorne ab Mitte, nach oben rundum grüne Zierlinie. Kleine grüne geschlitzte Ärmelaufschläge am halben Unterarm. Am oberen Kantenende je eine dreifache Zierschlinge links und rechts. *Schürze:* dunkelblau, gefältelt, vordere Leibesmitte bedeckend, gleich lang mit Rock. *Rock:* schwarzblau, mit schwarzem Bandbesatz unten, halbwadenlang. *Strümpfe:* rote Beinlinge aus Stoff. *Schuhe:* flacher, brauner Schlüpfer, umgestülpte glatte Lasche.

147
»ABTENAU. EIN BAUER«

*Gestalt:* nach links gewandt. Sonntagskleid.
*Kopfbedeckung:* schwarzer, mittelbreiter Hut, leicht aufgebogene geschwungene Krempe, flacher runder Gupf, seitlich Haltebändchen für Krempe. *Haartracht:* ohrenfrei, Nackenlocken. *Halstuch:* schwarzer schmaler Flor, vorne gebunden, in Hosenträgerspange ge-

147

148

149

steckt. *Hemd:* unter Flor weißes gezogenes Rändchen zwischen Flor und Weste, zwischen Hose und Westenrand. *Weste:* hellrot, hochgeschlossen, oben einige Knöpfe offen (14 insgesamt), dichte Kugelknopfreihe, weiß. *Hosenträger:* H-Form, grüne, in sich gemusterte Spange auf der Brust. *Rock:* dunkelbrauner Haftelrock, runder, schwarz besetzter Halsrand. Nicht ganz knielang, glatte Ärmel mit Schlitz. 16 gelbe Haftelösen am linken Rockrand. *Hose:* sehr tief angesetzt, Dreiecksverschluß mit zwei weißen Knöpfen. Knie bedeckend. *Strümpfe:* weiß, mit schwarzem Band unter dem Knie gebunden. *Schuhe:* schwarz, flach, umgestülpte Lasche.

148
»ABTENAU. EIN BRÄUTIGAM«

*Gestalt:* nach rechts gewandt, die Hände zum Gebet gefaltet. Hut unter linkem Arm. Hochzeitskleid.
*Kopfbedeckung:* flacher gelber (Stroh- oder Filz-)Hut, mittelbreit, leicht aufgebogen, mit flachem breitem Gupf, grünem Bandbesatz von innen am Rand, grünes Band mit vier Schlaufen als Abschluß und Hochzeitsgesteck aus fünf Rosmarinfedern, weißen Blumen mit rotem Zentrum und rotem Bandtuff. *Haartracht:* teilweise über Stirn hereinhängend, Ohren halb bedeckend, schulterlang. *Hemd:* weißes Halsbündchen, unter Weste oder Hosenansatz. *Halsflor:* schwarz, schmal, auf dem Hemd gebunden, vorne unter Hosenträgerspange gesteckt. *Weste:* hellrot mit elf sichtbaren Kugelknöpfen, davon oben drei offen, hochgeschlossene Form. *Hosenträger:* H-Form, breite, grüne, in sich gemusterte Brustspange. *Rock:* dunkelbrauner Haftelrock, offen getragen, ohne Kragen, ohne Ärmelbesatz, leicht tailliert, unten breit. *Hose:* schwarz, sehr tief angesetzte enge Kniehose, zwei Latzknöpfe. *Strümpfe:* hellblau, am Knie schwarz gebunden. *Schuhe:* flach, schwarz, nach vorne gebogene Lasche.

149
»ABTENAU. EINE BRAUT«

*Gestalt:* nach links gewandt, gefaltete Hände. Hochzeitskleid.
*Kopfbedeckung:* Brautkranz, hellgrün, dichtblättrig, am Hinterkopf hellroter Schleifentuff als Abschluß. *Haartracht:* glatt zurückgekämmt, ohrenfrei. *Halstuch:* schwarz, halsfrei, vorne durch Ring mit rotem Stein gezogen, in Miederlatz gesteckt. *Hemd:* weißer aufstehender Spitzenrand am weiten Halsausschnitt, hellblauer gefältelter schmaler Bandbesatz auf Weiß. Ärmelspitze. *Miederstecker:* hellrot, breiter Zwickel, mit breiter silberner Borte am oberen Rand, blaue Verschnürung. *Rock:* dunkelgrauviolett, gefaltet, wadenlang. *Schürze:* schwarz, vordere Körperhälfte faltig bedeckend, rocklang. *Röckl:* gleicher Stoff, kurz, tailliert, wegstehende Schößchen, vorne offen, breitere Ärmelstulpe, weiter Halsausschnitt. *Strümpfe:* weiß, mit dreieckigem rotgelb-grünem Zwickel an den Innenknöcheln. *Schuhe:* schwarz, ganz flach, mit nach vorne gebogener Lasche.

150
»ABTENAU. EIN BAUERS SOHN«

*Gestalt:* nach links gewandt, mit etwas erhobenen Händen, kräftige Gestalt. Sonn- und Feiertagskleid.
*Kopfbedeckung:* flacher, leicht aufgebogener, mittelgroßer Hut, schwefelgelb (Filz, Stroh?), mit grünem gefaltetem Futter herausgespannt, breites grünes Band am flachen Gupf, vier Rosmarinfedern links hinten am Band steckend, rechts hinten sieben rote und grüne Schnurabschlüsse herabhängend. *Haartracht:* bis zum Hals reichend. *Hemd:* weiß schmales Halsbündchen unter Halsflor, Ärmelbündchen, ober und

150

unter dem Bauchgurt schmaler weißer Rand sichtbar. *Weste:* hellrot, hochgeschlossene Form mit bis unter die Hosenträgerbrustspange offenen zwölf Kugelknöpfen. *Hosenträger:* H-Form, breite grüne Brustspange mit grünem Webmuster. *Bauchgurt:* schwarz, mittelbreit, mit punktartiger Stickerei in Streifen und geometrischen Mustern, zwischen Weste und Hose auf Hemd. *Rock:* mittelgrau, schwarzer bis über die Brust herabreichender Halsbesatz mit sechs dunkelgrünen Knöpfen; schmaler schwarzer Besatz am Ärmel. Taillierte, unten weite Form. *Hose:* ganz tief angesetzte knappe Kniehose. Zwei weiße Latzknöpfe. *Strümpfe:* hellblau, breites Streifenmuster. *Schuhe:* flach, schwarz, umgebogene Lasche.

151 Tafel 72
»ABTENAU. EINE BAUERS TOCHTER«

*Gestalt:* nach rechts gewandt, die Rechte ausgestreckt, die Linke erhoben.
*Kopfbedeckung:* leicht aufgebogener Hut mit flachem breitem schwefelgelbem Gupf (Filz, Stroh?), darum breites grünes Band, ebensolches gefälteltes Futter von innen nach außen als Bespannung der Krempe; hinten grüne Schleifen herabhängend. *Haube:* darunter schwarze Ohrenspitzen-Visierhaube mit kleinem gelbem Haarbehälter. *Halstuch:* schwarz, halsfrei, vorne durch Ring gezogen, in Miederstecker gesteckt. *Hemd:* weiß, mit blauem Rand am Halsausschnitt. *Miederstecker:* scharlachrot, breite Silberborte oben, gelbe Verschnürung. *Röckl:* mittelgrau, kurze Schöße, in der Taille geschlossen, oben offen, alle Ränder grün gefaßt, kleiner grüner Ärmelaufschlag. *Rock:* schwarz, bis zur mittleren Wade reichend, reich faltig. *Schürze:* gleich lang, dunkelblau, hellblaues Schleifenband vorne am Röcklschluß. *Strümpfe:* hellblau, mit dreieckig rot, gelb und grün gefärbtem Zwickel an der Innenseite des Knöchels. *Schuhe:* schwarz, flach, umgestülpte Lasche.

152
»WERFEN. EIN BAUER«

*Gestalt:* frontal, nach rechts gewandter Kopf, Rechte in der Rocktasche, Linke nach unten gestreckt.
*Kopfbedeckung:* mittelbreiter flacher schwarzer Hut mit kleinem, flachem, kantigem Gupf, schwarzem Band mit Zackenmuster und Schnalle. *Haartracht:* Ohren halb bedeckt, bis zum Hals reichend. Schnurrbart auf der Oberlippe. *Hemd:* Halsbündchen weiß, mit zwei dunklen Knöpfchen. *Halstuch:* über dem Hemd geschlungener schwarzer schmaler Flor, vorne gebundene Enden länger herabhängend, unter die Hosenträgerspange gesteckt. *Weste:* bläulich-rot, hochgeschlossen, unterer Rand, Vorderkanten und Halsrand mit gelber oder Goldborte, viele kleine Knöpfchen (acht sichtbar). *Hosenträger:* H-Form, grüne Querspange, über der Weste. *Gürtel:* dunkelbraun, helle Ränder, Steppmuster, mittelbreit, über Weste getragen. *Rock:* hellgrau, knielang, unten ausgestellte Form, offen getragen, ohne Knöpfe und Knopflöcher, Hafteln? Rosa Futter am Halsteil und an den Schößen. Ärmel am Handgelenk eng, eingeschnitten. *Hose:* schwarz, knapp, Knie bedeckend, Dreieckklappe und zwei Knöpfe. *Strümpfe:* dunkelgrau, Längsstrickmuster angedeutet, am Knie Band mit Schleifchen. *Schuhe:* schwarze flache Halbschuhe mit Bandverschluß.

152

153 Tafel 73
»WERFEN. EIN SPITZREITER«

*Gestalt:* frontal, die Rechte etwas erhoben. Hochzeitsbrauchtum.
*Kopfbedeckung:* leicht aufgebogener, mittelbreiter Hut, von innen heraus dunkelrot gefüttert, Krempe mit faltigem blaugrünem Band breit besetzt. Um flachen breiten Gupf grünes Band mit wegstehender Schleife. Hochzeitlicher Schmuck, eine violette Straußenfeder, Rosmarinfedern, rote Blümchen, reich besteckt. *Haartracht:* Ohren bedeckend, halslang. *Halstuch:* schmaler schwarzer Flor, vorne geknüpft, in Hosenträgerspange gesteckt. *1. Weste:* dunkelblaurot, hochgeschlossen, sechs gelbe sichtbare Knöpfe. *Hosenträger:* H-Form, grün, Spange und Hosenansatz mit Knopf. *Gürtel:* dunkelbraun, gelb verziert, gelbe ovale Schnalle auf blauroter Weste. *2. Weste:* weiß, über Gürtel und Hosenträger offen getragen. *Rock:* violettrot, offene taillierte Form, bis ober die Knie reichend. Ärmelaufschlag mit senkrechter Knopfreihe (vier), mehrere Hafteln, dunkelblaurotes Futter. *Hose:* schwarz, anliegend, Dreiecksverschluß mit zwei Knöpfen, bis über die Knie von Gamaschen bedeckt. *Armstützeln:* hellrot, schwarzer Rand mit zwei weißen Knöpfen. *Gamaschen oder*

*Schneestrümpfe:* grau mit dunkelroten Tupfen, seitlicher Knopfreihe (18 Stück), mit schwarzem Band über Schuh befestigt. *Schuhe:* schwarz, flach.

154 Tafel 74
»WERFEN. EINE HOCHZEIT-PRANGERINN«

*Gestalt:* frontal, mit ausgebreiteten Händen.
*Kopfbedeckung:* Kopfschmuck. Grüner Rosmarinschmuck um Flechtenknoten. *Haartracht:* nach hinten gekämmt. *Halstuch:* schwarzer Halsflor, vorne durch Ring gezogen, gekreuzt in Brustlatz gesteckt. *Hemd:* beim weiten Halsausschnitt Spitzenzacken, weit gezogene angesetzte Ärmel, Ellbogen-Spitzenbesatz. Am Oberarm rote Zierbänder. *Brustlatz:* breit, himbeerrot mit oben goldener Borte besetzt, gelbe Verschnürung. *Mieder:* Ränder hellblau, links und rechts vom Miederlatz sichtbar. *Schürze:* weiß, reich gefältelt, oben schmal gezogen, mit kleinem weißem Band vorne gebunden, nicht ganz rocklang. *Rock:* reich gezogen, dunkelkarminroter Stoff, überwadenlang. *Strümpfe:* weiß. *Schuhe:* flach, braun, Schnalle.

155 Tafel 75
»WERFEN. EIN WEIB IN DER HAUPTKLAGE«

*Gestalt:* frontal, etwas nach links gewandt. Trauerbrauchtum.
*Kopfbedeckung:* großer schwarzer breiter Nebelstecher mit schmalem, konischem, hohem Gupf und flacher mittelbreiter Krempe; um den Gupf Schnur und rechts Abschluß. *Haube:* darunter, schwarze Ohrenspitzen einer Visierhaube. *Trauertuch:* weiß, Kinn, Mund und Oberkörper in zwei herabhängenden Zipfen so bedeckend, daß die gefalteten Hände unter der Brust in der Körpermitte sichtbar sind. *Schürze:* schwarz, reich gefältelt, gleich lang wie Rock. *Rock:* schwarz, reich gefaltet, über die Waden reichend. *Schuhe:* schwarze flache Halbschuhe, Bindbandmasche.

156
»WERFEN. EIN BAUER VON HÜTTAU«

*Gestalt:* frontal, Rechte in den Rock gesteckt, Linke in der Rocktasche.
*Kopfbedeckung:* schwarzer, flacher, mittelbreiter Hut, kantiger hoher Gupf

156

158

mit schwarzem Band, Masche rechts. *Haartracht:* ohren- und halslang. *Hemd:* schmales Halsrändchen, weiß. *Halstuch:* schmal, schwarz, eng geknotet unter dem Leibfleck. *Leibfleck:* hochgeschlossene Form, hellrot, oben silberner Bortenbesatz mit schlaufenförmiger Ausbuchtung, unter Hosenträger und Gurt getragen. *Hosenträger:* H-Form, schwarze Brustspange mit hellerem Zickzackmotiv bestickt. *Rock:* mittelgrau, länger als Knie, tailliert, unten weit. Ohne Kragen und Verschlüsse, aber in Körpermitte fast zusammenstoßende Ränder. Glatter Ärmel. *Gurt:* am unteren Ende des Leibflecks. *Hose:* schwarz, Knieform, schmal. *Strümpfe:* hellblaugrün, am Knie mit Hose gebunden. *Schuhe:* dunkelgrau, flach, gebundene Halbschuhe.

Bemerkung: Rock in Mitte fast geschlossen!

157 Tafel 76
»WERFEN. EINE BÄUERINN VON HÜTTAU«

*Gestalt:* frontal, etwas nach rechts gedreht, die Rechte erhoben.
*Kopfbedeckung:* Hut, alles schwarz; flacher Gupf, nach innen gebogene kleine Krempe, am Rand besetzt und am Gupf gefälteltes Band, hinten kleine Schleifen oder Quasten. Enden auf der Krempe liegend. *Haube:* darunter, Ohrenspitzen-Visierhaube schwarz. *Halstuch:* schwarz, vorne gekreuzt, in das Unterröckl gesteckt. *Hemd:* Spitze zwischen Halstuch und Unterröckl, Ellbogenspitze. *Unterröckl:* hellroter Rand zwischen Hemdspitzen und Miederstecker. *Miederstecker:* himbeerrot, oben mit breiter Goldborte besetzt. *Mieder:* nur gelbe Schnürung sichtbar. *Röckl:* auf Taille gearbeitet, geöffnet, karminrot, mit sehr kleinem Schößchen um die Mitte, kleinem Flossenärmelaufschlag am Ellbogen. *Schürze:* mittelblau, reich gezogen, oben schmal, rocklang. *Rock:* schwarz, reich gefältelt, überwadenlang. *Schuhe:* flach, braun, mit Bindbandmasche.

158
»EIN BAUER ALS HOCHZEITER VON DER GEGEND RADSTADT«

*Gestalt:* frontal, linke Hand am Gurt in Hosenträger. Rechte in Rocktasche. Hochzeitskleid.
*Kopfbedeckung:* schwarzer, links und rechts aufgebogener Hut, nicht sehr breite Krempe, mittelhoher kantiger Gupf, oben links buntes Gesteck aus Rosmarinfedern und gelben Gräsern sowie rot gefaßter Blumenrosette. *Haartracht:* Gesicht umrahmend, Ohren etwas frei, halslang. *Hemd:* schmales weißes Rändchen am Hals und am rechten Ärmel, ebenso zwischen Weste und Hose. *Halstuch:* schwarz, über dem Hemd unter kragenartig hochstehender

Weste. *Weste:* hellrot, hochgeschlossen, sieben weiße Kugelknöpfe. *Hosenträger:* H-Form, grüne mittelbreite Borten, Streifenmuster, an zwei Hosenknöpfen befestigt. *Gürtel:* schwarz, liegende rechteckige Schnalle, gelb (Metall) über Weste, unter Hosenträgern. *Rock:* rotbraun, knielang, offen getragen, unten weite Schöße, ohne Verschlüsse, hellrötlich ganz gefüttert. Am Halsausschnitt kleiner Umschlag. Ärmel glatt, kleiner Schlitz. *Hose:* schwarz, tief angesetzt, Latzverschluß und zwei Knöpfe. *Strümpfe:* rotbraun, am Knie gebunden. *Schuhe:* schwarze, einfach gebundene Halbschuhe.

159 Tafel 77

»EINE BAUERN DIRNE ALS HOCHZEITERIN VON DER GEGEND RADSTADT«

*Gestalt:* frontal, etwas nach rechts gewandt, Rechte am oberen Ende des Röckls, Linke an der Schürze unten. Hochzeitskleid.
*Kopfbedeckung:* Kopfputz: federartiges Brautkrönchen in Rot, Grün und Gelb (Gold?). *Haartracht:* glatt nach hinten gekämmt, ohrenfrei, zwei Zöpfe am Rücken, rote Bandschleifen zur Taillenmitte. Über den Haaren, um Kopf ober Stirne glatt gelegtes, zweiteiliges grünes Band. *Halstuch:* schwarz, in Brustlatz gesteckt. *Unterröckl:* zwischen Halstuch und Miederstecker grün-hellblaue Bandrüsche. Gelber (Gold?) Bortenrand. *Miederstecker:* hellrot, oben breite Goldborte. *Mieder:* nur Verschnürung in Gelb sichtbar. *Röckl:* rotbraun, Mittelverschluß, oben offen, sehr reiche geschwungene Schößchen, hellrot gefüttert. Ärmelaufschlag am Ellbogen. *Schürze:* helles Blau, reich gefaltet, etwas kürzer als Rock. Bandmasche in Körpermitte. *Rock:* rotbraun wie Röckl, reich gefaltet, überwadenlang. *Handstitzeln:* von Ellbogen bis zur Hand reichend, hellgraublau mit dreieckiger, rotgefaßter weißer Zipfelverzierung am Handgelenk. *Strümpfe:* weiß oder hellgrau. *Schuhe:* flach, schwarze Latzschuhe.

160

»EINE LEDIGE NAHERINN AUS DER GEGEND RADSTADT«

*Gestalt:* verkehrt stehend, nach links blickend, in der erhobenen Rechten eine Nähnadel mit Zwirn.
*Kopfbedeckung:* mittelbreiter, leicht aufgebogener, gelber (Stroh?) Hut mit

160

161

niedrigem, kantigem, breitem Gupf, darum grünes Band, die Enden herabhängend. Ebenso grüne gefältelte Innenbespannung der Krempe. *Haube:* den Hinterkopf freilassende schwarze Visierhaube. *Haartracht:* Zöpfe wie Doppelschnecke in Achterform um große Ziernadel gewunden. *Halstuch:* schwarz, in den weiten Ausschnitt des Hemdes gesteckt. *Hemd:* weiter, runder mit Spitzenzacken verzierter Ausschnitt. *Röckl:* hellblau, kurz, am halben Rücken des Mieders endend, leicht gezogen, eingesetzte glatte Ärmel, über Ellbogen reichend. *Mieder:* hellrot, zwei gelb abgesetzte Rückennähte. *Schürze:* hellblau, mit weißen schmalen Längsstreifen, die vordere Rockhälfte bedekkend. *Rock:* rotbraun, reich gefältelt, über die Waden herabreichend. *Strümpfe:* hellgrau mit weiß abgesetzten Knöchelzwickeln außen. *Schuhe:* schwarz, flach, Lasche, gebunden.

161

»ST. JOHANN. EIN BAUER«

*Gestalt:* nach vorne blickend, Rechte im Bauchgurt, Linke herabhängend.
*Kopfbedeckung:* schwarzer, mittelbreiter Hut, leicht aufgebogene Krempe, kantiger, runder, mittelhoher Gupf, Tragschnürl zwischen Gupf und Krempe. *Haartracht:* nur halslang, ohrenfrei. *Halstuch:* schwarz, schmal, ober dem Hemd getragener Flor. *Hemd:* darunter, gefältelt, kleine Streifen beim Hals zwischen Tuch und Leibfleck. *Leibfleck:* hellgelb-rot, runder Halsausschnitt, schwarz besetzt. *Bauchgurt:* schwarz-braun, breite rechteckige Schnalle auf dem Leibfleck. *Rock:* länger als Knie, graubraun, tailliert, unten durch Schöße weiter. Schwarzer Besatz an Hals und Ärmeln. *Hose:* knielang, schwarz. *Strümpfe:* dunkelrotbraun. *Schuhe:* dunkelgraue, spitz geschnittene Halbschuhe, geschnürt.

162

»ST. JOHANN. EINE LEDIGE DIRN VOM PFLEGGERICHT ST. JOHANN«

(Beschriftung in Bleistift auf der Rückseite)

*Gestalt:* frontal, etwas nach links gewandt.
*Kopfbedeckung:* moosgrüner breiter aufgebogener Hut mit flachem Gupf, seitlich rechts kleine rote Blumen in grüne Schleife gesteckt, Rand innen mit gleichfarbigem Band gefüttert. Nach innen hin noch rotes Futter sichtbar. *Haube:* unter dem Hut schwarze Ohrenspitzen einer Visierhaube. *Haartracht:* Haarbund aus Zöpfen am Hinterkopf, Knopf der Ziernadel goldgelb. *Halstuch:* schwarzer Flor, locker um Hals gelegt, vorne mit Brosche oder breitem Ring, gelb (Gold?) mit roten Steinen, zusammengehalten. *Hemd:*

162

163

kleiner, weißer, aufstehender Spitzenrand zwischen Halsflor und Unterröckl, ebenso Ärmel-Spitzenrand. *Unterröckl:* zwischen Hemdspitzenrand, Miederlatz und Röckl dunkelroter Halsrand, breite goldene Borte, locker bestickt sichtbar. *Brustlatz:* hellrot, mit breiter lockerer Goldborte, am oberen Rand. *Mieder:* gleich hellrot, lindenblattförmig ausgeschnitten, vorne mit Schnürung auf dem Brustlatz geschlossen; schmaler Goldbortenrand an den Seitenrändern. *Schürze:* reich gefaltet, die vordere Körperhälfte nicht ganz bedekkend, vorne durch dunkles Band geschlossen, hellblau mit weißem Punktmuster. Nicht ganz rocklang. *Rock:* rotbraun, reich gefaltet, unter die Waden reichend. *Röckl:* rotbraun wie Rock, etwas unter die Taille reichend, offen getragen, ohne sichtbare Verschlüsse; weit angesetzter Ärmel mit Flossenstulpe. *Strümpfe:* weiß. *Schuhe:* dunkelbraun, flach, mit Lasche und rotem Mascherl.

163
»ST. JOHANN. BAUERN MAGD IN GEMEINER KLEIDUNG«
(Beschriftung in Tinte auf der Rückseite)

*Gestalt:* leicht nach rechts gewandt.
*Kopfbedeckung:* flacher, mittelbreiter, gelber (Stroh?) Hut, leicht abgebogene Krempe, Rand innen und außen grün gefältelt bespannt, ebensolches Band um niederen Gupf mit Bandschlupfen links. *Haube:* darunter, schwarze Visierhaube mit Ohrenspitzen. *Halstuch:* karminrotes Dreiecktuch, Halsansatz bedeckend, vorne durch großen Tüchlring (oder Brosche) mit schwarzem Stein gezogen, Enden in Röcklausschnitt gesteckt. *Unterröckl:* von hellblauem Rändchen eingefaßter weiter Ausschnitt, rot auf weiß getupfter Stoff. *Hemd:* Ärmelspitzen. *Miederlatz:* hellrot, oben gelbe (Gold?) Borte, gelbe einfache Verschnürung. *Röckl:* rotbraun, tailliert, kurzes Schoßteil mit seitlichen Falten, wie kleiner Flossenärmel grün gefüttert. In der Mitte und oben geschlossen. *Rock:* ebenso rotbraun, reich gefaltet, wadenlang. *Schürze:* mittelbraun, reich gefaltet, vordere Rockhälfte bedeckend, fast gleich lang wie Rock. *Strümpfe:* weiß. *Schuhe:* graue, flache Schnallenschuhe.

164 Tafel 78
»ST. JOHANNES. EINE BÜRGERS TOCHTER AUS DEM MARKT«

*Gestalt:* frontal, etwas nach links gewandt, die Linke erhoben.
*Kopfbedeckung:* gelber (Stroh?) Hut, mittelhoher, kantiger, schmalerer Gupf, Krempe mittelbreit, etwas aufwärts gebogen, mit schwarzem Rüschenband und rotem Futter nach innen gewendet, eingefaßt, gelbe schmale Schnur um den Gupf. *Haartracht:* Böndel, Haarbund, am Hinterkopf unter dem Hut. *Halstuch:* schwarzer Flor, vorne durch einen Ring gezogen. *Hemd:* Spitze am Halsausschnitt unter dem Halstuch, Ellbogenspitzen, die bläulich gestickt sind (könnten aber auch im nachhinein angekritzelt worden sein). *Miederlatz:* blau, rot und gelber Bortenrand zwischen Halstuch und Röckl. *Miederstecker:* himbeerrot, oben mit gelber Borte besetzt. *Mieder:* gelbe Verschnürung. *Röckl:* dunkel- und hellbraun, in sich gemustert, mit den Schößen etwas über die mittlere Taille reichend, dort und oben mit weitem Ausschnitt geschlossen. Kleiner bogig drapierter Flossenärmel am Ellbogen. *Schürze:* vermutlich Blaudruck mit Punkten im Längsstreifenmuster, reich gezogen, die ganze vordere Körperhälfte bedeckend, rocklang. *Rock:* rotbraun, mittellang, reich gefaltet, über die Waden reichend. *Strümpfe:* mittelblau. *Schuhe:* schwarze, niedrige Halbschuhe mit Bindband.

165 Tafel 79
»ST. JOHANNES. EIN MÄHDER«
(Beschriftung auf der Rückseite)

*Gestalt:* nach rechts gewandt, mit der Rechten Wetzstein, mit der Linken Sensenblatt haltend.
*Kopfbedeckung:* breiter, grüner, auf- und abgebogener flachgupfiger Hut mit einigen Federn und kleiner Agraffe. *Haartracht:* nackenlang, ohrenbedekkend. *Hemd:* Rand am Hals und auf der Brust, weite gebauschte, an der Hand enge Ärmel mit Bündchen. *Halstuch:* schmaler schwarzer Halsflor, vorne gebunden, herabhängend. *Weste:* offen getragen, hochgeschlossen, Knopflöcher links, himbeerfarben. *Hosenträger:* H-Form, braun, schwarzes Zackenmuster, an Hose geknöpft. *Hose:* tief sitzend, bis Knie reichend, Dreiecklatz mit zwei Knöpfen, links Taschenöffnung hellblau gefüttert, mit einem Stab darin. *Strümpfe:* Beinlinge, hellblau, am Knie gebunden. *Schuhe:* flach, mit Keillasche. *Wetzsteinkumpf:* an der rechten Hüfte Wetzsteinkumpf, braun, mit Wetzstein und ringförmigem Gegenstand: Schleifstahl.

Bemerkung: gänzlich anderer, schwungvoller Darstellungsstil, läßt auf die Hand eines anderen Künstlers schließen.

166 Tafel 80

»ST. JOHANN« (Tanzendes Paar)

*Gestaltung:* der Bursche von vorne, das Mädchen verkehrt stehend, sich an den Händen haltend, ihre Rechte und seine Linke erhoben, ihre Linke und seine Rechte herunten in Körpermitte.
*A: Bursche:*
*Kopfbedeckung:* flacher, mittelbreiter, gelber (Stroh?) Hut, Rand mit schwarzem gefälteltem Band besetzt; innen himbeerrotes Futter, einen gelben Streifen freilassend. Auf dem Gupf großer Buschen aus grünen Zweigen (Rosmarin?), Rosen und tulpenartigen Blumen. Wie Hochzeitsschmuck. *Haartracht:* vor den Ohren, in den Nacken reichend. *Halsflor:* schwarz, schmal, vorne geknüpft. *Hemd:* weiß, am Halsrand unter Flor faltig zusammengefaßt; faltiger Ärmelansatz, am Handgelenk schmales Bündchen. *Leibfleck:* hellrot, am Leib halbrund nach unten verlängert. Am Halsrand schwarzer Samtbesatz, schwarze Stickerei und Goldborte. Runder Ausschnitt. *Hosenträger:* H-förmig, gelb-rot-schwarzes Zackenmuster, über Brustfleck getragen. *Hose:* schwarz, weit, über die Knie reichend. *Strümpfe:* hellblau, etwas unter dem Knie, einen schmalen Streifen Haut freilassend, schwarz gebunden. *Schuhe:* flach, schwarz, gebunden.
*B: Mädchen*
*Kopfbedeckung:* gelber, flacher Hut, niedriger runder Gupf, mittelbreit, mit olivgrünem Band, hinten drei Bandschlupfen auf der Krempe. Hutrand mit schwarzem, gefälteltem Band besetzt. *Haube:* unter Hut, schwarze Ohrenspitzen einer Visierhaube. *Halstuch:* schwarzer schmaler Flor. *Hemd:* am Miederrand abstehende weiße Spitzen. Reich gefältelter Ärmel, am Handgelenk Abnäher, Bündchen und Spitze. *Mieder:* karminrot, mit schwarzer Bandrüsche am Halsausschnitt und schwarzer Einfassung des Ärmellochs sowie der gehobenen Rückennähte. Eher kurze Taille. *Rock:* schwarz, über Waden hinabreichend, reich gefaltet. *Schürze:* weiß, vordere Rockhälfte bedeckend, gleich lang wie Rock. *Strümpfe:* hellrot. *Schuhe:* schwarz, flach, gebunden.

167

ST. JOHANN«

(Beschriftung auf der Rückseite: »EINE SCHENE BERCHT WELCHE SO AUF SPRINGT«)

167

*Gestalt:* nach links gewandt, sich an langem Alpstock aufwärts schwingend, den Rücken zeigend. Winterliche Brauchtumsfigur.
*Kopfbedeckung:* seitlich rechts aufgeschlagener, mittelbreiter gelber (Stroh?) Hut, innen rot gefütterter Rand mit gefälteltem grünem Bandbesatz, ebensolcher um niederen breiten Gupf gelegt. Rechts hinter dem Aufschlag fächerförmige Rosette aus Gamsbarthaar oder schwärzlichen Federn mit gelber (goldener?) Punktverzierung der Fassung. *Haartracht:* lockig, halslang. *Gesichtsmaske:* freundlich, große Nase, inkarnatfarben. *Halstuch:* rosa, dreieckig. *Hemd:* weiße, faltige Ärmel, Armbündchen. *Wams:* hellblau, faltig, tailliert, mit faltigen hüftlangen Schößen, ärmellos. *Schellenkranz:* von rechter Schulter zu linker Hüfte gelegt, drei dichte Reihen rundlicher Schellen auf braunem Grund, rot, fransig eingefaßt. *Gürtel:* rosa, schmale Schärpe, rechts Knoten und herabhängende Enden. *Hose:* anliegend, stark gelbe Kniehose, grüner Rand am Knie. *Strümpfe:* weiß, mit grün gerandeten Dreieckszwickeln, Dreisproßmuster innen und außerhalb der Gelenke, grüne Kniebänder. *Schuhe:* grau, flach, mit kleinen schwarzen Schleifen gebunden. *Stock:* lange braune Alpenstange mit Metallspitze.

168

168

»LUNGAU. EINE BRAUT«

(fast zur Gänze ausgelöscht)

*Gestalt:* nach links gewandt. Fast verwischte Malerei, Hochzeitskleid erkennbar.
*Kopfbedeckung:* eine anliegende Kopfbinde in Stirnhöhe, ein kleines aufstehendes Kränzchen, vielleicht ähnlich der Radstädter Braut. *Haartracht:* zwei lange, bis über die Körpermitte reichende Zöpfe, braunrötlich, mit blauen Maschen. *Halskrause am Hemd:* noch erkennbar breiter gefältelter Kragen wie beim Zederhauser Hochzeitweib.

169

»LUNGAU. EIN BRÄUTIGAM«

*Gestalt:* nach rechts gewandt, in der erhobenen Rechten Ring, Rosenkranz und Hut in der Linken. Hochzeitskleid.
*Kopfbedeckung:* in der Linken getragener Hut, hellrot gefüttert, weiter Gupf, Krempe schwarz, mittelbreit, Federgesteck oder Bänderschlaufen, über die Krempe ragend. *Haartracht:* ohrenbedeckend, schulterlang, barhäuptig. *Hemd:* weißes Randerl am Hals, Ärmelbündchen. *Halstuch:* schmal, schwarz, um Hals gebunden. *Weste:* hellrot, hochgeknöpft, neun Metallkugelknöpfe, oben gelber (Gold-)Bortenrand. *Hosen-*

169

170

172

*träger:* H-Form, grün, Querspange auf der Brust, Träger mit einem Knopf an der Hose befestigt. *Rock:* mittelgrau, fast knielang mit Schößen ab Körpermitte, offen getragen, kragenlos. Ärmel mit Aufschlag, grün besetzt und zwei Zierknöpfe. Haftelreihe rechts. *Hose:* tief angesetzt, dreieckiger Klappenverschluß mit zwei Knöpfen, enge Form, Knieform, schwarz. *Strümpfe:* hellblau, am Knie mit dunklen Bändern gebunden. *Schuhe:* flache Halbschuhe mit rotem Besatz, helle Bandmaschen. *Ring, Rosenkranz:* Ring mit grünem Stein, Rosenkranz schwarz mit goldener Medaille.

170
»LUNGAU. EIN BRAUTFÜHRER«

*Gestalt:* nach rechts gewandt, in der Rechten Hut, in der Linken Säbel, an der Scheide haltend. Hochzeitskleid.
*Kopfbedeckung:* unter dem rechten Arm getragener Hut, schwarze, sehr breite flache Form mit weißrotem Kränzchen, blauer Schleife, schwarze Bandschlaufen. *Haartracht:* aus der Stirne gekämmt, nackenlang. *Hemd:* weißes Halsstreifchen, weißer Rand am Ärmel, glatt. *Halstuch:* schwarzer Flor, schmal, vorne über Hemd und Weste gebunden. *Weste:* dunkel-olivgrün, hochgeschlossene Form mit (sechs) Kugelknöpfen, oben zarte weiße (Silber?) Borte. *Hosenträger:* H-Form, braun, mit je einem Knopf an der Hose befestigt. *Rock:* länger als Knie, dunkelgrau, offen getragen, weite, schlichte kragenlose Form mit Schößen. Kleiner Ärmelaufschlag. *Hose:* schwarz, weite Knieform. *Strümpfe:* weiß, mit längsgestreiftem Muster, oben am Knierand mit roten Bändern gebunden. *Schuhe:* schwarze, rot eingefaßte, flache Latzschuhe mit roten Schleifen. *Säbel:* Säbel in Scheide mit roten Bändern auf der Linken liegend, mit braunem Schultergurt um Schulter hängend.

171 Tafel 81
»LUNGAU. EINE KRANZLJUNGFER«

*Gestalt:* frontal, etwas nach links gewandt, Zinnteller in den Händen, darauf blau-rotes Kränzchen mit hellblauer Schleife. Hochzeitsbrauchtum.
*Kopfbedeckung:* federartig, wie Brautkrönchen in Rot, Grün und Gelb. Hellgrüne Kopfbinde. *Haartracht:* glatt zurückgekämmt, zwei Zöpfe hinten, links hinten in Hüfthöhe hellblaues Zopfzierband als Masche sichtbar. *Halstuch:* schwarzes Rändchen beim Hals sichtbar oder Kragenrand. *Kragen:* weißer, reich gefältelter, über die Schulter reichender Rundkragen, schmaler schwarzer Randabschluß am Hals. *Miederlatz:* hellrot, mit breiter Goldborte. *Mieder:* blaue Verschnürung. *Röckl:* grauschwarz, auf Taille gearbeitet, vorne in der Mitte geschlossen, breites, rot gefüttertes Schößchen und vorne rot gefaßt, oben zwei Vorderteile mit blauem Band über Miederlatz gebunden, kleiner Flossenärmel. *Hemd:* gelegte Spitze am Ellbogen. *Schürze:* breit, grauschwarz, etwas kürzer als der Rock. *Gürtel:* schwarz, über Schürze und rechts über die Hüfte herabhängend, nietenbenageltes Leder mit Besteckriemen, mehrere Teile. *Rock:* schwarzgrau, reich faltig, über Waden hinabreichend. *Strümpfe:* hellgrau. *Schuhe:* flache, schwarze Halbschuhe mit Latz, rotes Schleifenband und Einfaß.

Bemerkung: Das Blatt zeigt Verwandtschaft zu Radstadt, Hochzeiterin, Nr. 159, Tafel 77.

172
»LUNGAU.
EINE BRAUTMUTTER«

*Gestalt:* nach links gewandt, mit ineinandergelegten Händen. Hochzeitsbrauchtum.
*Kopfbedeckung:* mittelgroßer grauer, leicht nach unten gebogener Krempenhut, ganz flacher breiter Gupf, darum schwarzes Band, rechts Schleife. *Haube:* schwarze Ohrenspitzen-Visierhaube mit hellgrauem (silbernem?) Haarkörbchen. *Halstuch:* locker und faltenreich, schwarz, vorne durch Ring mit Stein gezogen, in Miederlatz gesteckt. *Hemd:*

weiter, mit Spitzen besetzter Rand zwischen Halstuch und Röckl, Ärmelspitzen. *Miederstecker:* mittelrot, oben breite Goldborte mit Zackenmuster, sechsfache Schnürung, hellblaue Schnur. *Röckl:* stark taillierte, in Körpermitte geschlossene, oben offene Form, schwarz, ganz schmal rot besetzt, drei Verschlußhaken am Rand; auch an der Ärmelstulpe rot gefüttert, reich gewelltes Schößchen. *Schürze:* schwarz, reich gefaltet, vordere Körperhälfte bedekkend, rocklang. *Gürtel:* rechts seitlich fast bis zum Rocksaum herabhängend, aus mehreren Lederteilen und gelben Schnallen sowie Klappmesser zusammengesetzt. *Rock:* schwarz, reich faltig, sehr lang, fast zum Knöchel reichend. *Strümpfe:* hellblau, mit rot geränderten Zwickeln. *Schuhe:* schwarz, mit schwarzen Schnallen und roter Einfassung.

173 Tafel 82

»LUNGAU. EIN SPITZREITER ODER JUNGFRAUDIENER«

*Gestalt:* nach rechts ausschreitend, Rechte durch Hosenträger und Gürtel gesteckt, Linke Säbel an Scheidenspitze tragend. Hochzeitsbrauchtum.
*Kopfbedeckung:* breite mittelhohe Hutform, links höher aufgeschlagene Krempe als rechts. Innen mit grünem gefälteltem Band und weiterhin in Gelb und Rot gefüttert. Am Gupf links Festgesteck aus Haarrosette, weißem Adlerflaum, schwarzgelb gemusterter Feder, Kornähren und hellblauen Maschenteilen, links herabhängend grüne Bandschleifen. *Haartracht:* stirn- bis nackenlang. *Hemd:* weißes Halsranderl, zwischen Hose und Weste sichtbar. *Halstuch:* über dem Hemd vorne geknotet, unter die Weste gesteckt. *Weste:* hochgeschlossen, mittelrot, mehrere Knöpfe sichtbar (fünf), am Hals schmaler gelber (Gold-)Bortenbesatz. *Hosenträger:* H-förmig, breit, hellgrau, Brustspange, rechts Träger mit einem Knopf an der Hose befestigt. *Gürtel:* sehr breit, schwarz, zinnbenietete Ornamentierung in Tulpenform; über Weste und Hosenträger getragen. *Rock:* dunkelgrau, kragenlos, oberschenkellang, unten weit, offen getragen. Haftelteile rechts und links, kleine Ärmelstulpen, zwei graue Kugelknöpfe. *Hose:* schwarz, sehr kurz angesetzt, Dreieckklappenverschluß, zwei graue Knöpfe; bis über die Oberschenkel von Gamaschen bedeckt. *Gamaschen:* mit Laschen über die Schuhe gezogen, seitlich grauer Knopfverschluß (zehn), bis zur Mitte der Oberschenkel reichend. *Schuhe:* schwarz, flach.

174 Tafel 83

»LUNGAU. EIN ZEDERHAUSER HOCHZEITWEIB«

*Gestalt:* nach links gewandt, erhobene Linke. Hochzeitsbrauchtum.
*Kopfbedeckung:* schwarzer Nebelstecher, ganz spitzer, besonders hoher Gupf, etwas aufgebogene mittelbreite Krempe. *Haube:* unter Hut, schwarze Ohrenspitzen-Visierhaube, hellgraues (Silber-)Haarkörbchen. *Halstuch:* schmales schwarzes Rändchen am Hals oder Kragenrand. *Kragen:* weißer breiter, runder, reich gefältelter, bis zur Schulter reichender Kragen, oben schwarzer schmaler Abschluß, wenn nicht Halstuch. *Miederstecker:* hellrot, oben mit breiter gelber (Gold-)Borte besetzt. *Mieder:* blauer Rand und blaue Verschnürung ober Miederstecker zwischen den Taillenteilen. *Wams:* hellgrau mit Mittenverschluß, bis ober Knie mit reichgefalteten Schoßteilen reichend; langer Ärmel, grüner geteilter Aufschlag. *Schürze:* dunkelgrauschwarz, gleich lang wie Rock. *Rock:* dunkelgrauschwarz, unter Waden reichend, reich gefaltet. *Strümpfe:* hellblau. *Schuhe:* flach, Latz, rotes Schnurband.

175 Tafel 84

»LUNGAU. EIN SCHWEINSCHNEIDER WIE ER IN DIE FREMDE GEHT«

*Gestalt:* nach rechts schreitend, nach links gewandt, mit Knotenstock in der Rechten und dem Schnürsack auf der linken Schulter, mit der Linken den Riemen haltend. Berufs- und Wanderkleidung eines Viehkastrierers.
*Kopfbedeckung:* hellgrüngelber, flacher, sehr breiter Hut, links und rechts aufgebogene Krempe, flacher runder Gupf, schwarzes Band, Schleife rechts, Sträußchen. *Haar- und Barttracht:* schulterlang, Oberlippenbärtchen. *Hemd:* weißer Rand unter Halstuch. *Halstuch:* schwarz, unter Weste geknüpft. *Weste:* mittelrot, hoher Knopfverschluß, acht sichtbar. *Hosenträger:* H-förmig, über Weste und Gürtel, graugrün, Muster in sich, je ein Knopf für Träger. *Gürtel:* schwarzbraun, zwei rechteckige Schnallen, auf der Weste unter Hosenträger. *Rock:* rotbraun, einfach offen getragen, weite Schöße, knielang; Ärmelaufschlag

176

mit einem Knopf. *Hose:* hellbraun, tiefangesetzte Knieform; am Knie durch drei Knöpfe geschlossen. Latzklappe mit zwei Knöpfen. *Strümpfe:* hellblau, dunkelblaues Knieband. *Schuhe:* flacher Schnallenschuh mit Latz, rechteckige Schnalle aus Metall. *Beigaben:* Knotenstock, Schultersack mit rotem Tüchl.

176

»LUNGAU. EIN SCHWEINSCHNEIDERS WEIB«

*Gestalt:* schwangere Frau, mit der Rechten mit Schürzenzipfel die Tränen aus dem rechten Auge wischend. Alltagstracht?
*Kopfbedeckung:* hellgrauer Hut, abgebogene Krempe, ganz flacher breiter Gupf. Rand schwarz, mit faltigem Band besetzt, um Gupf schwarzes Band mit Schleife. *Haube:* unter Hut, schwarze Ohrenspitzen-Visierhaube, weißes Haarkörbchen, vielleicht aus Silberborten? *Halsband:* schwarzer Flor, schmal, eng um Hals liegend, hinten Schleife. *Halstuch:* schwarz, faltig halsfern liegend, durch Ring mit Stein gezogen. *Hemd:* weißer Spitzenrand zwischen Halstuch und Röckl, Ärmelspitzen, zwischen Miederlatz und Mieder, im Rockschlitz vorne sichtbar und unten innen im vorne gehobenen Rock. *Miederlatz:* mittelrot, sechsmal einfach gelb geschnürt, oben gelb, (Gold-)Borten-

177

rand. *Mieder:* gleich mittelrot, links etwas sichtbar, mit zwei Miederhafteln. *Schürze:* hellblau, faltenreich, vorne auf Leib gebunden. *Rock:* schwarz, faltenreich, vorne unter gehobener Schürze Verschlußschlitz, ober Kniehöhe. *Röckl:* rostbraun, taillierter Schnitt mit Schößl, hüftlang, weit ausgeschnitten, am Halsausschnitt geschlossen. Breite Ärmelstulpe. *Strümpfe:* weiß, mit blau eingefaßten Dreieckzwickeln, krabbenartiges Muster an den Innenknöcheln. *Schuhe:* schwarze flache Halbschuhe, blaues Schnürband.

177
»PINTZGAU. EIN BÜRGERISCHES KLAGEWEIB«

*Gestalt:* frontal, Haupt nach rechts, gefaltete Hände. Kostüm des Totenbrauchtums.
*Kopfbedeckung:* schwarzer Hut, Nebelstecherform, mittelbreit, spitzer, hoher Gupf, innen schwarz, mit Falten gefüttert, schmales Band mit Schleife links um den Gupf. *Haube:* unter dem Hut, schwarz, Ohrenspitzen einer Visierhaube, am Hinterkopf eine weiße Haarbundhaube. *Trauertuch:* groß, weiß, Hals und Gesicht bis über Oberlippe, den Oberkörper vorne bis zur Mitte, seitlich die Arme bedeckend und hinten fast bis zum Rockende reichend. *Röckl:* schwarze Ärmelenden am Handgelenk, mit schmaler schwarzer Rüsche. Spitzer Taillenabschluß in der Mitte. *Schürze:*

178

schwarz, faltenreich, etwas schmäler als vordere Körperhälfte. Nicht ganz rocklang. *Rock:* schwarz, faltenreich, bis zu den Schuhen reichend. *Schuhe:* schwarzer Stöckelschnallenschuh, weiße runde Schnalle. *Rosenkranz:* schwarz, lang, weiß (silber) gefaßter Kreuzanhänger.

178
»PINTZGAU. EIN BAUER IM WINTERKLEIDE«

*Gestalt:* nach links gewandt, Linke erhoben, Rechte nach unten gestreckt. Sonntagstracht.
*Kopfbedeckung:* gelber, flacher Hut (Stroh oder Filz?), mit niedrigem rundem Gupf und flacher mittelgroßer Krempe, am Innenrand mit gefälteltem schwarzem Band, dann gelb (Goldborte?) und rot besetzt. *Haube:* unter dem Hut, schmaler brauner Pelzrand, grüner Gupf. Durch Farbfleck nicht ganz deutlich. *Halstuch:* schwarz, schmaler Flor um Hals, vorne gebunden, ein Ende unter Hosenträgerspange gesteckt. *Hemd:* am Hals gefältelter weißer Streif zwischen Halstuch und Brustlatz, unten zwischen Hose und Leibfleck. *Leibfleck:* hellrot, bis zum Hals heraufreichend, unten mit Bogen nach vorne in die Hose gesteckt. Am Halsrand dunkel besetzt und gelb gestickt (kleine Goldborte?). *Hosenträger:* H-Form, Brustspange, grün mit gelben Rändern. *Gürtel:* dunkelbraun, mittelbreit, Ziersteppererei, weiße Doppelstreifen, geschwungene große ovale Metallschließe. *Rock:* dunkelbraun, nur gesäßlang, weit, offen getragen, um Hals bis in Brusthöhe schwarzer Besatz. Ärmelstulpe sehr hoch, konisch, grün gesäumt wie Halsbesatz. *Hose:* schwarze tief angesetzte Kniehose, Dreiecklatzverschluß mit je einem Knopf. *Fäustlinge:* hellgelb, innen rötlich, Pelz am Rand, außen Finger angedeutet. *Strümpfe:* braun, mit grünem Band am Knie befestigt. *Schuhe:* flache braune Schnürhalbschuhe.

179 Tafel 85
»PINTZGAU. EINE BÄUERINN IM WINTERKLEIDE«

*Gestalt:* nach rechts gewandt, beide Hände in einem Muff steckend. Sonntagstracht.
*Kopfbedeckung:* Haube, vorne zweireihiger brauner Pelzstreifen, kaskettartig aufragend, hinten einreihig ebenso besetzt. Haubenkopf schwarz. *Haartracht:* Stirnansatz glatt zurückgekämmt. *Halstuch:* schmal, vorne gekreuzt, bestickter(?) schwarzer Flor. *Hemd:* weiße Spitze unter dem Flor. *Miederstecker:* blau-hellrot, oben gelbe (goldene) Borte, breit. *Mieder:* gelbe Verschnürung im oberen Teil des Miedersteckers. *Röckl:* schwarzgrau, auf Taille geschnitten, reiche hüftlange Schößln, alle Kanten pelzartig rot-weiß mit zottiger Borte besetzt. Breite konische Ärmelaufschläge, schwarz und olivgrün eingefaßt. *Muff:* rechteckig, gleicher Stoff wie Röckl und Kleiderrock, gleicher Besatz wie Röckl, rotweiße zottige Borte seitlich und oben. *Schürze:* hellblau, reich gefaltet, breit, etwas kürzer als der lange Rock. *Rock:* schwarzgrau, reich gefaltet, um das untere Ende schwarzer Bandbesatz. *Strümpfe:* rot. *Schuhe:* hellbraun (grau), flache, geschnürte Halbschuhe.

180 Tafel 86
»PINTZGAU. EIN LEDIGER BAUERS SOHN IN SEINER ALLETAGS TRACHT«

*Gestalt:* nach links gewendet, Linke erhoben, Rechte im Gürtel steckend. Kleines Pfeiferl rauchend.
*Kopfbedeckung:* flacher, gelblicher Hut, kantiger, niedriger, breiter Gupf, mittelbreite flache Krempe, unten in Schwarz, Gelb und Rot besetzt. Grünes breites Hutband und einige weiße (Schneid-?)Federn. *Haartracht:* kurz geschnitten. *Halstuch:* bandartiger schwar-

zer Flor, vorne geknüpft herabhängende zwei Teile, in Hosenträgerspange gesteckt. *Hemd:* gezogener weißer Rand am Hals. *Leibfleck:* hellrot, am Hals schwarzer Besatz mit gelber Goldborte rund abschließend, unten am Leib nach unten abgerundete Lasche. *Hosenträger:* H-Form, Querspange gelb, mit schwarzem Wellenmuster ober Leibfleck. *Gürtel:* braun, über Leibfleck, mit Monogramm AP und Rosettenmuster, gestickt. *Rock:* dunkelbraun, offen getragen, unten weit, rund um Hals schwarzer Besatz, auf der Brust endend; Ärmel mit großer konischer Stulpe, hellrot besetzt. Länge nur unter Gesäß reichend. *Hose:* faltig bis zum Knie reichend, die sie bloßläßt. *Strümpfe:* weiß, unter dem Knie schwarz gebunden. *Schuhe:* schwarze, flache Halbschuhe mit Latz und Schleife. *Pfeiferl:* kurz, Metallkopf.

181 Tafel 87

»PINTZGAU. EIN BAUERS SOHN IM SOMMER IN SEINEM LEDERNEN KOLLER«

*Gestalt:* nach links gewandt, mit erhobener Linken. Sommerkleidung.
*Kopfbedeckung:* gelber Strohhut, runder flacher Gupf und flache, schwarz gefaßte mittelbreite Krempe. Federgesteck und rotes dünnes Schleifchen. *Haartracht:* kurz, lockig. *Halstuch:* schmaler schwarzer Flor, vorne gebunden, zwei Bandenden. *Hemd:* reich gezogen, Halsbündchen. *Hosenträger:* H-Form, Querspange gelb, rote und schwarze Wellenverzierung. *Gürtel:* breit, schwarz, weiße Zierlinienstepperei, rechteckige Metallschnalle, über dem Hemd getragen. *Rock:* kurz, hellgelb (»irchen«, Leder?), schwarzer gitterartiger Zierbesatz und Besatz am Hals und Ärmel, nur gesäßlang. *Hose:* tief angesetzt, schwarz, faltig, knielang, das Knie freilassend. Dreiecklatzverschluß mit zwei Knöpfen. *Strümpfe:* weiß, mit schwarzen Bändern unter dem Knie gebunden. *Schuhe:* flacher schwarzer Halbschuh mit Latz und Bändchenmasche.

182

»PINTZGAU. HOCHZEITLADER«

*Gestalt:* nach links gewandt, in der Linken (Zinn-)Teller mit zwei gelben Ringen mit Steinen; unter dem linken Arm ein Bund roter Nesteln in weißem Tuch, mit ganz schmalem rotem Band, in der Rechten zwei weiße Nesteln. Unter rechtem Arm Hut. Hochzeitsbrauchtum.

182

*Kopfbedeckung:* schwarzer Hut, aufgebogene breitere Krempe, runder breiter Gupf. Mattgrünes Band und Einfassung. Hochzeitssträußl aus rot-gelb-grünen Blumen und Blättern. *Haartracht:* vorne sehr kurz, Ohren frei, bis zum Nacken reichend. *Halsflor:* schwarz, vorne geknüpft, durch die Hosenträgerspange gesteckt. *Hemd:* gefalteter Rand zwischen Flor und Westenausschnitt. *Weste:* hellrot, bis oben zugeknöpft, acht sichtbare gelbe Kugelknöpfe, sonst schmucklos. *Gürtel:* schmal, dunkel, helle Stichverzierung, auf der Weste aufliegend. *Rock:* hellrötlich braun, acht sichtbare braune Stoffknöpfe am offenen Verschluß, kragenlos. Glatter Ärmel mit breitem konischem Aufschlag, drei braune Stoffknöpfe, Knopflöcher. Fast knielang. *Hose:* tief angesetzt, Dreieckverschluß, zwei weiße Knöpfe, Knie bedeckend. *Strümpfe:* gleich hellrötlich braun, am Knie blaues Bindband. *Schuhe:* schwarz, flach, mit kleiner Lasche und Schnalle.

Bemerkung: Nestelknüpfen als glückbringender Hochzeitsbrauch.

183

»PINTZGAU. EIN WIRTH«

*Gestalt:* nach links gewandt, nach rechts blickend, Rechte etwas erhoben, Zinnkrug in der Linken.
*Kopfbedeckung:* schwarz; schmale, seitlich aufgerollte flache Hutform, flacher

183

breiter Gupf, dunkles Hutband, vorne rechteckige kleine Schnalle. *Haartracht:* ohrenfrei, kurz. *Hemd:* nichts sichtbar. *Halstuch:* schmaler schwarzer Flor, vorne geknüpft, in Brustspange des Hosenträgers gesteckt. *Weste:* hochgeschlossen, mit neun sichtbaren roten Kugelknöpfen, in Hose gesteckt. Keine Verzierung. *Hosenträger:* H-Form, grüne gelbgerandete Brustspange. *Bauchgurt:* nicht sehr breiter, dunkelbrauner, an den Rändern abgesteppter Gürtel mit rechteckiger, geschwungener Schnalle auf der Weste. *Rock:* mittelbraun, nicht ganz knielang, tailliert, unten reichlich weit, kragenlose Form mit neun braunen Stoffknöpfen ab Mitte; mit vier Knöpfen besetzte Taschenpatten und tonnenförmigem Ärmelaufschlag mit einem Knopf. *Hose:* dunkelbraungraue, tief angesetzte, weit gezogene Knieform. Dreiecklatz, zwei Knöpfe. *Strümpfe:* hellbraun, blaue Bänder am Knie. *Schuhe:* flacher schwarzer Schuh mit viereckiger Schnalle.

184 Tafel 88

»PINTZGAU. EIN MÄHER IN DER STRÄHLAKEN«

*Gestalt:* nach links gewandt, in der Sumpfwiese stehend, Sense in der Linken, Wetzstein rechts und nach rechts blickend. Arbeitstracht mit altmodischen Teilen.

*Kopfbedeckung:* hoch, spitz, sogenannter Jodlhut, schmale flache Krempe, hellgrün; im oberen Teil des spitzen Gupfkegels zwei grüne und eine weiße Schneidfeder, rotes schmales Bändchen, Schleife. *Haartracht:* kurz. *Hemd:* weiß, langärmelig, gefältelter Halskragen, fast schulterbreit, rund mit rötlichem Rand besetzt. Brustschlitz. Ärmel leicht faltig eingesetzt, zwischen Ellbogen und Hand glatt endend. *Gürtel:* schmal, dunkelgrau, mit viereckiger Schnalle aus weißem Metall. *Wetzsteinkumpf:* am Gürtel hängend. *Hosenträger:* H-Form, schmal, rötlichbraun, mit je einem Knopf an der Hose befestigt. *Hose:* tief angesetzt, weit gezogen, bis ober das Knie reichend. Dreiecklatzverschluß mit zwei weißen Knöpfen. *Strümpfe:* weiße Beinlinge, faltig, unter dem Knie endend. *Schuhe:* flach, dunkel, im Wasser. Nicht genauer bestimmbar. *Sense:* schmales geschwungenes Blatt, zwei Griffe am Stiel.

185 Tafel 89

»PINTZGAU. EINE HEIGERINN IN DER STRÄHLAKEN«

*Gestalt:* frontal, leicht nach links gewandt, Rechte an die Hüfte gelegt, Linke den Rechenstiel haltend, erhoben. Im seichten Wasser stehend. Arbeitstracht.
*Kopfbedeckung:* flacher, gelber (Stroh?) Hut, leicht aufgebogen, innen mit graugrünem gefaltetem Band besetzt. Flacher, runder breiter Gupf, mit grünem Viersproß besteckt. *Haartracht:* ohrenfrei, unter den Hut gestecktes Haar. *Hemd:* mit Halsbündchen gezogener, halsfreier Ausschnitt. Faltiger Ärmelansatz, am Ellbogen weit und glatt aufgestülpt. Zwischen Brustlatz und Mieder. *Brustlatz:* rechteckig, hellblau, oben und an beiden Seiten bis zur Mitte mit schwarzem Band gefaßt, oben seitlich und unten in der Körpermitte befestigt. *Mieder:* rosa, Hals- und Armöffnung schwarz gefaßt, schmale gelbe Verschnürungen, die Brustteile zusammenhaltend. *Hose:* Arbeitstracht. Dunkelbraungrau, oben und unten reich gezogen, bis unter das Knie reichend. Oben blaues Bindband. *Strümpfe:* Beinlinge aus weißem Stoff, faltenwerfend, zwischen Knöchel und Knie. Ein Stück vom Bein freilassend. *Schuhe:* flach, vom Wasser bedeckt und daher nicht genau bestimmbar. *Rechen:* zwölf Zähne, die liegend angeordnet sind, ein langer Stiel.

186

Bemerkung: Hose als Arbeitstracht für Frauen.

186

»HOPFGARTEN. EIN BAUER IM PRIXENTHAL«

*Gestalt:* nach links gewandt, Rechte mit Zeigegeste etwas erhoben.
*Kopfbedeckung:* mittelbreiter, schwarzer, flacher Hut mit Krempe, etwas gewellt vorne, nicht sehr breiter und hoher kantiger Gupf. *Halstuch:* schmaler schwarzer Halsflor, vorne gebunden und nach rechts unter den Rock gesteckt. *Hemd:* kleines gekräuseltes Rändchen zwischen Halsflor und Rockrand, Streif zwischen Weste und Hose sichtbar. *Weste:* bläulich-hellrot, hochgeschlossen mit kleinen gelben Knöpfen (acht sichtbar), schwarzer Randbesatz. *Hosenträger:* H-Form, Brustspange grün, schmal, weiß-rot gefaßt. *Gürtel:* auf der Weste, mittelbraun, mit Punktmuster, beide Ränder verziert. *Rock:* nur gesäßlang, tailliert, unten reich faltige Schöße, brauner Rock mit schwarzer Halseinfassung, der bis zur Hosenträgerspange auf der Brust reicht, offen getragen, hellgelbroter konischer Ärmelaufschlag, schwarz besetzt. *Hose:* weite, kurz angesetzte Kniehose mit Dreiecklatz, bei den Knien ein Stück Haut zwischen Hose und Strumpf freilassend. *Strümpfe:* weiß, bis zur Wade in sieben Ringen

187

zusammengeschoben, oberhalb bis unter das Knie glatt verlaufend, oben eine Einrollung. *Schuhe:* hellgraue, gebundene Latzschuhe.

187

»HOPFGARTEN. EINE BÄUERINN IM PRIXENTHAL«

*Gestalt:* nach rechts gewandt, erhobene Rechte. Sonntagstracht.
*Kopfbedeckung:* schwarzer, kleiner Nebelstecher, mittelbreite, leicht geneigte Krempe und sehr spitz endender kleiner Gupf. *Haube:* weiße Bundhaube, Gesichtsspitzenumrahmung, an glattem weißem Teil, hinten gitterartiger Boden aus Spitzenstoff. *Goller:* rechteckig auf der Brust liegender Kragen, rotweißer Spitzenrand mit kleiner weißer Halskrause. *Unterröckl:* mit kelchförmigem lilaweißem Einsatz, oben gelben (goldenen) Borten, an himbeerroten Seitenteilen links und rechts befestigt. *Mieder:* hellrot, eng, gelb geschnürt, oben das Unterröckl freilassend. *Schürze:* hellblau, reich gefaltet, vorne zusammengefaßt, etwas kürzer als der Rock. *Rock:* schwarz, wadenlang, reich gefaltet. *Röckl:* braun, auf Taille geschnitten, mit hüftlangen reichen Schößen, Halsrand und vorne bis zur Brusthöhe schwarz besetzt. Ärmel glatt eingesetzt, am Ellbogen hellrote konische Stulpe, schwarz besetzt. *Handstitzeln:* schwarz, mit Rüschen an beiden Seiten um Un-

terarm. *Strümpfe:* Schüblinge in dichten Ringen zusammengeschoben, weiß. *Schuhe:* dunkelgrau, flache, geschnürte Halbschuhe.

188 Tafel 90
»HOPFGARTEN. EIN BAUERS SOHN IM PRIXENTHAL«

*Gestalt:* nach rechts gewandt, nach links schauend und die Linke ausstreckend. Rechte in Gurt gesteckt. Sonntagstracht.
*Kopfbedeckung:* gelber (Stroh, Filz?) Hut, abgeflachter runder Gupf, gerade, dunkelgrün besetzte Krempe. *Halstuch:* schmaler schwarzer Flor, vorne gebunden, ein Zipfel unter Hosenträgerspange gesteckt. *Hemd:* weiß, Halsrändchen zwischen Flor und Weste, unten zwischen Hose und Weste. *Weste:* hochschließend, kräftiges Rot, oben gelber (Gold-)Bortenbesatz, gelber Kugelknopfverschluß (acht sichtbar). *Hosenträger:* H-Form, Querspange sichtbar, grün, gelb besetzt. *Gürtel:* über Weste, braun mit Längssteppverzierung. *Hose:* schwarz, tief angesetzt, bis zum Knie reichend, dieses freilassend. *Strümpfe:* bis zur Wade in 15 Ringen zusammengeschoben, oberhalb bis zum Knie glatt. *Schuhe:* flache, schwarze Schnürschuhe.

189 Tafel 91
»HOPFGARTEN. EINE BAUERS TOCHTER IM PRIXENTHAL«

*Gestalt:* frontal stehend, nach rechts blickend, Rechte erhoben. Sonntagstracht.
*Kopfbedeckung:* gelber (Stroh? Filz?) Hut, mittelbreit, leicht abgebogene Krempe mit flachem Gupf; Schnur, grüne Schleife links, Innenrand mit grüner Bandrüsche bespannt. *Haube:* schwarze Ohrenspitzen-Visierhaube mit großmaschiger Spitze. *Halstuch:* schwarzer schmaler Halsflor, vorne gekreuzt und in das Unterröckl gesteckt. *Hemd:* gelbes Halsrändchen, graublau. *Unterröckl:* zwischen Mieder und Hemd herausragend, vorne oben rundlich abschließend, himbeerrot gerahmter hellroter Brustfleck mit gelber (goldener) Bortenverzierung auf dem hellroten Innenteil, unten als Miederstekker dunkelrot verlängert, gelb in sechs Bahnen geschnürt. *Mieder:* hellgrün, gelb gerandet, gelblich gemustert, in der Körpermitte nicht ganz zusammenstoßende Ränder. *Rock:* schwarz, faltig, wadenlang. *Schürze:* blau, vorderes Kör-

190

191

perdrittel bedeckend. *Röckl:* braun, tailliert mit hüftlangen Schößen, offen getragen, schmaler schwarzer Besatz am Hals bis Brusthöhe, am glatt eingesetzten Ärmel hellrote geschlitzte konische Stulpe, schwarz gerandet. *Handstitzeln:* um Handgelenk, schwarz, mit Rüschen oben und unten verziert. *Strümpfe:* geringelt zusammengeschoben. *Schuhe:* einfache schwarze, gebundene Halbschuhe.

190
»ZILLERTHAL. EIN BAUER VON DUX«

*Gestalt:* nach links gewandt, nach rechts blickend, Langaxt auf der rechten Schulter, mit der rechten Hand Stielmitte, mit der linken unteres Ende haltend. Holzstoß links. Arbeitskleid.
*Kopfbedeckung:* Hut, braune, wellige, links eingeschnittene Krempe, ziemlich weit aus der Stirn gerückt. *Haar- und Barttracht:* Gesicht umrahmend, ohrenfrei, bis zum Nacken reichend. Zweizipfeliger Kinn- und Oberlippenbart mit herabbhängendem linkem und rechtem Teil. *Hemd:* weiß, mit kleinem offenstehenden Halsbündchen, die Ärmel an geraden Achselstoffteilen faltig angesetzt, an der Hand eng schließend. *Hosenträger:* H-Form, braun, recht schmal, über Hemd und Bauchgurt, an der Hose mit je einem Knopf links und rechts vom Latz befestigt. *Bauchgurt:* mittelbreit, dunkelbraun, glatt, über dem Hemd getragen. *Hose:* braun, weit, mit Latz und drei Knöpfen, tief angesetzte Kniehose. *Strümpfe:* Beinlinge aus weißem Stoff, weit faltig. *Schuhe:* dunkelbrauner glatter Halbschnürschuh.

191
»ZILLERTHAL. EINE BAUERS TOCHTER VON DUX«

*Gestalt:* verkehrt stehend, etwas nach rechts gewandt, mit der Linken die Sense mit dem Wetzstein streichend. Arbeitstracht.
*Kopfbedeckung:* schwarzer Hut, nicht sehr breite, leicht aufgebogene Krempe, flacher breiter Gupf, hellrote Bandrosette, links auf der Krempe liegend. *Haartracht:* vor den Ohren zurückgekämmt, im Nacken von violettem Band zusammengehalten, in zwei Zöpfen bis zur Körpermitte herabreichend. *Halstuch:* weiß, am Rücken in Dreieck gelegt. *Hemd:* weiß, tief, an glatter Achsel faltig, weit eingesetzte, bis zum Handgelenk reichende Ärmel. *Mieder:* Rückseite himbeerrot, mit breiten Achselteilen, schwarz schmal eingefaßt. Schwarzes schmales Band als Rückenverzierung in doppelter Rechteckform; kurz tailliert, am oberen Rücken endend. *Schürze:* hellrosa-lila, vordere Körperhälfte bedeckend, in Falten gelegt, etwas kürzer als der Rock. *Rock:* braunviolett, reich faltig, ans Mieder ange-

192

setzt, bis zur halben Wade reichend. *Strümpfe:* faltige weiße Beinlinge oder Stoffbänder, gefatscht. *Schuhe:* einfache, schwarze, flache Halbschuhe. *Sense:* Blatt schmal und lang, am Boden im rechten Winkel abstehendes kleines Ende.

192
»ZILLERTHAL.
EINE VIEHDIRNE«

*Gestalt:* nach links gewandt, mit dreizinkiger Mistgabel in den Händen. Arbeitstracht.
*Kopfbedeckung:* dunkelbrauner Hut, stark aufgebogene ausschwingende Krempenform, mittelhoher flacher Gupf. *Haartracht:* kurz, vor den Ohren. *Halstuch:* locker um den Hals geschlungen, gelblichgraues Tuch, die Enden gekreuzt vorne in den Miederlatz gesteckt. *Hemd:* weiß, weiter Halsausschnitt, Ärmel gezogen, tief angesetzt, am Gelenk eng. *Miederlatz:* rosa, viereckiges Stück, mit rosa Bändern um Arm und Schultern, über dem Hemd gebunden. *Rock:* schwarzbraun, faltig, kurz, bis ober die Wade reichend. *Schürze:* weiß, faltig, kürzer als der Rock, so breit wie der Miederlatz. *Strümpfe:* Stoffbeinlinge, faltig, weiß, den Fuß zwischen Knöchel und Knie bedekkend. *Schuhe:* Füße nackt, in Holzschuhen, braune Lederspange.

193
»ZILLERTHAL. EIN LEDIGER
BAUERS SOHN VON ZELL«

*Gestalt:* nach links schauend, die linke Hand in der Hosenträgerspange. Sonntagskleid.
*Kopfbedeckung:* leicht aufgebogener, gelber (Stroh? Filz?), mittelbreiter flacher Hut, mittelhoher breiter Gupf, vorne auf der Krempe aufstehendes Sträußchen mit kleinen roten Blumen in Bäumchenform. *Haartracht:* Ohren freilassend, nackenlang. *Halstuch:* sehr schmaler schwarzer Halsflor, vorne gebunden und nach rechts zwischen Hosenträgerspange und Rock gesteckt. *Hemd:* kleiner Rand unter Halstuch und Brustfleck. *Leibfleck:* hellrot, halshoch, oben am Rand schmal, nach rotem Rand breiter mit grauer (Silber-) Borte besetzt, in die Hose gesteckt. *Hosenträger:* H-Form, Brustspange grün, mit angedeutetem Muster. *Bauchgurt:* breit, dunkelbraun, oben und unten längsgesteppt, über dem Leibfleck getragen. *Röckl:* nur gesäßlang, weit geschnitten, ohne Kragen, hellbraungrau, am Ärmelende schmaler schwarzer Besatz. *Hose:* braunschwarz, kurz, tief angesetzt, Knie bedeckend, drei Latzkugelknöpfe. *Strümpfe:* weiß, Längsmuster angedeutet. *Schuhe:* braune, einfach gebundene Halbschuhe.

194 Tafel 92
»ZILLERTHAL. EINE BÄUERINN
VON STUMB«

*Gestalt:* nach links gewandt, die Linke erhoben. Sonntagstracht.
*Kopfbedeckung:* ganz flacher, breiter schwarzer Hut, kleiner, flacher, runder Gupf mit Mittelstück wie Knopf. Schwarze Bändchen links und rechts davon auf der Krempe. *Haube:* am Hinterkopf weiße Bundhaube. *Halsflor:* schwarz, sehr schmal, rechts in Miederlatz gestecktes Ende. *Hemd:* weiß, unter Halsflor und Miederlatz, kleiner Kragen mit kleinem Bogenrand, vorne Verschlußkante. Rechts zwischen Miederlatz und Röckl sichtbar. Am Ärmel weißer Rand. *Miederlatz:* himbeerfarben, rechteckig. *Mieder:* Verschnürung mit gelbem Band. *Schürze:* weiß, in Falten gelegt, breit, die Körper-Vorderseite bedeckend. *Rock:* schwarz, gefaltet, mit breitem heugrünem Rand unten, bis zur Wade reichend. *Röckl:* schwarz, glatt, schmucklos, weit geschnitten, offen getragen, am engen Ärmel kleine himbeerrote Stulpe. *Beinlinge:* weiß,

193

195

leicht faltig. *Schuhe:* etwas höherer, schwarzer, geschnürter Halbschuh.

195
»ZILLERTHAL.
EINE LEDIGE BAUERS TOCHTER
VON FÜGEN«

*Gestalt:* verkehrt stehend, die Linke erhoben. Sonntagstracht.

196

*Kopfbedeckung:* gelber (Stroh? Filz?) Hut, flach, mittelgroß, mit ganz flachem rundem Gupf, grüner Besatz am Rand und grünes Band um Gupf, links rote Schleife. *Haartracht:* Zopfbund unter dem Hut. *Halstuch:* rosa, Dreieckform, in Mieder gesteckt. *Hemd:* tief angesetzte, faltige, weiße Ärmel mit Rüsche um Handgelenk. *Mieder:* hellgrün, schwarz, an den Ärmelöffnungen schmal eingefaßt, schwarz mit doppelten Band-Rechtecken in Rückenmitte besetzt. Kurz. *Rock:* schwarz, reich faltig, wadenlang, unten breit, hellviolett besetzt. *Schürze:* hellviolett. *Strümpfe:* weiße Beinlinge. *Schuhe:* dunkelbraune, flache, gebundene Halbschuhe.

196
»ZILLERTHAL. EIN BAUER VON DER STILLUPPEN«

*Gestalt:* nach links gewandt, Korb auf dem Rücken, die Rechte hält den Korb, die Linke benützt Peitschenstiel als Gehstock. Arbeitstracht.
*Kopfbedeckung:* hellbrauner Hut, flach und breitgupfig, links aufgebogen, sonst steil abgebogene Krempe. *Haar- und Barttracht:* Gesicht zottig von Bart umrahmt, Oberlippenbart seitlich herabhängend. *Hemd:* glatt, kragenlos, weit geöffnet, grauweiß. *Hosenträger:* H-Form, Brustspange braun. *Gürtel:* braun, schmucklos. *Rock:* hellgraugelb, hüftlang, weitfaltig gezogene tiefeingesetzte Ärmel, am Handgelenk Bündchen, offen, kragenlos. *Hose:* weißgrau, tief angesetzt, weite, die Knie nicht ganz bedeckende Form, seitlich schwarzer Dreieckseinsatz am Knie. *Strümpfe:* graugelbe Beinlinge bis unters Knie. *Schuhe:* dunkelbraun, flach, gebunden. *Korb:* Rückentrage geflochten, mit Heu oder Stroh gefüllt, an Seilen über Schulter getragen.

197 Tafel 93
»ZILLERTHAL.
EINE BAUERS TOCHTER VON DER STILLUPPEN«

*Gestalt:* frontal stehend, mit der Rechten Wetzstein haltend, Sense am Blatt mit der Linken haltend. Arbeitstracht.
*Kopfbedeckung:* brauner, links aufgebogener, rechts abgebogener Hut mit rundem, oben kantigem, nicht ganz niederem Gupf. *Haartracht:* unter Hut ohrenfrei zurückgekämmt. *Halstuch:* braun, vorne zusammengelegt, unter Brustlatz oder den roten Einsatz des Wetterflecks gesteckt. *Wetterfleck:* weiß, ärmelloses weites, vorne bis in Oberschenkelhöhe, hinten bis zum knielangen Rock herabfallendes, rechteckig geschnittenes Kleidungsstück mit Halsschlitz, vorne rot unterlegt in Dreiecksform, gelber Besatz an den Schultern, vorne unter dem Schlitzende ein auf die Spitze gestelltes Viereck. *Röckl:* darunter, hellgraue, glatte, am Handgelenk schmal endende Ärmel. *Rock:* schwarz, knielang, etwas gefaltet, das Knie freilassend. *Strümpfe:* vom Gelenk bis unter das Knie reichende Beinlinge. *Füße:* nackt. *Schuhe:* Holzschuhe. Holzsohle mit flachem Absatz und breiter Lederspange.

Bemerkung: Urtrachtlicher Wetterfleck.

198 Tafel 94
»WINDISCHMATEREY.
EIN BAUER«

*Gestalt:* nach rechts gewandt, die Hände sind nach rechts, der Kopf ist nach links gedreht. Sonntagstracht.
*Kopfbedeckung:* schwarzer flacher Hut, mit flachem Gupf, kleiner, etwas nach abwärts geneigter Krempe. *Haartracht:* kurz. *Halstuch:* schmaler, vorne gebundener schwarzer Flor, links zwei Zipfel eingesteckt. *Hemd:* weiß, faltiger Rand oberhalb des Brustflecks. *Leibfleck:* olivgrün, am oberen runden Rand von schwarzer Zacke eingefaßt. *Gürtel:* breit, dunkelbraun, über Leibfleck liegend. *Hosenträger:* H-Form, Querspangen-Ornament schwarz. *Rock:* einfacher kragenloser Schnitt, oberschenkellang, Schöße, vorne offen, breite konische Ärmelstulpen. *Hose:* braun, faltig, am Knie eingezogen, Latzverschluß mit zwei Knöpfen. *Strümpfe:* hellbraun, am Knie blau gebunden. *Schuhe:* schwarzbraune flache Halbschuhe.

199

199
»WINDISCHMATEREY.
EINE BÄUERINN«

*Gestalt:* nach rechts gewandt. Sonntagstracht.
*Kopfbedeckung:* grüner Hut, leicht nach unten gebogene Krempe, mittelgroß, flacher breiter Gupf, schmales schwarzes Bändchen, hinten Schleife. Krempe schwarz, schmal eingefaßt. *Haube:* unter dem Hut, ohrenfrei, braunes Häubchen, netzartig. *Haartracht:* vor den Ohren sichtbar. *Halsflor:* schmal, schwarz, Außenkante zackig, vorne gekreuzt und seitlich hinter Goller gesteckt. *Goller:* weiß, am Hals rund und vorne gerade mit Zierrüschen abschließend. *Miederlatz:* hellviolett, verschnürt in sieben Gängen, breit, keilförmig. *Mieder:* braun, unten nicht ganz geschlossen. *Rock:* ebenso braun, reich gefaltet bis über die Waden reichend. *Schürze:* dunkelblau, vorderes Körperdrittel bedeckend, reich gefaltet. *Röckl:*

200

201

202

vom selben Braun wie Rock und Mieder, offen getragen, tailliert, mit längerem reichlichem Schößchen, kragenlos, ohne Verschlüsse, grüner schmaler Besatz am Hals und vorne, breiter grüner konischer Ärmelaufschlag mit brauner Kante. *Strümpfe:* weiß. *Schuhe:* hellgraubraune, einfach gebundene Halbschuhe.

200
»WINDISCHMATEREY. EIN KNECHT IN DER WERKTAGS KLEIDUNG«

*Gestalt:* nach links gewandt, mit erhobenen Händen. Sommerkleidung. *Kopfbedeckung:* mittelgrauer Hut, leicht abgebogene Form mit sehr flachem Gupf. *Haartracht:* kurz. *Halstuch:* schmaler schwarzer Flor, vorne gebunden. *Hemd:* weiß, am Hals gefaltet gezogen, weiter gezogener eingesetzter langer Ärmel, zwischen Leibfleck und Hosenrand herausragend. *Leibfleck:* dunkelbraun, an Ärmelausschnitt, Halsausschnitt und unten vorne geschwungener Rand, schwarz eingefaßt. *Hosenträger:* H-förmig, schwarz, Brustspange mit kranzähnlicher Verzierung. *Hose:* dunkelbraun, weit, knielang, oben und unten gezogen. *Strümpfe:* gleich braune Beinlinge, faltig. *Schuhe:* grauschwarz, flach, knöchelhoch.

201
»WINDISCHMATEREY. EINE DIRNE AN EINEM WERKTAGE«

*Gestalt:* frontal, Kopf nach rechts, die Rechte erhoben. Arbeitstracht. *Kopfbedeckung:* hellgrauer Hut, mittelbreite, flache, etwas nach unten gebogene Krempe, flacher Gupf. *Haartracht:* unter dem Hut ober den Ohren wenig sichtbar. *Goller:* gelblichweiß, glatt, aufstehender Halsrand, vorne zusammenstoßend geschlossen, an allen Rändern breit abgenähter Saum. *Hemd:* lange, faltig eingesetzte Ärmel, glatt, mittelweit. *Miederstecker:* hellviolett, sehr breiter Keil. *Mieder:* braun, unten in der Mitte nicht ganz geschlossen, großer V-förmig sich öffnender Ausschnitt, siebenmal in einfachen Touren blau verschnürt. *Rock:* ebenso braun wie Mieder, faltig und weit, unterwadenlang. *Schürze:* hellbräunlichgelb, in sechs Falten ziemlich schmal oben am Bund zusammengelegt. *Strümpfe:* weiße Beinlinge. *Schuhe:* flache, dunkelbraune Latzschuhe, gebunden.

202
»SCHNEESCHAUFLER«
(ohne Beschriftung)

*Gestalt:* nach rechts gewandt, mit beiden Händen Stiel einer hölzernen muldenartigen Schneeschaufel haltend. Arbeitskleid. *Kopfbedeckung:* flacher, etwas abwärts gebogener breiter schwarzer Hut mit flachem Gupf. *Mütze:* hellblau, unter dem Hut. *Halstuch:* schmaler schwarzer Flor, vorne geknüpft und in die Hosenträgerspange gesteckt. *Leibfleck:* bläulich-hellrot, hochgeschlossen. *Hemd:* schmales Rändchen zwischen Flor und Leibfleck. *Hosenträger:* H-Form, Bruststpange braun, Träger links und rechts, mit Knopf an Hose befestigt. *Rock:* hellgelbgrau, offen getragen, schenkellang, innen zottiges Fell, brauner Lederstreifenbesatz links und rechts vorne. Glatter Ärmel, olivgrüner Aufschlag. *Hose:* hellgrau, tief angesetzt, Latzverschluß und zwei Knöpfe. *Fußbekleidung:* Gamaschen, bräunlichgrau, hinten herauf verschnürt, bis über die Knie und den Hosenrand reichend. Innen Knopfbefestigung. *Fäustlinge:* braun, glatt, Pelzrand. *Schuhe:* schwarz, gamaschenbedeckt.

Bemerkung: Darstellungsstil wie Nr. 99, St. Johann, Ein Mäher.

203 Tafel 95
»SCHNEESCHAUFLERIN«
(ohne Beschriftung)

*Gestalt:* nach rechts gewandt, in der Rechten Schubgerät, die Linke zum Wärmen vorne unter die Schürze in Rockschlitz gesteckt. Winterkleidung.

*Kopfbedeckung:* schwarzer breiter flacher Hut, mit hellviolettem Tuch unter dem Kinn festgebunden. *Haube:* unter Hut an der Stirn Pelzrand einer Haube. *Halstuch:* schwarz, vorne zusammengelegter Halsflor. *1. Röckl:* Schälkl, braun, innen mit weißem Pelz gefüttert, vorne mit Kanten zusammenstoßend geschlossen, Ärmel handlang. Darüber: *2. Röckl:* grau, vorne offen, hüftlange Schöße, grün besetzte Kanten, kleiner grüner geschlitzter Ärmelaufschlag. *Schürze:* schwarz, faltig, etwas kürzer als der Rock. *Rock:* schwarz, reich faltig. *Strümpfe:* Beinlinge, blau, hell, faltig. *Schuhe:* flach, mit dreieckiger Lasche.

Bemerkung: Darstellungsstil wie Nr. 202.

204

205

204
»SENNERIN MIT BUTTERFASS«
(ohne Beschriftung)

*Gestalt:* nach rechts gewandt, an das Butterfaß gelehnt. Aus einer Holzschüssel mit der Rechten Rahm eingießend, mit der Linken am Zeigefinger kostend. Arbeitskleid.
*Kopfbedeckung:* flachgupfiger Hut, steil abgebogene, mittelbreite Krempe, ausgefranst, hellgraubraun. *Haartracht:* einige lockige Strähnen vorne und hinter dem Ohr. *Hemd:* halsfrei ausgeschnitten, weiß, in Bündchen gefaßte Falten am oberen Ausschnitt, Ärmel faltig angesetzt, über Ellbogen aufgeschlagen. *Miederlatz:* hellblaurot, lang, breit, dreieckig. *Mieder:* hellblaurot, mit Bindbändern befestigte Teile der Träger, Miederlatz und Vorderteile. Hellblaue einfache Verschnürung. *Rock:* schwarzbraun, faltig, zerschlissen, etwas über das Knie reichend. Seitlich weißer Schlitz. *Schürze:* schwarzbraun, zerschlissen, vordere Körperhälfte bedeckend. *Strümpfe:* graue, faltig zusammengeschobene Beinlinge, bis unters Knie reichend. *Schuhe:* flach, schwarzbraun, mit kleiner Lasche. *Butterfaß:* in Gestell liegende Faßform, mit Kurbel links, Öffnung oben seitlich. Eckiger Deckel, neben der Öffnung liegend.

Bemerkung: Darstellungsstil wie Nr. 202 und 203.

205
»HEUMACHERIN«
(ohne Beschriftung)

*Gestalt:* beschwingt in voller Bewegung, etwas nach links gewandt. Arbeitstracht. Farbschäden.
*Kopfbedeckung:* breiter, grüner, rechts etwas aufgebogener, links abgebogener, mittelbreiter welliger Hut mit drei grünen Schleifen rechts über die Krempe herabhängend. *Halstuch:* schwarz, halsfern, breit in den Miederlatz gesteckt. *Hemd:* weißes Rändchen zwischen Röckl und Miederstecker, am Ärmel Rüsche. *Miederstecker:* rot, Verschnürung blau, in vier Bahnen. *Schürze:* schwarz, faltig, etwas kürzer als der Rock. *Rock:* reich faltig, schwarz, wadenlang. *Röckl:* weiß, halblanger Ärmel, am Hals weit ausgeschnitten. Taillenlang. *Strümpfe:* hellgrau, Muster angedeutet. *Schuhe:* flach, spitz, Halbschuh, rote Einfassung, schwarzes Band. *Fäustlinge:* braun.

Bemerkung: wirkungsvoller Darstellungsstil wie Nr. 202, 203 und 204.

206 Tafel 96
»EINE JÄDERIN«
(Beschriftung auf der Rückseite)

*Gestalt:* am Boden kniend, nach links gewandt. Man könnte die Figur (da männlich gekleidet) für einen Mann halten, wenn nicht eine Haarflechte am Hinterkopf unter dem Hut sichtbar wäre. Arbeitskleidung.
*Kopfbedeckung:* gelber (Stroh?) Hut, mittelhoher kantiger Gupf, kleines Federl hinten, mittelbreite flache Krempe, innen schwarz besetzt. *Haartracht:* Zopfflechte am Hinterkopf unter dem Hut mit gelbem Haarpfeilknopf. *Halstuch:* dünnes gelb-schwarz gestreiftes Tuch, vorne vielleicht gelber Ring. *Hemd:* am Hals hochschließend, weiß, faltig, aufgestülpte Ärmel. Zwischen Leibfleck und Hose am Rücken. *Leibfleck:* mittelrot, vorne hochschließend, mit Trägern dem Rückenteil verbunden, seitlich rechts unter dem Arm sechs weiße Knöpfe als Verschluß. Sonst ärmliches Kleidungsstück. *Hose:* Arbeitshose, schwarz, faltig, über die Knie reichend. *Hosenträger:* läuft über die Schulter nach hinten zur Rückenmitte. *Strümpfe:* weiße Beinlinge, faltig, zwischen Knie und Knöchel. *Schuhe:* nicht sichtbar.

Bemerkung: Arbeitshose für Frauen wie Nr. 185.

Altmutter – Brautbegleiterin, meist Verwandte oder Patin
Altvater – Braut- oder Bräutigamsbegleiter, meist Verwandter oder Pate
Alumnus – Priesterschüler, hier auch Student eines bestimmten Collegs
Bagel – Pelzhaube in Berchtesgaden, 18. Jahrhundert
Beinlinge – genähte Stoffstrümpfe
Berghaube – dreiteilige Frauenhaube, aus Ohrenspitzenhaube, Rüschenberg und Böndel am Hinterkopf bestehend
Böndel – kleines Hütchen mit breitem, ovalem Gold- oder Silberbortenrand und ovalem kleinem Gupf aus demselben oder Brokatmaterial verziert; am Hinterkopf mit Haarpfeil befestigt
Brustfleck, Leibfleck – Brust und Leib bedeckendes Kleidungsstück in Latzform
Bundhaube – Haarbund bedeckende Haube
Campagne-Livree – Feld- oder Reiseanzug
Cappa – Kapuzenumhang
Cavalier – Adeliger
Dümmling – s. Spitzreiter, diese Bezeichnung in Rauris
Epomis – Schulterumhang
Flocke – Gewand des Benediktinerordens
Flossenärmel – Stoffdrapierung in rechteckiger abstehender Stulpenform in Ellbogenhöhe am Ärmelende
Gainzel – rundum aufgebogener mittelbreiter, nicht hoher Hut, Pongau, Pinzgau und Tirol, besonders dann im 19. Jahrhundert
Gallonen – das gleiche wie Leonische Borten, s. dort
Gebändehaube – kopfverhüllende Haube im Mittelalter
Gesäßhosen – weite Kniehosen, Pinzgau und Gebirge
Goldbund – Braut-, Prangschmuck in Form eines aus Goldborten mehrschichtig aufgebauten Kopfaufsatzes, auch mit Bändern und Goldflitterblumen kombiniert
Goller – a) Halskragen für Frauen, Tirol; b) Festkleid der Lederzunft im 18. Jahrhundert
Gouachenmalerei – Deckfarbenmalerei
Haarbund – Überzug über Haarknoten
Haftelrock – ländlicher Justaucorps
Hauboist – Hornist
Heyduk – erzbischöflicher Diener, eigentlich Heiduck – der Name für ungarischen Grenzsoldaten
Hochzeitlader – Ordner, Einlader im Namen des Brautpaars, Sprecher beim Fest
Jabot – Spitzenrüsche
Jacke – später Ausdruck für Joppe
Jodlhut – sehr alter, breiterer Spitzhut, 17. und 18. Jahrhundert, mit schmälerer Krempe, Männerhut
Joppe – als Männerbekleidung: kürzerer Rock, halboberschenkellanger Rock; als Frauenbekleidung: Röckl mit kurzen Schößeln
Justaucorps – Moderock des 18. Jahrhunderts, oben eng, unten weit, offen getragen, männlich
Kamisol – Weste
Kappel – Extra-Behälter für den Haarbund, aber auch Ohrenspitzenhaube
Katarrhhäubchen – wahrscheinlich Visierhaube
Kittel – weiblicher Rock
Klag – Trauer
Koller – Lederrock für den Sommer, Pinzgau, Ende 18. Jahrhundert
Korsage – modisches Mieder, Ende 18. Jahrhundert, meist aus dem Kleiderstoff
Kropper – Faßzieher, schwere Lasten befördernd
Leibchen – kurze Weste
Leibstückchen – Röckl
Leonische Borten – eigentlich Borten aus Lyon, Goldgewebe, metallische Litzen
Mantelträger – s. Spitzreiter, diese Bezeichnung im Zillertal
Maulpindl – mundverhüllende Gesichtsbedeckung im Mittelalter
Miederleibchen – das gleiche wie Unterröckl, s. dort
Miederwurst, Miederriedl – Rolle am unteren Rand des Mieders
Nebelstecher – hoher, verschieden breiter Spitzhut
Nesteln – Schnürbänder für Schuhe u. a.
Pallium – Schulterbinde des erzbischöflichen Ornats
Ponceaurot – bläulichrot, weinrot
Pritschenmeister – a) Wald-(Bretter-)Arbeiter; b) lustige Person, besonders auf dem Schießplatz
Quetscher – Frauengürtel aus Metallplättchen
Röckl – Bezeichnung für kurzschößige Oberbekleidung in Stadt und Land
Rosmarinfeder – Zweig des Rosmarin
Schälkl – unter der Joppe getragenes Röckl
Scharawaden – Schutzstrümpfe
Schäuben – Lungauer Ausdruck für Wams mit Schößen
Schüblinge – zu Ringen zusammengeschobene, lange Strümpfe
Sesselhaube – zu Anfang des 19. Jahrhunderts sich ausbildende Pelzhaube mit hinten hohem, vorne niedrigem Pelzrand und meist goldbesticktem flachem Boden
Siebenstädter – Student aus einer der sieben Salzburger Städte, sie besaßen ein besonderes Colleg
Spitzkappe – Ohrenspitzenhaube, Rauris
Spitzleib – Wams mit langer Miederspitze
Spitzreiter – Vorangeher oder -reiter beim Hochzeitszug im Pinzgau, dann Tänzer der Brautjungfern
Strählacken – feuchte Streuwiese
Trabant – Mitglied der erzbischöflichen Leibwache
Unterröckl – unter dem Mieder getragenes Leibchen, Miederleibchen
Visierhaube – meist schwarze Scheitelhaube mit Ohrenspitzen
Vorpranger – s. Spitzreiter
Vortreter – s. Spitzreiter
Vortuch – Schürze
Wams – Brustkleid mit Ärmeln, männlich und weiblich
Weste – Schoßweste mit Ärmeln und Taschen, vorne verschließbar

Autoren und Verlag danken folgenden Personen und Institutionen für Unterstützung und Beratung, ohne die dieses Buch nicht hätte erscheinen können:

dem Besitzer der Kuenburg-Sammlung, der in großzügiger Weise die beiden Originalbände zur Reproduktion zur Verfügung stellte,
Herrn Harald Dengg und seinen Mitarbeitern in der Salzburger Heimatpflege, Referat XII im Amt der Salzburger Landesregierung,
dem Salzburger Museum Carolino Augusteum, Herrn Helmut Krauß, Kostümfiguren-Atelier, Wien, Frau Prof. L. Hampel, Leiterin i. R. der Kostümsammlungen des Stadtmuseums Wien.